学前儿童语言教育

职业教育学前教育专业教材编写组 编

主　编　叶艳霞
副主编　高朋　祁颖　严菲

河南大学出版社
HENAN UNIVERSITY PRESS
·郑州·

图书在版编目（CIP）数据

学前儿童语言教育/职业教育学前教育专业教材编写组编. — 郑州：河南大学出版社，2018.1（2018.8 重印）

ISBN 978-7-5649-3199-5

Ⅰ. ①学… Ⅱ. ①职… Ⅲ. ①学前儿童—语言教学—高等学校—教材 Ⅳ. ① G613.2

中国版本图书馆 CIP 数据核字（2018）第 007528 号

责任编辑　陈　巧
责任校对　刘利晓
封面设计　郭　灿

出　版	河南大学出版社
	地址：郑州市郑东新区商务外环中华大厦 2401 号
	邮编：450046
	电话：0371-86059701（营销部）
	0371-86059712（高等教育与职业教育出版分公司）
	网址：www.hupress.com
印　刷	新乡市凤泉印务有限公司
版　次	2018 年 2 月第 1 版
印　次	2018 年 8 月第 2 次印刷
开　本	787mm×1092mm　1/16
印　张	15.75
字　数	336 千字
定　价	39.80 元

（本书如有印装质量问题，请与河南大学出版社营销部联系调换）

前　言

　　语言是人类最重要的交际工具，是人们用来交流生产经验、思想感情，以达到互相了解的交际工具。人们在劳动、学习、工作等活动中都离不开语言。对于学前儿童来讲，语言不仅是学习的手段和工具，也是学习的内容。因此，学前儿童语言教育学科具有其他学科所没有的特殊性。

　　学前期是人类语言发展的关键期，儿童语言的获得和发展最为敏感，要全面施以影响，从听、说、读、写的各个角度进行语言教育，特别是作为语言发展基础的听和说能力方面更要得到良好发展。因此，学前期的语言教育在家庭和幼儿园教育中，应该处于举足轻重的位置，这对人一生的发展有着重要的影响。

　　为适应我国学前教育专业教育理论实践一体化教学改革的需要，本书主要介绍了学前儿童语言教育概述，学前儿童语言教育活动的指导思想和原则，学前儿童语言教育的内容、方法，学前儿童听说游戏活动，学前儿童讲述活动，学前儿童谈话活动，学前儿童文学作品欣赏活动，学前儿童早期阅读活动，学前儿童日常生活中的语言教育，学前儿童语言教育评价。

　　本书由叶艳霞任主编，高朋、祁颖、严菲任副主编。本书适用于职业院校学前教育专业学生，也可作为相关人员的培训教材使用。

　　由于编者水平所限，本书难免有疏漏之处，敬请广大读者提出宝贵意见和建议，以使本书更臻完善。

编　者

2017 年 6 月

目录

第一单元	学前儿童语言教育概述	001
模块一	语言的本质与功能	001
模块二	学前儿童语言教育的目标及意义	012
模块三	学前儿童语言教育基本理论	024

第二单元	学前儿童语言教育活动的指导思想与原则	032
模块一	学前儿童语言教育活动的指导思想	032
模块二	学前儿童语言教育活动的组织原则	037

第三单元	学前儿童语言教育的内容、方法与途径	044
模块一	学前儿童语言教育的内容	044
模块二	学前儿童语言教育的方法	057
模块三	学前儿童语言教育的途径	062

第四单元	学前儿童听说游戏活动	069
模块一	学前儿童听说游戏活动概述	069
模块二	学前儿童听说游戏活动指导与案例分析	078

第五单元	学前儿童讲述活动	092
模块一	学前儿童讲述活动概述	092
模块二	学前儿童讲述活动指导与案例分析	108

第六单元	学前儿童谈话活动	130
模块一	学前儿童谈话活动概述	130
模块二	学前儿童谈话活动指导与案例分析	143

第七单元　学前儿童文学作品欣赏活动 ……………………………… 161
模块一　学前儿童文学作品欣赏活动概述 ……………………………… 161
模块二　学前儿童文学作品欣赏活动指导与案例分析 ………………… 176

第八单元　学前儿童早期阅读活动 ……………………………………… 197
模块一　学前儿童早期阅读活动概述 …………………………………… 197
模块二　学前儿童早期阅读活动指导与案例分析 ……………………… 207

第九单元　学前儿童日常生活中的语言教育 …………………………… 219
模块一　学前儿童日常交谈中的语言教育 ……………………………… 219
模块二　家园合作进行语言教育 ………………………………………… 226

第十单元　学前儿童语言教育评价 ……………………………………… 233
模块一　学前儿童语言教育评价的作用与原则 ………………………… 233
模块二　学前儿童语言教育评价的内容与方法 ………………………… 235

参考文献 …………………………………………………………………… 244

第一单元 学前儿童语言教育概述

> **学习目标**
> - 了解幼儿园语言教育的概念、意义。
> - 了解0～6岁幼儿的语言发展和教育。
> - 掌握幼儿园语言教育的目标结构和内容结构。
> - 了解幼儿语言的获得理论。

模块一 语言的本质与功能

语言是人类最重要的交际工具,也是思维工具。只有学好语言,才能认识世界,学习人类文化的精华。对于幼儿来讲,语言不仅是学习的手段和工具,也是学习的内容。因此,幼儿园的语言教育具有其他学科所没有的特殊性。

一、语言概述

语言是以语音为物质外壳,由词汇和语法构成并能表达人类思想的符号系统,它是民族的重要特征之一。语言是人类最重要的交际工具,是人们进行沟通交流的各种表达符号。人们借助语言保存和传递人类文明的成果。语言是一种人类所特有的社会现象。它随着人类社会的产生而产生,也随着人类社会的发展而发展。社会属性是语言最为基本的一种属性。

语言是交流和思维的工具。语言和思维形影相随,不能分离。思维活动,尤其是抽象思维活动,必须借助于语言,不能离开语言而单独进行。语言也是认识成果的储存场所,思维的成果需要语言表达出来。思维离不开语言,必须在语言材料的基础上进行。没有语言,没有句子,概念也就无所依托,推理进程难以进行,思维也就不存在了。

幼儿期是语言发展,特别是口语发展的重要时期。幼儿语言的教育贯穿于各个领域,也对其他领域的学习与发展有着重要的影响。幼儿在运用语言进行交流的同时,也在发展着人际交往能力、理解他人和判断交往情境的能力、组织自己思想的能力。

通过语言获取信息，幼儿的学习逐步超越个体的直接感知。因此，幼儿的语言发展、语言教育应当成为我们关注的重要课题之一。

二、幼儿园语言教育概述

幼儿园语言教育是研究0～6岁幼儿语言发生、发展现象和规律及其教育的学科，是师范院校学前教育专业的应用性科目，也是培训学前教育工作者尤其是幼儿园一线教师的一门应用性科目。它通过探索和发现幼儿语言学习中的现象，揭示其中所蕴含的规律，从而运用这些规律对幼儿实施有效的语言教育，达到促进幼儿语言能力的提高。

作为学前教育的一个重要领域，幼儿语言教育的基本任务包括：为幼儿的语言发展提供规范的普通话的语言环境，培养幼儿正确说普通话的能力；创造一个自由、宽松的语言交往环境，提高儿童语言交往的能力；发展幼儿的语言理解能力和表达能力；积极引导并提高幼儿倾听和欣赏幼儿文学作品的能力；引发幼儿阅读和书写的兴趣、习惯，并发展幼儿阅读和书写的能力。

三、《幼儿园教育指导纲要（试行）》语言领域的内容与要求

（1）创造一个自由、宽松的语言交往环境，支持、鼓励、吸引幼儿与教师、同伴或其他人交谈，体验语言交流的乐趣，学习使用适当的、礼貌的语言进行交往。

（2）养成幼儿注意倾听的习惯，发展其语言理解能力。

（3）鼓励幼儿大胆、清楚地表达自己的想法和感受，尝试说明、描述简单的事物或过程，发展其语言表达能力和思维能力。

（4）引导幼儿接触优秀的儿童文学作品，使之感受语言的丰富和优美，并通过多种活动帮助幼儿加深对作品的体验和理解。

（5）培养幼儿对生活中常见的简单标记和文字符号的兴趣。

（6）利用图书、绘画和其他多种方式，引发幼儿对书籍、阅读和书写的兴趣，培养其阅读和书写技能。

（7）提供普通话的语言环境，帮助幼儿熟悉、听懂并学说普通话。少数民族地区还应帮助幼儿学习本民族语言。

四、0～3岁幼儿的语言发展与教育

幼儿语言的发展具有一定的规律性，在不同的阶段，语言发展和教育的重点不同。心理学研究表明，0～3岁阶段，幼儿的语言能力发展较快，特别是1～3岁的幼儿，口头语言能力获得后，语言发展很快，学习效果也好。对这个阶段的儿童来说，语言训练的主要方面就是培养倾听能力和口语能力。

（一）0～1岁：前言语阶段

这一阶段主要是语音发展阶段，感知语音的能力是幼儿获得语言的基础。正常的

幼儿不仅能听到声音,还能感知语音。幼儿出生后不久,就能把语音和其他的声音区分开,也很早就能将母亲的语音从其他人的语音中分辨出来。

1. 简单音节阶段(0~3个月)

(1)语言发展特点。

0~3个月的婴儿听觉较敏锐,对语音较敏感,具有一定的辨音能力。婴儿首先学会语言和其他声音的区别,与成人面对面进行"交谈"时,婴儿产生交际倾向,会做出相应的动作反应。据观察,刚出生不到10天的婴儿就能区别语音和其他声音,并对不同声音做出不同反应。这一阶段的婴儿能发出一些简单的音节,多为单音节。

(2)语言教育活动建议。

这时期的语言教育主要针对语音方面:用多种语音和声音来刺激婴儿;多抚摸、拥抱婴儿,并和婴儿进行面对面的语言交流;睡前倾听摇篮曲等乐曲,训练婴儿的有意倾听能力;开展早期阅读,初步激发婴儿阅读的兴趣;开展一些听音和发音的游戏(发音、唤名、摸脸);多与婴儿进行面对面的"语言交流"。

要想婴儿早日学会说话,最重要的是要让婴儿有想发出声音、想说话的欲望。这并不是很困难的,只要在婴儿牙牙学语的时候给予奖励即可。最好的奖励是什么?莫过于摸摸孩子的头,或抱一抱孩子,亲一亲孩子之类的肌肤抚爱。与慈爱的妈妈肌肤接触,可使婴儿产生满足感与安全感,这种满足感和安全感可以促使宝宝产生再说话的欲望。观察研究发现公共教养机构长大的孩子,比在语言环境丰富的家庭中长大的孩子语言发展要慢一些,原因可能就是因为公共教养机构中人手不足,成人与孩子单独交流的机会和抚爱、鼓励孩子的机会较少所致。

【案例一】

婴儿在出生两个月的时候,开始发出"噢、啊、咿"等单个音节的声音,有时是成人出现在面前的时候,有时是在睡足吃饱精神状态最好的时候。对婴儿的这种喃喃自语,照顾婴儿的成人一定要做出回答。要对他说"噢,你好,小乖乖""宝宝在说什么呢""宝宝笑笑""宝宝快快长吧"等。

【分析】婴儿的发音虽然与表达某种意思的语言不同,但是当他对妈妈发出声音时,就表示已经在和妈妈对话了,妈妈对婴儿的话语做出了回答,使宝宝感受到了说话的喜悦,他会产生再次发出声音的欲望;如果没有人对宝宝的"话语"做出反应,他就无法产生"说话"的喜悦。有研究表明,父母与婴儿说话的次数、说话的形式和父母的语气等是影响婴儿学习表现的主要预测因素之一。有的家庭为婴儿提供了丰富的激励环境,如图书、玩具、外出郊游以及父母与孩子说话等。在这些家庭中成长的孩子以后的学习颇有成效。

2. 连续音节阶段（4~8个月）

（1）语言发展特点。

4~8个月的婴儿发音增加了很多重复的、连续的音节，发音内容大多是以辅音和元音相结合的音节为主，并且有一个从单音节发声过渡到重叠音节发声的过程。在大约6个月时，婴儿的发音有近似词的语音。也就是说，这时他们的发音具有了某些积极的意义，其实是这些发音与某些语词的音比较相似，因此显得婴儿好像是在开始说话了。如 ma-ma-mama，好像是在叫"妈妈"。

这一阶段的婴儿语音发展还出现了与成人交往中出现学习交际"规则"的雏形；出现"小儿语"，会用语音来吸引别人的注意。这说明婴儿具有了交际倾向。如4个月左右的婴儿，对成人的逗弄进行语音应答，有时会出现"交谈"现象，即成人说一句，孩子"说"几个音，成人再接着说，孩子也跟着"说"。这是对话交往的雏形，只不过，这时孩子的咿呀语让人很难听懂，仿佛有着他们自己的一套语音表达方式，似乎有提出问题或表达愿望的不同意思，但是有些让人听不懂，即所谓的"小儿语"。这一阶段，婴儿能辨别一些语调、语气和音色的变化；懂得简单的词、手势和命令，理解具有情境性。这时期的婴儿能听懂成人日常生活中的很多语言，但是理解具有情境性特点，有时他们的"理解"往往是根据说话的语调、方式、手势以及环境等因素结合判断出来的，因此存在局限性。

（2）语言教育活动建议。

通常，半岁以后婴儿开始对自己的名字有所认识，叫他的名字时他会有所反应。婴儿知道了自己的名字，等于意识到自己和别人有所不同，有自我意识的早期表现，这种自我意识往往会激发婴儿产生自我表达及想与别人说话的欲望。由此可知，经常呼唤婴儿的名字，可以帮助他早点产生自我意识，从而激发其与外界交往的需要，逐渐意识到自己以外世界的存在，以及自己和外界的关系。

成人要继续坚持用语言刺激孩子。多和孩子说话，用不同的声调，不同的手势，配以不同的内容。千万不要忽视婴儿期孩子的语言反应。

多用强化、鼓励等方法诱导婴儿发音，对他们的发音给予积极的反应，如微笑、抚摸，或者语言的回应，和他们进行"对话"。这样可促使孩子发出更多的语音，进行声音的练习和反馈。

用动作、实物配合法，建立语音和实体之间的联系，可增强孩子"说话"的兴趣。如说"再见"的时候每次都挥挥手，和孩子玩耍时随时进行"解释说明"。

可尝试对这时期的婴儿进行文学作品的初步教育影响，如初步养成睡前倾听文学作品的习惯，和婴儿进行"平行"的亲子阅读活动，初步养成良好的阅读习惯，也可以开展一些简单的语言游戏，锻炼孩子的听力，提高其发音水平。

3. 学话萌芽阶段（9～12个月）

（1）语言发展特点。

9～12个月的婴儿在发音方面不同的连续音节明显增加，开始说话，出现第一个有意义的单词，声调也开始多样化，近似词的发音越来越多，因此这一阶段婴儿的发音更加接近汉语的口语表达，好像开始表达某个句子了。这时期的婴儿开始真正理解成人的语言，语言交际功能开始得到发展，能执行成人简单的指令，并建立相应的动作联系，一定的语音能和实体相联系。如对孩子说"跟叔叔再见"，孩子会挥挥小手。但总体上婴儿语言发展的水平还处于较低水平，语言发展缺少概括性，表现为一定的具体化。如用"嘀嘀"来代替"汽车"，手指汽车告诉别人。而且，这种具体化的词语往往带有特指的性质，"嘀嘀"专指自己的爸爸开得那辆汽车，"狗狗"就是自己的那只玩具狗。

（2）语言教育活动建议。

丰富婴儿的生活内容，提供丰富的语言环境。丰富的生活环境和生活经验是儿童语言发展的良好基础。成人要注意，这一条件的创设也包括丰富的言语刺激，让孩子多接触多样化的语言内容和形式，进行多样的语音输入。

鼓励婴儿掌握新的语音，并反复进行联系强化；在活动中伴随着语言刺激，让婴儿学说话。当婴儿能够说出有意义的词语时，要积极反应，反复强化，多给孩子以鼓励。也可以适时开展早期阅读，初步培养婴儿良好的阅读习惯。孩子"乱翻书"时不必急于制止，而是让他们自由去"探索"。

（二）1～2岁婴儿语言的发展与教育

1. 单词句阶段（1～1.5岁）

在大约1岁时，幼儿讲出一个词的含义可能是在表达一个句子的意思，所以称为单词句。

（1）语言发展特点。

单词句的意义不确定，必须和具体语境相结合才能理解。如当孩子说"球球"的时候，可能是在表达"我要玩皮球"，或者"他的皮球真好看"，也可能是"我要皮球"。因此，单词句中的单个词的词性是不确定的，成人必须根据孩子说话时的情境、态度等各种线索来推测到底什么意思。

这时期的幼儿理解语言的能力迅速发展，即他们能够理解的语言大量地增加，但并不是所有能理解的都能说得出来，也就是听得懂的比说得出的要多。在词汇的发展方面，能给常见的物体命名，但由于对词语的语义理解能力有限，往往在表达中出现词语的泛化和窄化现象。如把所有的小猫都称为"小花猫"，把兔子都叫"小白兔"，甚至出现"灰的小白兔""大的小白兔"等叫法。

另外讲"小儿语"的现象依然继续存在，常常出现省略音、替代音和重叠音。如，用"喵喵"代替猫，以"嘀嘀"指代汽车等。

（2）语言教育活动建议。

成人在这一时期要帮助婴儿掌握新词，扩大他们的词汇量，以使孩子的言语交往范围逐步扩大。多跟孩子交谈，给他们提供语言模仿的榜样。当孩子进行言语表达时，成人要耐心倾听并予以积极的应答，多给予鼓励。鼓励、逗引孩子说话，并在孩子不完整语言的基础上进行有意识的扩展。给孩子呈现语言的范例，是帮助孩子口头言语能力发展的好方法。比如，当孩子伸手指着布娃娃，说出"娃娃"，表示"要"的时候，先别忙着拿给孩子，而是和她说："宝宝要娃娃，妈妈给你拿。"

同时，为了促进孩子语言表达兴趣和能力的提高，可以开展多种形式的语言游戏，使孩子在游戏中玩玩、乐乐、学学，得到进步。研究表明，婴儿开口说话时，会给大脑皮层以刺激，使得大脑的血流量增加，从而改善大脑供氧情况，因此可产生益智健脑的功效。

2. 双词句阶段（1.5～2岁）

在大约一岁半的时候，幼儿开始说出由两个词或者三个词组成的句子，称为"双词句"或"电报句"。如"妈妈班班"，表示妈妈上班了。

（1）语言发展特点。

双词句增长速度加快，在本阶段的后期还出现了复合句，所以这是一个多种句式并存的阶段。这一时期的幼儿，常用的单词句大约占三分之一，而双词句的比例有一半之多。有资料表明，大约从20个月开始，婴儿每个月双词句增长的速度是成倍增长，21个月的时候幼儿的双词句大约是50个，22个月时大约是100个，到23个月时大约是300个，而到了2周岁则可猛增到1000个左右。幼儿能理解的词汇数目和种类"与日俱增"，掌握新词的速度突飞猛进，可以说这是一个"词语爆炸"阶段。在词汇大量增长的基础上，这时期幼儿的语言理解逐步摆脱了具体情境的制约，词语理解能力不断提高，词义理解逐步加深，词的概括性也逐渐形成。

语言的飞速发展为幼儿的认知和其他社会性行为提供了基础，认识外界的范围扩大，总体的发展水平提高，也出现了人生的"第一反抗现象"，表现为喜欢提问，认知学习能力极强，但也会出现语言上的"反抗行为"，如有的孩子常把"我不"挂在嘴边。

（2）语言教育活动建议。

为婴儿提供良好的言语榜样和言语示范依然是语言教育的主要途径。面对孩子的求知欲，成人要主动告诉孩子一切他们感兴趣的问题，对他们的提问和讲述要正确对待，也要积极回应。

由于理解能力增强，成人可以每天都开展一些相应的活动，如给孩子讲述故事，教他们朗诵儿歌，观看美术片或动画片等，也可选取拓展孩子词汇量和理解力的游戏活动。如，词语接龙游戏，重复话语的小喇叭游戏等。

（三）2～3岁幼儿语言的发展与教育

这一阶段的幼儿基本掌握了口头语言，在语音、词汇、语法和表达各个方面都有了明显的进步，也学会用比较完整的句子来表达自己的情感和需要，调节自己的行为，和别人的对话也更加自由和流畅。

1. 初步掌握口语阶段（2～2.5岁）

（1）语言发展特点。

这是完整句子发展的阶段，这一阶段简单句得到更多的运用，幼儿基本上能理解成人所用的句子，而且也能运用三至五个词组成的句子和他人交谈，能运用多种简单句句型。这一阶段也出现了一些简单的复合句，但所占比例较少。疑问句逐渐增多，经常问"为什么"。由于发音器官的成熟，语音逐渐稳定和规范，发不出的语音逐渐减少，比较难发的音容易出现错误，如z、c、s舌尖前音，zh、ch、sh、r等舌尖后音，g、k、h等舌面音。

（2）语言教育活动建议。

创造条件，让这一阶段的幼儿多看、多听、多说、多练，随时随地地帮助他们正确使用语言。给他们提供语言模仿和语言练习的机会，也鼓励儿童同伴之间的自发模仿和相互交流。同时组织多种形式的语言游戏和教育活动，在游戏中练习说话。

2. 目标口语初步发展阶段（2.5～3岁）

目标口语在此主要指幼儿首先自然掌握的母语。到了这一阶段，幼儿的语言系统可以说已经成熟，具备一定的词汇量和语言运用能力，能够进行日常的言语交际。

（1）语言发展特点。

这一阶段幼儿的词汇量迅速增加，对新词感兴趣，仍然不断地学习吸收新的词语并不断使用，对代词、量词、空间词汇的学习和掌握仍在进行。如3岁左右的幼儿开始使用空间方位名词"米"，3岁半基本掌握"米"。

这时期的幼儿言语功能呈现出越来越丰富、准确的趋势，他们能抽象句子规则，能表现出系统整合的语言内化能力，能说出完整的句子，出现了多样的复合句。但总体来看，这一阶段的幼儿说话仍不流畅，表达常有"破句现象"，即说话不太流畅，在不该换气的地方换气，听起来好像口吃。

（2）语言教育活动建议。

这一阶段要给幼儿提供丰富的语言学习环境，丰富他们的语言经验。这时期可以较多地介入文学作品活动，让幼儿欣赏文学作品，重复和理解作品内容；可以进行复述活动，以锻炼幼儿对作品的感知理解和语言记忆、表达能力。其他的语言教育类活动也可以适时开展，如进行谈话活动，组织听说游戏，开展早期阅读活动等。

【案例二】

强强的妈妈发现3岁的强强最近说话有点口吃，非常着急。该如何对待这样的情况呢？

【分析】口吃多发生在2～5岁，即多发生于宝宝语言迅速发展时期。父母要认真分析原因，对症下药。如果是因为语言发展不成熟而造成的口吃，不必过于纠正，过一段时间会自然改好；对其他原因造成的口吃，要注意加以纠正，纠正时要注意方式方法。要做到：(1)防止环境带来的不利影响，尽量避免宝宝与"口吃者"接触，告诫宝宝不要模仿"口吃"。父母说话时要用标准的普通话慢慢地和宝宝说话，不要模仿和使用儿语。(2)让宝宝慢慢说话。告诫宝宝想好了再说，要不快不急地说，克服宝宝的紧张情绪。父母应在孩子口吃时让他慢慢地再说一次，或教宝宝用其他词或用手势来表示以缓解紧张情绪。同时，要注意自己的表情，不要流露出消极情绪，使宝宝在轻松的环境下克服口吃。(3)教宝宝念儿歌、说绕口令，以帮助宝宝克服口吃。

五、3～6岁幼儿的语言发展与教育

(一) 3～4岁幼儿的语言发展

1. 语音——发展关键期

3～4岁幼儿已经掌握了一些基本的语音，但是由于神经系统发育不够完善，发音器官和听觉器官的调节、控制能力还相对较差，所以他们发出的语音不够准确、清晰。错误的发音基本集中在辅音的翘舌与舌间音及前后鼻音上。这从生理结构上说明3～4岁的幼儿还不善于掌握发音方法、找准发音部位。此外，在言语发展的早期，幼儿常常是模仿别人说话的语调，对语句的每一个音不能分别感知。直到3岁左右，仍有不少幼儿不能精确分辨近似音，在发音时会出现近似音互相代替的情况，这一现象是由于幼儿听觉水平低造成的。

2. 语法——完整的简单句

3～4岁幼儿的词汇量猛增，句子中的修饰语也显著增加。但他们较少用连词，这说明他们语言的连贯性还不强，结构很松散。这一阶段幼儿还能用一些虚词表达语法关系，能说出完全符合语法的完整的句子。他们表述的句子结构以简单句为主，他们所考虑的主要不是事物的连续变化或几个事物间各自变化着或相互作用的复杂关系，常常只是描述某一事物。在幼儿的简单句尚不完善时，复合句已经开始出现，复合句在简单句的发展过程中同时平行地发展起来。

3. 语义特点——大量掌握实词

3～4岁幼儿虽然掌握一些常用词，但对词义的理解较肤浅和具体。他们通常只能掌握一些词汇的一部分含义，对紧密相关的词语还是容易混淆。3岁到4岁是幼儿一生中语汇增加最多的时期。他们理解的词语中，名词和动词等实词占了很大比例，而副词、介词、连词等虚词很少。词汇的掌握量与丰富性不够。

4. 表达——简单罗列事实

3～4岁幼儿能独立讲述自己生活的故事，但是由于逻辑思维水平的局限，讲述常常主题不明、逻辑不清，只能单纯地罗列一些事实。他们的语言不够完整，有时会出现断断续续的现象。3~4岁幼儿对词义的理解还处于较低阶段，尽管会使用一些词，但并没有理解词义，或是理解得比较肤浅，因此表达的意义常常含混不清，只能对事物进行简单的说明和判断，所表达的内容也十分有限。3~4岁幼儿的故事复述能力开始发展。

（二）4~5岁幼儿的语言发展

1. 语音——发展成熟

4岁是语音口腔定型期，与讲不同方言的人接触能学到比较地道的方言，这一时期是学习母语和外语的关键期。整个幼儿期的发音能力都在逐步加强，但4~5岁时的进步尤为明显。4~5岁的绝大部分幼儿基本能发清楚普通话中的韵母，但声母发音的正确率相对较低。4~5岁时，幼儿对语音的意识也明显发展起来，他们开始自觉地、有意识地对待发音。他们喜欢纠正、评价别人的发音，并且特别专注自己的发音，他们会有意识地重复练习，或故意回避难发的音，或为自己的错误申辩。

2. 语法结构——掌握复合句

4~5岁幼儿在使用简单语句的基础上，语言逐渐连贯起来，复杂句的数量有所增加。复合句是指两个或两个以上的意思关联比较紧密的单句合起来构成的句子。这一时期的幼儿能理解一些简单的复杂句，如并列复句。但是对一些结构复杂的句子，如被动语态、双重否定句等则不能很好地理解。

这个时期幼儿的复杂句结构松散，缺乏连词，意义上的复句形式较多，其中并列复句为多数，但句式过于单调，意义不大；条件复句有所掌握运用；因果复句也有所体现；转折复句相当少见。

3. 语义——词义逐渐确切

4岁左右是词汇量飞跃发展时期。4~5岁幼儿已能听懂日常一般句子和一段话的意思。掌握词汇的数量和种类在迅速增加。他们在本阶段大量获得具体物体和动作的语言概念的基础上，形成了一定的归纳抽象的能力。这一时期幼儿掌握的词汇中，有主动词汇（既能理解，又能正确使用的词汇），也有被动词汇（对词义不理解，或虽然有些理解但不能正确使用的词汇）。4~5岁幼儿掌握的主动词汇数量远比3~4岁时多，这对他们发展语言能力是个有利条件。

4. 表达——交流能力发展

随着幼儿交往范围的扩大，4~5岁幼儿能够主动、独立、大胆地讲述故事和各种事情，但其表述仍具有情景性。这一时期的幼儿已经初步学会了有效交流的基本规则：第一，必须使自己的话语适应听者的水平；第二，即使在说者话语的字面意义提供线索很少的情况下，也能推测出说者的意图。

（三）5~6岁幼儿的语言发展

1. 语音——主动意识加强

5~6岁幼儿言语器官已发育成熟，在成人正确的教育与引导下，基本能够听清和发清楚母语的全部语音；在语音方面获得了语调规则，这就意味着他们将字词语音更大范围地放入句子范畴，形成更大范畴的新的结构原则，从而使所说的话产生更大的影响力；语音意识进一步发展，已经能意识到自己和别人语音中的问题，具备了正确发音的条件，也有了说话清晰、准确的愿望。

2. 语法结构——较严谨

5～6岁的幼儿已经能实际掌握和运用许多规范的语法，在语言中反映事物简单的逻辑关系；语言中的复杂句大大增加；复杂句中的词汇较丰富和复杂，出现了"因为""为了""结果""要不然""如果"等说明因果、转折、条件、假设等关系的连词，也出现了"没有……只有……""如果……就……"等成对连词。这时幼儿的关联词虽然比较丰富，但并不总是用得恰当。在复合句中有时也会出现主语或谓语动词脱漏的情况，以及语句形式和内容不一致等问题；语言中出现了一定的数量和时间修饰词。

3. 语义——抽象意义词汇发展

5～6岁幼儿词汇量有大幅度增加，而且质量上也有明显提高。他们不仅掌握了名词、动词、形容词、数量词，还开始掌握一些常用副词和连词。这个时期幼儿掌握的词从代表具体意义的词向具有抽象意义的词过渡，他们的语言中出现了许多对幼儿来说比较难以掌握和运用的词汇，还包括很多成语；所掌握的词义更加确切、丰富和深刻；已经能听懂一些较复杂的句子，理解一段话的意思；能够掌握表示类概念的词汇以及表示因果关系的连接词，语言的连续性有所加强。

4. 表达——顺畅流利

由于有了一定的语法基础，5～6岁幼儿的口头表达能力进一步发展，能把一些思想、感情用简单的词表达出来。幼儿言语的连贯性增强，情境性减少，成人不再需要根据幼儿的表情、动作去推测幼儿的意思。非情境性言语和连贯性言语的发展使得幼儿能够独立、清楚地表达自己的思想情感。5～6岁幼儿口头语言表达的顺序性和逻辑性有了明显增强，而且能够自然、生动地进行描述。有强烈的语言要求，他们谈话的内容广泛，想象丰富；经常模仿大人的语气讲话，也乐于表演自己熟悉的故事，扮演角色游戏。5～6岁的幼儿已经能根据事物所处的具体情境来调节自己的语言。

（四）3～6岁幼儿语言发展教育活动建议

开展游戏活动，提高幼儿辨音、发音能力；在日常生活中自然练习发音；组织念儿歌、童谣、绕口令等活动以训练发音；开展集体训练，纠正方言影响；培养幼儿的言语表情；培养幼儿语言交往的素养。

【案例三】 语言活动"蓝天为什么不会掉下来"

爷爷说："是大山把蓝天给顶住啦！"

大山听了，把头抬得更高。

奶奶说:"是大树把蓝天给撑住啦!"
大树听了,把手伸得更长。
娃娃说:"是星星把蓝天给钉住啦!"
星星听了,把眼睛睁得更大。
一颗颗亮晶晶的小星星,
就像是一颗颗亮晶晶的小图钉。
小图钉密密麻麻,把蓝天钉得牢牢的……
蓝天还能掉下来吗?

一、活动目标

学习"顶、抬、撑、伸、睁、掉"等动词。

二、活动过程

教师播放散文光盘,提醒小朋友认真倾听。之后教师借助图片,提出问题。教师再一次朗诵散文,引导幼儿进一步领会散文内容。

【分析】本活动运用媒介资料使幼儿直观地学习词汇,丰富了幼儿的词汇,尤其是使幼儿学习了一些想象生动的动词。

【案例四】 语言活动"我喜欢的玩具"

一、活动目标

用清楚、连贯的语言描述玩具的基本特征,如颜色、形状、功能等。

二、活动准备

1. 情境导入

教师:"小朋友,你们喜欢玩玩具吗?你最喜欢什么玩具?它是什么样子的呢?"

2. 观察描述

教师:"请小朋友仔细观察自己的玩具,描述你的玩具是什么样的。要说清楚你的玩具是什么颜色、什么形状、能干什么等。"

引导小朋友展示自己的玩具,自由练习讲述。

教师请小朋友向大家介绍自己喜欢的玩具。

教师提示小朋友用"我喜欢……它是……(形状、颜色)""它能……(功能)"等语句,清楚、完整地描述自己的玩具。

3. 说出喜欢的原因

如,我最喜欢芭比娃娃,因为它非常漂亮;我最喜欢冲锋枪,因为我长大想当解放军……

【分析】玩具是幼儿的伙伴,谈自己喜欢的玩具,幼儿有话可说。在活动中为幼儿创设了一个想说、喜欢说的环境。幼儿对自己熟悉的玩具,介绍起来比较容易,但是教师应注意引导幼儿说话的连贯性、逻辑性。让幼儿学习用因果句式表达喜欢的原因。

思考与练习

    1. 幼儿语言教育的意义是什么？

    2. 0～3岁幼儿语言发展的特点是什么？有哪些教育建议？

    3. 3～6岁幼儿语言发展的特点是什么？有哪些教育建议？

模块二 学前儿童语言教育的目标及意义

学前儿童语言教育理论与实践告诉我们，学前儿童语言教育目标总是具有一定的可供分析的结构。从纵向的角度看，幼儿园语言教育目标有一般的层次结构；从横向的角度看，幼儿园语言教育目标则存在独特的分类结构。

本节主要从纵向和横向全面阐述幼儿园语言教育的总目标、语言教育的内容分类目标、年龄分类目标和每一个语言教育活动的具体目标；介绍幼儿园语言教育是由谈话、讲述、听说游戏、早期阅读和文学活动等五个方面的教育内容组成，以此来培养儿童的倾听、表达、早期阅读、文学作品欣赏等能力。

一、学前儿童语言教育目标的制定依据

教育是有目的、有计划地对教育对象施加影响，使他们在思想、感情、行为等方面发生变化的过程。学前语言教育的目标是学前教育总目标的有机组成部分，语言教育目标的制定，不是凭空产生的，主要是依据社会和人两方面的因素来制定的。

（一）依据社会对人才培养的要求

在我国现有的条件下制定学前儿童语言教育目标，要反应当下社会对人才培养的要求，即语言教育目标要能够体现出现阶段我国社会的教育价值观和取向，同时也要具有一定的超前性。

当今社会发展越来越先进，科学技术和传播技术、合作交流等也越来越广泛，社会信息量成倍增长，生活节奏日益加快，通过语言这一工具，迅速、准确地处理问题、增强交流，已成为社会成员的自觉需要。在表达时，能用最简洁的语词，传递尽可能多的信息；在理解时，能迅速地捕捉他人的语言等信息，做出有力的决策，这都是现代许多高层次人才所必备的能力。学前语言教育目标的制定要着眼于现代社会中现代人语言能力提高的出发点和落脚点，着力培养幼儿对语言的兴趣和敏感性以及运用语言的良好习惯和技能。

（二）依据学前儿童语言发展规律

学前儿童语言教育的根本目的就是要促进儿童的语言发展，因此，必须要尊重和

依据儿童语言的发展规律。如果不考虑儿童语言规律，脱离了其语言发展的实际水平，主观臆造，儿童语言教育活动就会失去根据，这样的教育活动也就失去了教育意味。

有关儿童语言发展的研究成果为我们提供了各种信息，能够帮助我们理解不同时期儿童语言发展的进程、特点、规律，如婴幼儿何时能够发出有意义的音节，什么时期他们的词汇增长迅速，最初的句子表达有何特点，学前阶段的谈话、讲述有什么发展规律，等等。依据这些儿童语言发展的特点和需求，根据他们的成长进程来制定语言教育目的，从而进行适切的语言教育活动。

二、学前儿童语言教育目标的层次结构

学前儿童语言教育目标既是学前教育总目标的有机组成部分，又是语言教育的特殊要求。因此，语言教育目标与学前教育总目标是一致的，它可以分解为终期目标、年龄阶段目标和具体活动目标三个不同的层次。

（一）学前儿童语言教育的终期目标

所谓学前儿童语言教育的终期目标，指的是学前教育阶段，教育过程中语言领域教育的总任务和总要求，是国家的总体教育目的在学前阶段的具体体现。

我国现行的《幼儿园教育指导纲要（试行）》，把幼儿园语言教育的目标确定为：乐意与人交谈，讲话礼貌；注意倾听对方讲话，能理解日常用语；能清楚地说出自己想说的事；喜欢听故事、看图书；能听懂和学会普通话。

（二）学前儿童语言教育的年龄阶段目标

第二个层次的语言教育目标是年龄阶段目标，即学前阶段儿童的某一年龄（班）的教育目标。尽管《幼儿园教育指导纲要（试行）》中，没有把目标分为年龄阶段，但是不同年龄阶段的儿童在具体语言方面的发展差异较大，因此，在具体的语言教育中要进行合理的年龄分段，在整个学前教育阶段所要达到的语言培养目标的指导下，结合本地、本园、本班的具体情况加以具体化。就同一目标的内容，应对不同年龄的幼儿提出不同要求，这样才能在教育实践中循序渐进的促进幼儿语言的发展。目前，幼儿园的语言教育活动以谈话活动、讲述活动、听说游戏、文学活动、早期阅读活动等为主，具体的年龄阶段目标，我们将在各章节里具体给大家介绍，此处不赘述，大家可在各具体章节里，对比不同年龄阶段目标由低到高的变化。

将语言教育目标分解为不同的要求，形成对每一年龄阶段儿童逐步提高要求的具体目标，这是年龄阶段目标的一个特点。另一个特点是儿童语言发展指标和相关学科指示的融合。这就促使我们将语言教育目标贯彻到儿童的所学学科和生活中去。换言之，语言教育目标为儿童语言方面的发展规定了具体的发展方向，在每一年龄阶段的目标中，对幼儿掌握知识、获得能力提出了一定要求，希望通过这个阶段的学习，使他们在语言方面达到一定的水平。

（三）学前儿童语言教育的具体活动目标

具体活动目标一般由教师自己决定，它是指在某一具体的语言教育活动中要达到的目标。有时候，具体活动目标就是一次活动中要完成的任务，但也有可能是一组相近的活动或一个主题系列活动的目标，它们使具体的教育内容紧密地联系在一起。

具体活动目标与语言教育目标、年龄阶段目标应是一致的。应当说，具体活动目标是年龄阶段目标、语言教育目标的具体化，语言教育正是通过每一个具体的活动落实到幼儿的发展上，因此便构成了年龄阶段目标，乃至语言教育的总目标。每一个具体活动目标的实现，都向完成年龄阶段目标和语言教育总目标迈进了一步。

从目标的层次分析中，我们应当认识到，在幼儿园语言教育目标落实到每个儿童的过程中，有几个关键问题是必须注意的：

（1）如何将高层次目标准确地转化为低层次目标；

（2）教育实践过程中，教师如何把握各个层次教育目标的内涵及相互关系；

（3）教师如何根据目标来选择相应的教育内容、方法，从而确保目标的实现。

【案例一】　大班语言活动《秋天的雨》

秋天的雨

秋天的雨，"滴答滴答"地唱着歌。

秋天的雨，是一把钥匙，带着清凉和温柔，轻轻地，轻轻地，你还没注意，秋天的门，就悄悄地打开了。

秋天的雨，有一盒五彩缤纷的颜料。你看，她把黄颜色给了银杏，黄了的树叶扇呀扇呀，像一把把小扇子，扇走了夏天的火热；她把红颜色给了枫树，红红的枫叶飘呀飘呀，像一枚枚邮票，邮来了秋天的盛装；金黄颜色呢，是给田野的，看，田野像金色的海洋；橙红颜色呢，是给果树的，听，橘子、苹果、柿子们你挤我碰，喊着人们去摘呢！还有各种各样的颜色，都给了菊花仙子，紫红的、淡黄的、雪白的……美丽的菊花在秋雨里点头。

秋天的雨，有非常好闻的气味呢！不信，你闻：菠萝甜甜的，梨子香香的，还有苹果、橘子、稻谷，好多好多，在小雨滴中藏着呢！小雨滴还带来了烤山芋、糖炒栗子的香味。小朋友的脚呀，常被那香味勾住。

秋天的雨，有一支金色的小喇叭，它告诉大家，冬天快要来了。小喜鹊衔来了树枝造房子，小松鼠找来松果做粮食，小青蛙在加紧挖洞，准备舒舒服服地睡一大觉！还有小树叶呢，常绿树的树叶穿上厚厚的油亮亮的衣裳，落叶树的树叶飘呀飘，飘到大树妈妈的脚下，都在准备过冬了。

秋天的雨，带给大地的是一曲丰收的歌，带给小朋友的是一首快乐的歌。

秋天的雨，"滴答滴答"地唱着歌……

《秋天的雨》来自于大班主题活动《丰收的季节》。作品以其优美的语言、生动的形象深深吸引、感染着孩子们。对孩子们经常开展文学欣赏启蒙教育活动，能使孩子们潜移默化地受到"真的启迪、善的熏陶、语言的积累、美的享受"。《秋天的雨》是一篇优美的散文，如诗如画，不仅是孩子们学习语言的范例，还向孩子们展现了多姿多彩的秋之美，使他们在欣赏活动中得到审美享受。

【分析】本活动设计以幼儿原有的知识经验为基础展开活动，巧妙运用多媒体课件，充分尊重孩子们的兴趣，尊重其独特的理解、感受和体验，使他们在欣赏中感悟、表述、积累、迁移。其具体的活动目标要求为：第一次活动要求大班幼儿感受这篇散文的艺术语言美，理解散文内容，体会秋天丰收季节的愉悦情绪；后续的活动则是围绕散文《秋天的雨》开展秋游、去农村参观、品尝秋季的蔬果、用绘画或手工表现美丽的秋天，在理解感受秋天的基础上，初步掌握这篇散文内容的结构方式，调动个人经验去进行丰富想象，用口语进行创造性地仿编散文《秋天的雨》的尝试。

三、学前儿童语言教育目标的分类结构

学前儿童语言教育目标的分类结构指的是语言教育目标的组合构成。从学前儿童语言能力的构成、语言教育的作用和语言教育目标的角度来看，学前语言教育目标的结构可以分为四个方面，即倾听行为的培养、表述行为的培养、欣赏文学作品行为的培养和早期阅读行为的培养。

（一）倾听行为的培养

倾听是儿童感知和理解语言的行为表现。就学前儿童语言学习和发展而言，倾听是不可缺少的一种行为能力。只有懂得倾听、乐于倾听并且善于倾听的人，才能真正理解语言的内容、语言的形式和语言运用的方式，掌握与人交流的技巧。因而，培养儿童的倾听行为是十分重要的。

我国现有的学前儿童语言教育的研究表明，在以往的学前儿童语言教育实践中，有关倾听行为的培养尚未得到充分重视，因为有些儿童不善于倾听，影响了他们在人际交往时对语言的理解水平，同时也影响了其他语言能力的发展。这一情况引起了学前教育工作者和研究者们的注意，在语言教育目标的制定和实施过程中，将倾听行为的培养置于重要的位置。

【资料】《3～6岁儿童学习与发展指南》"倾听与表达"目标1中，明确指出："认真听并能听懂常用语言。要求3～4岁幼儿在别人对自己说话时能注意听并做出回应，能听懂日常会话；4～5岁幼儿在群体中能有意识地听与自己有关的信息，能结合情境感受到不同语气、语调所表达的不同意思；5～6岁幼儿在集体中能注意听教师或其他人讲话；听不懂或有疑问时能主动提问；能结合情境理解一些因果、假设等相对复杂的句子。"

这些目标要求，实际上要求幼儿在语言学习与发展中，学会有意识地倾听别人所说的话，分析性地倾听交流的信息，同时形成理解性的倾听语言的能力。

学前儿童倾听行为的培养，重点在于汉语语音、语调的感知和对语义内容的理解。从孩子出生到小学前的六七年间，通过教育逐步帮助他们建立起几种倾听技能——有意识倾听，即集中注意力的倾听；辨析性倾听，即分辨不同内容的倾听；理解性倾听即掌握重点内容、连接上下文的倾听。

（二）表述行为的培养

表述是以一定的语言内容、语言形式及语言运用方式表达和交流个人观点的行为，是学前儿童语言发展和学习的主要表现之一。只有懂得表述的作用，愿意向别人表达自己的见解，并且具备表述能力的人，才能正常地与人进行语言交际。因而，表述行为是学前儿童语言教育目标的重要组成部分。

儿童语言研究早已告诉我们，只有懂得语言表达的作用，愿意向别人表达自己的见解，并且能清楚表达的人，才能真正与人进行语言交流。

【资料】《3~6岁儿童学习与发展指南》"倾听与表达"目标2中，明确指出："愿意讲话并能清楚地表达。要求3~4岁幼儿愿意在熟悉的人面前说话，能大方地与人打招呼，愿意表达自己的需要和想法，必要时能配以手势动作，并且能口齿清楚地说儿歌、童谣或复述简短的故事；要求4~5岁幼儿愿意与他人交谈，喜欢谈论自己感兴趣的话题，能基本完整地讲述自己的所见所闻和经历的事情；要求5~6岁幼儿愿意与他人谈论问题，敢在众人面前说话，并能有序、连贯、清楚地讲述一件事情。"

上述对各年龄段幼儿的要求充分体现了学前阶段儿童口头语言学习与发展的重点。从积极语言表达的倾向态度，到正确恰当地运用语言表达的能力，循序渐进地提出了目标要求。

学前阶段，是儿童逐步掌握口头语言，并向书面语言过渡的时期。在这一特定的时间内，儿童表述行为能力发展的重点在于学习正确、恰当的口语表达，从语音、语法、语义以及语用四个方面掌握母语的表达能力，由简到繁，由短到长地提高表述水平。与此同时，学前儿童口语表达的行为亦有个人独白、集体讲述、对话交谈等不同的表现方式，需要在教育过程中有目的地加以引导，以利于他们的交际与运用。

（三）欣赏文学作品行为的培养

文学作品是一种通过语言塑造形象、表现生活的艺术作品，带有口头语言的特点，却又不同于口头语言。它们是艺术语言的集合体，也是书面语言的反映，对学前儿童的语言以及其他方面的学习具有特别的意义。学前儿童在学习文学作品中培养起综合的语言能力，可以增强作为语言核心操作能力的不同层次的"敏感性"——对语调排列的敏感性；对词句变化而造成优美动听效果的敏感性；对不同情境中语言运用的敏感性。

欣赏文学作品，是感知、理解文学作品，并尝试艺术性地仿照艺术语言的结构，运用艺术语言方式的行为。喜欢欣赏文学作品，能够较好地理解、学习文学作品，初步感知不同类型文学作品的特点和结构，是学前儿童语言学习的重要方面，也是学前儿童语言教育的目标之一。

幼儿诗歌是儿童文学作品中韵体作品的统称，包括儿歌、儿童诗等。它们共同的特点是语言精练，想象丰富，有优美的韵律和节奏，极富童真、童趣。

幼儿散文中充分利用了比喻、拟人、夸张、想象、反复等表现手法，作品的意境和语言优美，每篇散文都为幼儿勾勒出一幅形象逼真、充满童趣并流动着作品情韵的欢乐图。

【案例二】 诗歌《绿色的世界》（小班）

绿色的世界

绿色的天空；绿色的小猫；

绿色的甜糕；绿色的手套。

这儿，一片绿；

那儿，一片绿。

到处都是绿、绿、绿。

当我把绿色的眼镜拿掉，

绿色的世界忽然不见了。

一、活动目标

1. 理解诗歌的内容，体验诗歌所展示的大自然的美和快乐的情绪。
2. 尝试用诗一般的眼光观察周围生活，大胆进行艺术想象。
3. 尝试仿照诗歌结构，想象仿编出新的诗句。

二、活动准备

绿色眼镜3～4副；录音机1台；音乐磁带1盒。硬纸板眼镜架、各种颜色的圆形玻璃纸若干。

三、活动过程

（一）活动一：欣赏活动

（1）在优美的音乐声中，教师富有表情地、生动地朗诵一遍诗歌，然后通过提问帮助幼儿理解"绿色的世界"。

（2）教师提出问题："这首小诗说了什么？""绿色的世界里都有些什么？"引导幼儿边阅读幼儿用书边讨论。

（3）提问、讨论过后，教师取出绿色眼镜，让幼儿轮流戴着试看周围的世界，对"绿色世界"有个感性印象。

（4）教师再进行第二遍诗歌朗诵。朗诵之后要求幼儿讨论"为什么一切都变成绿色的呢？""你戴上绿眼镜后看到什么东西变绿了？"

（5）教师带领幼儿有表情地朗诵诗歌2～3遍。

（二）活动二：做眼镜

向幼儿提供教师事先准备的硬板纸眼镜架和各种颜色的圆形玻璃纸，如红色、黄色、蓝色、紫色等，让幼儿将玻璃纸贴在眼镜架上，做成彩色眼镜。

（三）活动三：看看周围世界

要求幼儿戴上彩色眼镜，去外面走一走，看一看周围世界是什么颜色，然后让幼儿轮换着戴上自己做的各色眼镜，出去走一圈。教师指导幼儿看一看透过不同颜色的眼镜，周围世界变成了什么样，从而更深地理解、体会作品中描绘的"绿色世界"，并将作品的经验与个人的经验联系起来。

（四）活动四：诗歌仿编活动

（1）复习诗歌。教师带领幼儿有表情地朗诵诗歌两遍。

（2）在幼儿欣赏、理解，并迁移作品经验之后，引导幼儿仿照作品原有的结构画面，在个人经验的基础上，想象仿编新的诗歌段落。如将"红"替代原有诗歌中的"绿"。如果幼儿在仿编过程中能够改换画面中的具体形象，那么就可以鼓励幼儿将自己的所见纳入到诗歌中去。教师可先做出示范，以"红"替换"绿"，从而仿编出诗歌来，接着要求幼儿用"黄""蓝""紫"等颜色替换。尤其注意让在这方面有实际体验的幼儿来仿编。

（3）仅以"红"替换"绿"，可能仿编的诗歌为"红色的天空；红色的小猫；红色的甜糕；红色的手套。这儿，一片红；那儿，一片红。到处都是红、红、红。当我把红色的眼镜拿掉，红色的世界忽然不见了。"

（4）在幼儿准备状态比较好的情况下，可以引导幼儿用"紫"颜色和所见具体形象仿编出内容差异更大些的诗歌。比如，"紫色的天空；紫色的手套。这儿，一片紫；那儿，一片紫。到处都是紫、紫、紫。当我把紫色的眼镜拿掉，紫色的世界忽然不见了。"

（5）当幼儿编出各种颜色的诗歌段落后，教师可以指导幼儿将几个段落串联起来，形成一首较长的"多彩的世界"的诗。

四、活动延伸

要求幼儿回家后把所学诗歌《绿色的世界》朗诵给家人听；也可建议家长和幼儿一起仿编或创编诗歌。

【分析】 无论是幼儿诗歌还是散文，都会给幼儿带来美的熏陶和感染。

不同年龄班幼儿选材：

小班：主要选儿歌；中班：以儿歌为主，同时也选用短小的儿童诗；大班：儿歌、儿童诗都可选用，还可选用少量浅显的、思想内容健康的古诗。

（四）早期阅读行为的培养

早期阅读行为，指学前儿童从口头语言向书面语言过渡的前期阅读和前期书写准备。其中包括幼儿阶段了解图书和文字的重要，愿意阅读图书和辨认汉字，掌握一定的阅读和书写的准备技能等等。尽管在学前阶段，儿童尚不需要具备阅读和书写能力，但在口头语言向书面语言过渡时期，他们有必要认识口语与文字的对应关系，有必要掌握看懂图画书的基本技能，有必要初步辨认如自己的名字等常见字，有必要做好进入小学的书写姿势、书写技能的准备。

在社会和经济发展迅速的今天，人的阅读能力被视为当今社会获得成功的基础。近年来的研究结果告诉我们，3～8岁是儿童学习早期阅读和读写的关键期，教育者要切实把握这个发展时机，在培养幼儿口语交流能力的同时，帮助幼儿做好书面语言学习的准备。《3～6岁儿童学习与发展指南》根据3～6岁儿童阅读与书写的研究结果，指定了早期书面语言学习与发展的目标要求：

第一，阅读兴趣习惯的目标要求。

【资料】《3～6岁儿童学习与发展指南》中"阅读与书写"目标1：喜欢听故事，看图书。在整个学前阶段，图画书都是幼儿阅读的主要材料。每天给幼儿看书的时间，养成"阅读图书"的兴趣与习惯，并注意让幼儿口述自己听到的或者看到的"故事"，让幼儿扮演"讲故事人"的角色来编和讲自己的故事，对幼儿而言是最重要的早期书面语言学习经验。《指南》具体要求3～4岁幼儿能主动要求成人讲故事、读图书，喜欢跟读韵律感强的儿歌、童谣，爱护图书，不乱撕、乱扔；要求4～5岁幼儿反复看自己喜欢的图书，喜欢把听过的故事或看过的图书讲给别人听，对生活中常见的标识、符号感兴趣，知道文字表示一定的意义；对5～6岁幼儿，要求能够专注地阅读图书，喜欢与他人一起谈论图书和故事的有关内容，做到对图书和生活情境中的文字符号感兴趣，知道文字表示一定的意义。

应当看到，幼儿对书面语言的兴趣和认知，是通过自身的经验建立起来的。在学前阶段，幼儿需要拥有自己的书，需要有自己随时可以取到进行翻阅的图书，需要有人给他们讲述和朗读书上的内容，还要有机会经常看到别人阅读。通过这样一些互动的过程，幼儿可以理解书面语言的价值和意义，建立起热爱阅读的情感动机，这也是为成为幼儿一个好的阅读者所做的必要准备。

第二，初步阅读理解能力的目标要求。

【资料】《3～6岁儿童学习与发展指南》中"阅读与书写"目标2：具有初步的阅读理解能力。要求3～4岁幼儿能听懂短小的儿歌或故事，会看画面，能根据画面说出图中有什么，发生了什么事等，并能理解图书上的文字是和画面对应的，是用来表达画面意义的；要求4～5岁幼儿能大体讲出所听故事的主要内容，能根据连续画面提供的信息，大致说出故事的情节，还能随着作品的展开产生喜悦、担忧等相应的情绪反应，体会作品所表达的情绪、情感；要求5~6岁幼儿能说出所阅读的幼儿文学作品的主要内容，根据故事的部分情节或图书画面的线索猜想故事情节的发展，或续编、创编故事，对看过的图书、听过的故事能说出自己的看法，还能初步感受文字语言的美。

幼儿阅读中接触到的图画书语言具有书面语言的特点，当幼儿在日常生活中阅读图画书时，他们可以通过阅读与图画和文字符号互动，用口头语言来说说他们对图画书内容的理解，获得口头语言与书面语言对应关系的认识，这样便逐渐成长起初步的阅读理解能力。早期的阅读理解经验将为儿童未来的阅读理解能力成长奠定扎实的基础。

随着信息社会的发展，加强早期阅读已成为世界学前教育发展的趋势之一。我国学前教育界研究也指出，需要并且可能在学前阶段对儿童进行早期阅读的教育。因此，培养学前儿童的早期阅读行为应当成为幼儿语言教育目标的组成部分。

四、学前儿童语言教育活动类型的目标内容

在学前教育阶段，语言教育活动主要包括谈话活动、讲述活动、听说游戏活动、文学活动和早期阅读活动等活动类型。这些活动包含了学前语言教育目标各个层次的内容，也是幼儿园开展语言教育活动的主要类型。《纲要》的要求也说明了语言教育要在生活中进行，"语言能力是在运用的过程中发展起来的，发展幼儿语言的关键是创设一个能使他们想说、敢说、喜欢说、有机会说并能得到积极应答的环境。"因此幼儿园语言教育活动的类型、方法可以多种多样，但目的只有一个，那就是全面发展幼儿的语言。依据之前对于语言教育目标的分类，以下主要从这几大方面对语言教育的总体活动目标内容进行阐述。

（一）谈话活动目标

谈话活动是培养幼儿学习在一定范围内运用语言与其他人进行交流的语言教育活动类型。谈话活动的语言教育目标主要有四个方面：

（1）帮助幼儿建立喜欢与人交往的愿望。能从成人和小朋友的交谈中得到愉快的体验，愿意把发生在自己身上的事和自己见过的事情，讲给他人听。

（2）帮助幼儿学会倾听他人的谈话，逐步掌握几种倾听技能。在谈话活动中，要求幼儿能安静地倾听别人的谈话，不打断别人讲话，养成主动、积极、耐心、有礼貌倾听的习惯；要求幼儿在倾听中分析说话人声音的特点及声音所表现的情绪；要求幼儿在倾听时迅速掌握别人说话的主要内容，及时从中捕捉有效的语言信息。

（3）帮助幼儿学习围绕一定的话题谈话，充分表达个人见解，培养幼儿口语表达能力。要求幼儿在谈话活动中学习说普通话，并积极参与谈话活动，体验与他人交流的乐趣。帮助幼儿学习围绕中心话题谈话，不跑题。

（4）帮助幼儿学习运用语言交流的基本规则，提高幼儿的语言交往水平。要求幼儿学习用适合角色的语言进行交谈，学会用轮流的方式谈话。此外，还应引导幼儿学习用修补的方法延续谈话。

【案例三】 压岁钱（大班）

一、活动目标

1. 学会连贯地叙说自己拿到压岁钱的感受；学习用不同表达方式说感谢的话。
2. 认真、耐心地倾听同伴谈话，能迅速掌握别人的谈话内容，向同伴学习谈话经验。
3. 进行初步的理财教育。

二、活动准备

1. 红包（或压岁钱袋）里面装着钱。
2. 可以用于表演的道具。

三、活动过程

1. 创设谈话情境，引出谈话话题

（1）活动开始时，教师出示一个红包（或压岁钱袋），让幼儿猜猜里面包着什么，幼儿猜过后，教师打开红包拿出钱，问幼儿："过年时大人们给你的红包里的钱叫什么？""哪些人会给你压岁钱？"

（2）教师分别扮演不同的给压岁钱的人，引导幼儿参与表演、观察，注意倾听。

2. 引导幼儿围绕话题自由交谈

教师提出问题，让幼儿自愿结伴交谈。建议提问："别人给你压岁钱，你心情怎样？""别人给你压岁钱时，一般会说些什么？""你拿到压岁钱时在想些什么？""不同的人给你压岁钱，你是如何感谢的？"教师注意倾听幼儿的谈话，表现出极大的兴趣。可用插话的方式，引导幼儿注意围绕话题用轮流的方式交谈。

3. 引导幼儿拓展谈话范围

（1）集体谈论"压岁钱"。在自由交谈的基础上，教师请几位幼儿向大家介绍自己的压岁钱。要求幼儿用连贯的语言说出拿到压岁钱的感受，自己是如何感谢给压岁钱的人的。

（2）教师提出新的问题："你们拿到压岁钱后是怎么用的？"帮助幼儿拓展话题。幼儿谈话时，提醒大家注意听他说话，了解他谈话的内容。学习他的谈话经验并学习用轮流、修补的方法进行谈话。

（3）继续拓展话题。教师提问："明年过年，再拿到压岁钱，你准备怎么用？"相互交谈后，请几位思路有新意的幼儿上来谈谈自己的打算。

4. 教师进行小结

通过活动使幼儿懂得压岁钱的来历和寓意。知道拿到压岁钱时应向长辈表达谢意，还要逐渐学会正确管理、使用压岁钱。

【分析】通过创设"压岁钱"的谈话情境，引导幼儿发展语言能力，并不断拓展话题，在掌握谈话的同时还学会了初步理财。

（二）讲述活动目标

讲述活动是以幼儿语言表述行为为主的语言教育活动类型。讲述活动的语言教育目标主要有三个方面：

（1）培养幼儿感知、理解讲述对象的能力。引导幼儿根据要求，综合运用概念、判断、推理等多种思维方式去吸取信息，把握"要说"的内容，为主题内容做好说话准备。

（2）培养幼儿独立构思与清楚、完整表述的能力。在集体场合自然大方地讲话，能使用正确的语言内容和形式讲述，学习有中心、有顺序、有重点地讲述。

（3）帮助幼儿掌握对语言交流信息清晰度的调节技能。要求幼儿在学习运用语言与其他人交往的过程中，不断提高对交往场合各种因素关系的敏感性，包括增强对听者特征的敏感性，对语境变换的敏感性，以及对听众反馈的敏感性。

（三）听说游戏活动目标

听说游戏是采用游戏的方式开展的语言教育活动。听说游戏活动的语言教育目标主要有三个方面：

（1）帮助幼儿在游戏中按照一定规则进行口语表达练习，其中包括难发音、方言干扰音等方面的巩固学习，词汇组合搭配的扩展学习，尝试运用句型的练习。

（2）在听说游戏中提高幼儿积极倾听的水平。要求幼儿听懂教师对有关规则的讲解，听懂游戏的指令，准确地把握和传递有细微区别的信息。

（3）培养幼儿在语言交往中的机智性和灵活性，锻炼幼儿迅速领悟语言规则的能力，迅速调动个人已有语言经验编码的能力，以及迅速以符合规则要求的方式进行表达的能力。

（四）文学活动目标

文学活动是通过欣赏文学作品来学习语言的语言教育活动类型。文学活动的语言教育目标主要有四个方面：

（1）要求幼儿积极参加文学活动，乐意欣赏文学作品，知道文学作品有童话、诗歌和散文等体裁。

（2）帮助幼儿感受文学作品的语言美，培养他们对艺术语言表现方式的理解能力，用自己的方式表达自己对某个文学作品的理解。

（3）要求幼儿增强预知故事情节发展和结局的能力。

（4）培养幼儿在原文学作品的基础上扩展想象，仿编诗歌、散文中的一句，或续编故事结尾的能力。

(五)早期阅读活动目标

幼儿园的早期阅读活动,是帮助幼儿接近书面语言的教育过程,这种活动着重从三个方面培养幼儿学习书面语言的行为:

(1)提高幼儿学习书面语言的兴趣。引导幼儿热爱书籍,养成自觉阅读图书的良好习惯;引导他们乐意观察各种符号,产生对文字的好奇感和探索愿望。

(2)帮助幼儿初步认识书面语言和口头语言的对应关系,懂得书面语言学习的重要性。

(3)帮助幼儿掌握早期阅读的技能,其中包括观察、模拟书面语言的能力,预期的技能和自我调适的技能。

五、幼儿语言教育的意义

(一)语言是人类最重要的交际工具

语言是人们用来交流生产经验,交流思想感情,以达到互相了解的交际工具。人们在劳动、学习、工作等活动中都离不开语言,因此,从小培养和发展幼儿的语言能力,让幼儿正确地掌握语言,具有十分重要的意义。

幼儿学会了语言,可以运用语言进行比较复杂的思维活动,例如,幼儿运用语言才能对已经认识的事物进行分析、综合等思维活动,并在此基础上掌握比较浅显的道理。语言又是对幼儿进行教育的重要工具,它在幼儿教育的全部过程中起着重要的作用。不论向幼儿进行思想品德教育,丰富幼儿的知识经验,还是教幼儿学习唱歌、绘画、游戏等,都必须运用语言。另外,只有幼儿有了一定的语言水平,才能听懂教师和同伴的话,接受教育和进行交往。

语言在幼儿的认识活动中起着重要作用。语言使幼儿用词表达自己所获得的感性知识,并进行铭记;语言不仅使幼儿有可能直接去认识事物,而且能使他们间接去认识不能直接感知的事物,使认识的范围扩大,认识的内容加深;语言还使幼儿增强认识活动的有意性,使他们能有目的、有意识地去认识客观事物。

发展幼儿语言和对幼儿进行各方面的教育是在同一过程内完成的,任何语言不是空洞的词句,而是含有一定意义的,当幼儿在接受成人教育的同时也就积累了各方面的知识经验并掌握了一定的概念,促进了幼儿语言的发展。如对幼儿进行礼貌教育,要求幼儿在早晨看见别人会说"早",请别人帮忙时会说"请""谢谢",教师在对幼儿进行教育的同时也就丰富了幼儿有关"早""请""谢谢"等的词汇,从而发展了幼儿的语言。

(二)幼儿期是人类语言发展的关键期

幼儿期是语言发展的重要时期,幼儿到3岁以后,大脑发育迅速,听觉器官和发音器官相应成熟,能分辨和模仿成人的语言,这为幼儿语言发展提供了生理基础。另外,3~6岁这个时期,随着他们接触范围的逐渐扩大,在周围生活环境影响下,幼儿说话和交往的需要日益增强。如幼儿爱说话，爱提出疑问，喜欢听人们讲各方面的知识经验，也喜欢用语言来表达自己的思想和要求等等。如果在这个时期得到正确的教育，幼儿的语言将会迅速地发展，不仅学会的词汇量日益增多，而且还逐渐能用单句、复句连贯地叙述见闻，表达思想。反之，在这个时期，忽视了对他们进行语言教育，幼儿语言的发展就会缓慢，以后进行补偿教育就很困难。众所周知，7岁狼孩回到人类社会后，开始学习说话，经过几年的训练，只记住四五个单词。这个实例说明，幼儿语言的发展如果错过了时机是难以弥补的。幼儿期的语言教育在家庭和幼儿园中，应该处于举足轻重的位置，其成果对人一生的发展有着重要的影响。

幼儿期语言教育可以为学习书面语打好基础

幼儿语言教育主要是发展幼儿的口头语言，为入学后很好地掌握书面语言打下基础。在幼儿入学以前，如果能学会普通话的准确语音，掌握大量的词汇，有一定的口语表达能力，入学后学习认字、读书和作文时（主要是把看到的字形和相应的语音联系起来，理解文字内容和用文字表达意思），就比较容易了。学前阶段成人如能在日常生活、游戏中有意识地引导幼儿口头组词、组句和口语表达能力，让幼儿现想现说，有条有理地说，就可以促进幼儿思维的敏捷性、灵活性和逻辑性的发展；如能进行一些非正规的阅读准备，培养幼儿对图书及图形、字形认读及书写的兴趣、能力和习惯，就可为幼儿入学后学习书面语打下基础。

思考与练习

1. 学前儿童语言教育目标的分类依据是什么？
2. 学前儿童语言教育目标的分类结构是怎样的？
3. 学前儿童语言教育活动类型的目标内容是什么？

模块三 学前儿童语言教育基本理论

学前阶段是人生命发展的早期，也是语言获得和发展的重要阶段。学前儿童的语言习得由什么因素决定，有什么样的发展规律，先天和后天因素各起到了什么作用，应如何看待学前儿童的语言教育，教师在教育中应持有什么观点等等，这是本章要讨论的问题。

一、学前儿童语言的获得理论

学前儿童的语言是怎么获得的？在其发展过程中，什么因素起到了决定作用？为什么儿童的语言能在出生后短短几年就有这么惊人的发展速度？长期以来，心理学家和语言学家一直在探讨这些课题，而且争论不休，因此也形成了各种各样的语言获得理论。在此主要介绍先天决定论、后天环境论和先天与后天相互作用论。

（一）先天决定论

先天决定论同后天环境论针锋相对，又称为内因论或内在论，强调先天遗传对儿童语言发展的决定性作用，认为语言获得不是后天学习的结果。其中较有影响的是乔姆斯基的"先天能力说"和勒纳伯格的"自然成熟说"。

1. 先天能力说

乔姆斯基的理论又称为转换生成语法理论。他认为，语言是有一定规则的，人有先天的掌握语言规则的能力，即语言能力，这是能将头脑中已经存在的普遍语法规则转换为母语语法规则的能力。而语言运用指的是在语言能力基础上对这些语言规则的具体应用。他提出了 LAD 理论假设，即语言获得装置（Language Acquisition Device，简称 LAD）。儿童头脑中生来就具有这样一个语言学习装置，这个装置具有一套普遍的语法规则（从各种语言中抽象出来的，适用于所有语言的规则）和语言分析能力。在某一种语言文化环境中，儿童接触一定数量的成人语言（母语），也就是将这种原始的语言材料输入到该装置中，儿童就会对输入语言现象进行分析，LAD 就会将具有的普遍语法规则和输入的语言进行比较和匹配，不断进行调整，以便使具有的备用语法规则和输入的语言的规则相符，并最终通过评价将其确定下来，由此，就会产生输入语言（母语）的语法结构，儿童就学会了语言表达。这就是转换生成语法的过程。

按照乔姆斯基的观点，儿童习得语言是先天因素（LAD）决定的，在此过程中，儿童能发现语言的深层结构（基本的句法关系，与语义紧密联系，决定所表达的句子的实质意义），将其转换为表层结构（实际表达中的句子的形式，即语音、词语使用等），及其所使用的转换规则，因此，儿童虽然没有听过、说过，但是却能创造无限多的新句子，能创造性地使用语言。这就从根本上否定了儿童是通过模仿学习语言的这种经典性理论。

2. 自然成熟说

心理学家勒纳伯格也赞同内在论观点，并提出了自然成熟说的观点。他认为，语言是先天性的，并通过一系列的标准来进行分析。他从生物学和神经生理学的基础出发，提出儿童的语言发展和成熟是受到发音器官和大脑等神经机制制约的自然成熟的过程。既然如此，那么语言的获得就必然有关键期存在，这个时期大约从 2 岁左右开始，一直到青春早期 11~12 岁。

语言发展关键期的说法可以解释语言发展中的一些现象，如成人的外语学习能力不如小孩，狼孩被发现并回到正常社会环境后，却不能得到语言的正常发展，等等。但是关键期的说法本身也存在争议，语言发展的关键期在几岁？关键期的影响到底有多大？

3. 对先天决定论的简析

先天决定论强调先天因素影响，这是外因论忽视的一个方面，但是这种内在论依然有一定的局限性。

从人类遗传的角度看，人类确实有语言发展的潜能，这是人类在漫长的种系演变中形成的，也是人和动物的本质区别，语言发展过程中也确实存在着发展的阶段性、顺序性、敏感期、创造性等。遗传因素虽然是知识语言习得的前提，为语言学习提供了可能性，但是环境和教育等影响依然不能忽视。从这个角度看，如果 LAD 这种先天因素起作用，那么狼孩是应该能够在接受了教育训练后学会流利的语言表达的，因为每个人头脑中都存在着普遍的语法规则，事实却非如此。由此看来，先天因素和后天因素在儿童的语言发展中共同起着作用，而非舍此即彼。

（二）后天环境论

后天环境决定论又称为外因论或外铄论或以行为主义学习理论为依据，强调环境和学习对语言获得的决定性影响，而否认或忽视先天或遗传因素对语言发展的影响。由于强调的侧重点不同，因而该理论派别对于语言获得的观点并不一致，影响较大的派别有强化论和模仿论。

1. 强化论

强化论是行为主义最有影响的解释儿童语言获得和发展的理论，在 20 世纪 40、50 年代比较盛行。代表人物有美国心理学家斯金纳，语言学家布龙菲尔德等。

关于儿童语言获得的解释，斯金纳认为儿童的语言获得是刺激——反应——强化的过程。儿童对一个刺激做出反应，就会得到成人的强化，如口头赞许或物质满足等，这就增加了在类似的情境中做出正确反应的可能性，这个过程就是强化。该理论认为，儿童的语言行为和其他行为是毫无差别的，都是一系列的刺激和反应的连锁活动，儿童就是依据这样的强化过程来学习语言并得到发展的。

如，儿童在牙牙学语时，会自发地发出一些声音，虽然是毫无目的和意义的，但是在连续音节阶段，某些音节的发音类似于成人的有意义的音节，父母除了惊喜于宝宝的进步，也会及时地对这些声音进行强化。如孩子发出了"mama"的声音，妈妈立即予以重复强化，使得母亲的形象和"mama"声音之间建立了联系，这本身就是强化的过程，多次反复之后，孩子就会将妈妈的形象和"mama"的音节联系起来，这就使本来无意义的音节成为有意义的音节，音义结合，一个新的词语就这样学会了。因此，强化论确实能够解释儿童语言学习中的一些现象，而强化本身也是语言学习的一种有效方式。

2. 模仿论

美国心理学家阿尔波特首先提出模仿论，他认为儿童是通过模仿成人语言的模式而学会语言的。后来，心理学家摩尔也强调了模仿在儿童语言学习中的作用。他们曾举例，几个父母耳聋而自己有听力的孩子在与会说话的正常人接触以前，都没有发展出任何口语模式。这种模仿论显然忽视了儿童语言掌握中的主动性和创造性，因此被称为机械模仿论。这种派别在 20 世纪 20 年代到 50 年代比较流行。

美国心理学家班杜拉运用社会学理论解释了儿童的语言学习,他强调语言模式和模仿的作用,认为社会语言范型对儿童语言发展很重要。也就是说,儿童的语言和儿童的心理发展一样,不是内部成长和自我发现的过程,而是通过社会模式的呈现和训练、实践而得到发展的。

为克服机械模仿论的不足,不少学者对其进行了改造,在20世纪70年代,美国纽约州立大学教授怀特赫斯特和休斯顿提出了选择性模仿的概念。他们认为,儿童学习语言并不是对成人语言的机械模仿,而是选择性模仿,当儿童对某种语言具有一定的理解接受能力和表达能力时,就会对这种语言现象进行选择性模仿,即模仿时不是对具体表达内容的模仿,而是对语言结构的模仿。如,儿童模仿语言表达"男孩的鞋""男孩的狗""男孩的自行车",最后通过模仿而进行了结构选择,得到了语法性的框架:"男孩的××",在这个框架里可以填入适合的词语。可以看到,选择性模仿使儿童得到了示范句的语法结构,并可应用于新的语言情境以表达新的内容,也可以将模仿获得的结构重新组合成新的结构,这样就生成了儿童自己的话语。

3. 对后天环境论的简析

后天环境论对学前儿童语言获得过程中的某些事实确实进行了正确解释,强化和模仿也是儿童语言习得的有效方式和途径。在语言教育中,如果能够运用夸赞、奖励、示范、练习等方法,对儿童的语言发展有一定的积极意义,而幼儿园和家庭的语言环境也能够直接影响儿童的语言发展水平。因此,这种理论强调后天学习的重要性,为语言教育促进儿童语言发展提供了理论依据。

【案例一】

婷婷是一名中班的幼儿,在班里她不说话,不与同伴交往,不爱玩玩具,不运动,不愿做操,她拒绝参加班里组织的任何活动,一个人默默地坐在小椅子上不让小朋友接近她。老师同她讲话时她有时会露出很害怕的眼神,有时会把头扭到一边装没听见。小朋友和她接近同她交往时,她要么不理会,要么推开小朋友,甚至用双手捂着脸哭。经过观察,婷婷虽然不同人交往,但她会用眼睛注视老师和小朋友的活动,当有的小朋友做出滑稽的动作时,她也会哈哈大笑,而当她发现有人看她时,她会立即收起笑容,像什么也没发生一样。

家庭调查情况:婷婷从小说话就发音不清楚(俗称:大舌头)。四岁前一直由父母照看,没有入园经验。父母是个体商贩,没有太多的时间照顾她,因她说话不清楚,怕别人笑话、嘲弄她,经常把她一个人锁在家里,很少让她与别人接触,忽视了孩子探索周围世界的正当需求,不能满足和支持孩子通过适当的尝试,去克服困难,做切合实际的探索,压抑了孩子的活动愿望,也使孩子出现依赖父母,怕与人交往的自卑心理,语言表达能力发展缓慢。

原因分析:语言障碍是指幼儿在语言交谈中,表现出吐字不清楚,主要对韵母发音不清,或对一些语言发声有变调、错误、遗漏、替换等,以及讲话不能成句的行为。而婷婷是属于生理有点缺陷引起的发音不清楚,父母没有采取积极有效的治疗、教育等措施,只是采取消极的"保护",使婷婷的身心得不到健康的发展,成为由自卑感导致退缩行为和语言发展障碍较严重的幼儿。

教育措施:增加教师与孩子亲密接触的时间与机会,建立良好的师生关系;树立孩子的自信心,使其得到他人的尊重;创设一定的交往情境,使孩子感受与他人交往的快乐;提高家长的认识,拓展孩子的生活空间。

效果:婷婷入园一年七个月以来,经过教师和家长的共同努力,基本上克服了自卑心理。现在,婷婷上课时能集中注意力听讲,情绪愉快,体重也增加了,能轻松地与同伴游戏、交往,还和小朋友一起参加节目演出,活泼开朗多了,发音也比以前清楚了许多。

【分析】由以上案例我们可以看出,儿童语言的发展受到生理、语言环境、认知发展等因素的共同影响。由于每个儿童的发展存在着差异性、特殊性,每个儿童语言发展的水平也参差不齐,千差万别。但是后天的语言环境是可以改变的,我们应努力为孩子创造条件,扩展孩子的生活范围,使孩子在对生活和社会的认识过程中运用语言去交往,促进孩子社会认识能力和语言表达能力的发展。对有一定语言缺陷的孩子,家长和教师要付出比别人更多的耐心与爱心。

但是环境决定论的局限性也明显存在。首先,强调诸如强化和模仿这些外部因素不能很好地解释儿童在语言发展和运用中的创造性和对语法的敏感性。语言有丰富的创造性,有无穷多的句子,儿童不可能通过模仿和强化学习每一个句子,也不可能通过模仿获得所有的规则。

另外,外因论不能解释关键期的存在。如果强化或模仿等外在学习因素起作用,那么"狼孩"在回到正常人类社会并接受了教育训练后,就能够掌握语言,学会像正常孩子一样进行流利的表达,实际却不是如此。因此,这种理论忽视了个体成熟对语言发展的作用。

(三) 先天与后天相互作用论

针锋相对的外因论和内在论各执一词,实际是哲学中的经验论和先验论在儿童语言获得问题上的具体反应。在各自的局限性下,二者都不能对学前儿童语言习得做出满意的解释,因此相互作用论产生了。主要的代表理论有认知相互作用论和社会相互作用论。

1. 认知相互作用论

代表人物为瑞士儿童心理学家皮亚杰。他认为认知结构是语言发展的基础,语言结构随着认知结构的发展而发展,个体的认知结构既不是环境强加的,也不是人脑先天具有的,而是来源于主体和客体之间的相互作用。皮亚杰认为,语言的习得不是本能的、自然的过程，需要从语言发展与认知发展的相互关系出发提出理论观点。他认为语言是人类特有的行为，是受规则支配的符号系统，产生于认知的成熟，是一般认知组织的一部分，个体的语言也是在最初的认知发展基础上逐渐成熟的。即，语言的发展通过同化和顺应过程——用熟悉的形式理解不熟悉的话语，用熟悉的结构创造新的用法，言语产生，这是与认知整合在一起的。

认知发展到一定阶段就产生了语言。在感知运动阶段的第四个子阶段（大约10～12个月），儿童获得了课题永久性的概念，这是语言获得的必要前提，这时儿童能够运用符号表征不在眼前的客体，这些符号就成了真正的词。心理学家布鲁姆也认为，词汇的迅速增长必然以客体永久性为前提。

2. 社会相互作用论

社会相互作用论吸收了各个派别的合理成分，将相互作用的因素扩大到社会环境、认知发展、语言知识和先天因素成熟，认为正是这些因素相互依赖、相互作用，共同促进了儿童的语言发展。

这一理论把儿童看成是和语言环境相互作用的动态系统，认为儿童是主动的语言加工者，具有自己的意图，有积极主动性，因此语言不是单向输入的，而是双向互动的。比如，成人总是不自觉地使用一些儿童式的特殊语言形式，如叠词、象声词等，觉得用这样的词和方式与儿童进行言语交际会更好。

该理论研究发现，成人对儿童语言表达的语义很敏感。在和儿童的交往中，成人往往会解释孩子说话的语义，哪怕孩子只发出了一个音；有时会扩展孩子的表达，将其高度简约的话语扩展成完整的句子。有学者发现，那些语言发展较快的孩子一般都有一个习惯于扩展孩子话语的母亲。

3. 对相互作用论的简析

相互作用论吸收了其他理论的合理因素，较多地反映了客观规律，也解释了外因论和内在论不能解释的一些问题。认知相互作用论强调了认知发展对语言的作用，在一定程度上忽视了社会交往的影响；社会相互作用论弥补了这一缺憾，更为全面。

总之，关于儿童语言的获得的认识和研究越来越深入，理论内容也日益丰富，而且，现在的研究呈现出调和综合的趋势，很少有人持有极端的观点。

不论哪种理论观点，都给我们进行语言教育提供了参考。将各种因素合理结合，采用适合儿童的方式，给他们创造好的外部环境，注重发展规律，定能取得好的效果。

二、学前儿童语言教育的基本观念

教育观念指的是教师如何看待教育，怎么实施教育。在学前儿童语言教育中，教育基本观念是教师对幼儿进行语言教育的基本看法，如怎么看待学前时期儿童的语言，儿童的语言是如何获得和发展的，怎么根据这些特点进行针对性教育，等等。这些教育观念直接影响着语言教育的效果。

(一)学前儿童语言观

语言是社会发展的产物,是信息的主要载体,是全民族最重要的交际工具。我国是地域广阔的多民族国家,有多种民族语言和方言,学前儿童需要学会本民族语言或本地域方言的同时学会普通话,流利地与人进行交际。现代社会对语言的要求越来越高,较好地应用语言并具备一定的外语水平,是现代人才必备的能力之一。学前阶段的语言发展能为此奠定基础。

另外,学前时期是儿童语言获得的关键时期,语言不仅是儿童认识外部世界、学习知识、发展能力的工具,也是学习的重要内容。因此,儿童的语言发展就具有了一定的特殊性,在专门的语言教育活动和日常生活中,无一不体现着对儿童良好语言习惯和语言兴趣的培养,以促进儿童语言能力的提升。

(二)学前儿童语言发展观

学前儿童的语言发展是有一定生理基础和外部环境条件的。语言的发展有生理基础,语言器官或大脑有缺陷的儿童,经过恰当的培养和训练,语言发展也可能达到一定的程度,能进行交际。语言的发展与脑机能的成熟有密切关系,彼此之间是辩证的关系。因此,对儿童的语言教育既要顺应大脑发展成熟的规律,又要利用语言和动作等方面的活动,促进大脑的发展。

儿童语言发展具有社会性。正常儿童出生时在生理上都具有发展语言的潜能,这种可能性通过在正常的社会环境中与人们进行语言交际,受到直接或间接的各种语言影响,才逐渐地发展为现实的语言能力。语言本身就是一种社会现象,脱离了正常社会环境的语言发展是没有根基的,狼孩的例子足以说明这一点。同时,儿童是社会中的个体,社会的变化所导致的语言的任何变化都可以在学习和使用语言的个体身上体现出来。

学前儿童语言的发展具有阶段性的特点。语言的发展是一个连续的过程,也是一个由量变到质变的过程,其发展的阶段性明显。根据这些特点,我们可以从不同的角度对儿童的语言发展进行阶段性划分,在每一阶段内,他们的语言发展具有一些相同的特征,而这些特点是在前一阶段的基础上发展起来的,又为后一个阶段的发展提供了基础和准备。如从儿童语音的发展看,不同的生长阶段语音的发展各有特点,据此可将语音发展分为若干阶段:从出生到 3 个月左右,是初始发声阶段,能感知、分辨语音,发出单音节语音较多;从大约 4 个月开始,进入咿呀学语阶段,连续的音节重复发出,类似词音增多;约 9 个月后,不同音节的连续发音和音调变化越来越明显,这是句子模式和词的萌芽阶段;1 岁到 1 岁半后,儿童进入学说话阶段,无意义的音节减少,儿童的语言在语言形式、语言内容以及语言运用等方面都得到不同程度的发展;3 岁到 4 岁,基本能掌握本民族、本地区语言的绝大部分语音。

学前儿童语言发展具有实践性。语言是交际工具,只有在语言运用过程中,儿童才能学会不同场合使用相应的语言表达,面对不同的人要用恰当的语音、语调以及言语表情，才能学会谈话、讲述等语言技能。也就是说，要在实践中锻炼儿童的语言理解和语言使用能力，同时要在实践中对儿童进行语言的教育影响。在教育过程中，成人要关注不同孩子的语言发展和心理发展差异，面对发展的不均衡性和个别差异性，要采取有针对性的措施，不可一刀切，用一个标准来衡量。

(三) 学前儿童语言教育观

教师怎样看待学前儿童的语言教育，决定了他们怎么进行教育实践。科学的、合理的教育观是我们提倡的。因此，教师要不断学习、吸收关于儿童语言发展和教育的科学观念、新思潮，同时也要敢于探索、创新，不断完善自我的已有教育观念，构建全面合理的科学语言教育观。下面简要介绍当前对学前语言教育有影响的几种教育观。

1. 完整语言教育观

在幼儿语言教育中树立完整语言教育观念，就是强调幼儿语言教育目标应当是完整的，幼儿语言教育的内容应当是全面的、完整的，幼儿语言的教育活动应当是真实的、形式多样的交流情境。

2. 整合教育观

整合教育观，也就是说教育者从自身观念上认识到儿童语言发展与其他智能、情感等方面的发展是整合一体的关系，即把儿童语言学习看成一个整合的系统。离开了儿童发展的其他方面，语言学习是不可能成功的。基于儿童语言学习的每一点收获，都能对他们在其他方面的发展起到良好的促进作用的观念，在教育学前儿童的时候，始终将语言学习作为学前儿童教育整体中的一部分，认真对待其与其他方面教育之间的联系。把语言学习与其他领域知识的学习和能力发展割裂开来，进行纯语言教学的做法已经不合时宜了，应当遭到摒弃。

3. 活动教育观

语言教育的活动观，是指以活动的形式来指导儿童学习语言，是对学前儿童进行语言教育的组织过程。儿童在操作实践中积极探求、主动参与，他们动脑、动嘴、动手，在不知不觉中成为兴致勃勃的语言加工创造者。语言教育活动观要在生动活泼的教育过程之中得到具体体现，为此，教师要鼓励儿童以多种方式充分操作语言，发挥儿童在操作语言过程中的主动性。

总之，在学前儿童语言教育过程中，要以这些基本观点为基础进行教学活动设计和实施。在活动设计时，以科学的教育观为指导确定不同年龄段的语言教育目标，选择儿童的语言学习经验和内容，合理设计语言活动的过程；在实施中，以基本观点为指导展开具体的活动，使教育真正落实到儿童身上，促进其语言发展；在评价时，根据教育基本观点的指导，对活动目标、经验内容、活动本身以及在儿童身上产生的效果进行评价。

思考与练习

1. 学前儿童语言获得理论有几种，你是如何看待的？
2. 你认为在学前儿童语言教育中应持有什么教育观？

第二单元　学前儿童语言教育活动的指导思想与原则

学习目标

> ➢ 了解幼儿语言教育活动的指导思想。
> ➢ 了解幼儿语言教育活动的组织原则。

模块一　学前儿童语言教育活动的指导思想

幼儿园语言教育始终贯穿着一定的指导思想，即一些基本的教育观念。这些教育观念直接影响着幼儿语言教育的效果，对语言教育效果起着决定性作用。作为幼教工作者，应该具有完整语言观、整合教育观、活动教育观。

一、完整语言观

完整语言观是当代西方关于儿童语言教育的一种思潮，以完整语言理论等作为理论依据，其研究成果被许多教师运用到幼儿园语言教学和课程改革中，促进了广大教师语言教学理念的转变。完整语言观提倡自然、完整的语言学习，认为应重视语言能力而非孤立的语言技巧，强调语言的交际意义；强调真实的语言情境；强调语言不是独立系统，而是和认知、情绪、经验、学习欲望等密切相连。总之，完整语言教育不是一种具体的教育教学方法，而是一种教育语言观、教育哲学观。完整语言教育提倡开放式的语言教学，它将传统的"师传生受"的语言教学过程转变为教师和儿童合作学习的过程。在幼儿语言教育中树立完整语言教育的观念，就是强调幼儿语言教育的目标是完整的，幼儿语言教育的内容是全面的，幼儿语言教育活动的过程是真实的、形式多样的交流情境等三个方面。

(一) 幼儿语言教育的目标是完整的

语言教育的目标在于培养儿童对语言和文字的敏感性，促进学习者的成长，提高语言能力，扩展知识范围，增进对周围世界的了解。完整的幼儿园语言教育目标包括培养幼儿语言的听、说、读、写四个方面的情感态度、认知、能力和技能。对幼儿来说，主要是培养他们的听、说能力和良好的听、说行为习惯，同时使他们获得早期的前读写技能，为他们进入小学进行正规的读写训练做准备。在所有的目标中，培养幼儿的语言运用能力是近年来国际儿童语言教育的一个共同趋势，《纲要》也第一次明确提出要重视儿童语言运用能力的发展，要求幼儿在使用语言的过程中学习语言，同时对如何实现这一目标提出了具体的建议。

(二) 幼儿语言教育的内容是全面的、完整的

全面的语言教育内容是指在幼儿语言教育活动中，既要引导幼儿学习口头语言，又要引导幼儿学习书面语言；既要让幼儿理解和运用日常交往语言，又要引导幼儿学习文学语言。完整的语言教育内容是指把语言视为一个整体，不应当将其分割成语音、词汇、语法、句型等。把语言分割成一个个独立的成分，会使语言丧失其完整性。因此，在选择和编排语言教育内容时，要先将词语安排在句子中学习，将句子放在情境中学习，然后再让幼儿逐渐学习词和句子。此外，在学习相关文学作品的语言知识时，要注意以幼儿语言的现有发展水平作为教育起点，考虑幼儿语言能力发展的顺序，有机地连接语言和文学，培养幼儿的语言运用能力。

(三) 幼儿语言教育的过程是真实的、形式多样的

教育活动的真实性是指教师在组织语言教育活动时应着眼于创设真实的双向、多向交流情境，使语言教育活动的过程成为教师与幼儿共同建设的、积极互动的过程。当语言是完整的、真实的、相关的；当语言具有意义，且有实用功能；当语言融合在使用的情境中，语言是很容易学习和掌握的。然而现阶段的幼儿园教学活动与生活脱节，教师不了解幼儿的语言发展水平和实际生活状况，只是按照教材的语言活动来设计、组织教学。完整语言教学强调将读写建立在幼儿的语言基础和个人经验之上，主张教学要贴近幼儿的学习基础和背景知识；重视幼儿在运用语言的过程中，在真实的读写实践中学习语言。而游戏对幼儿来说是最有意义、最真实的实践，幼儿在游戏中增加与同伴接触和交往的机会，产生语言交往的迫切要求，游戏中新情境产生新的需要，从而锻炼、丰富了幼儿的语言。另外，游戏活动还可以提高幼儿学习语言的兴趣。教育活动形式的多样性是指语言教育应当有多种活动形式，包括听、说、读、写及身体动作和面部表情，这些形式作为一个整体共同对幼儿语言发展产生作用，任何只强调单个形式的做法都是不科学的，也不能真正促进幼儿语言的发展。

此外，幼儿园语言教育活动还要创设丰富的语言学习环境，即物质环境和心理环境。教室语言环境布置首先包括活动室、盥洗室、衣帽间、走廊墙面的布置，班上各个区域，如门、盥洗室、储藏室、活动区等以文字和图案作为标志，从而帮助幼儿从

生活中获得文字信息。其次，要在活动区提供丰富的学习材料，如阅读区投放适合本班幼儿阅读的绘本，让幼儿随时随地都能学习语言，享受语言带给他们的快乐。

二、整合教育观

受儿童语言学习系统理论的影响，当代幼儿语言教育出现了整合教育的趋向，整合教育观意味着把儿童语言学习看成一个整合的系统，充分认识到儿童语言发展与其他方面的发展是整合一体的关系。在儿童语言发展过程中，他们的每一个新词、每一种句式的习得，都是整个学习系统调整、吸收与发展的结果。离开了儿童发展的其他方面，语言学习是不可能成功的。同样，儿童语言学习的每一点收获，都对他们在其他方面发展起到良好的促进作用。基于这样的观念，在开展学前儿童语言教育的时候，始终将其作为学前儿童教育整体中的一部分来看待，加强学前儿童语言教育与其他方面教育之间的密切结合。

【资料】《纲要》指出："幼儿语言的发展与其情感、经验、思维、社会交往能力等其他方面的发展密切相关，因此，发展幼儿语言的重要途径是通过互相渗透的各领域的教育，在丰富多彩的活动中去发展幼儿的经验，提供促进语言发展的条件。"

【分析】在幼儿园语言教育中，我们应当为幼儿提供尽可能丰富的语言环境。一方面要提高幼儿日常交往语言的水平，锻炼幼儿在不同场合、不同情境下使用不同语言的能力，同时能够对艺术语言也具有一定的敏感性；另一方面要在促进幼儿口头语言发展的同时，帮助他们做好学习书面语言的准备，从而在早期形成完整的、良好的语言能力。

（一）幼儿语言教育目标的整合

目标的整合是教育整合的基础，直接影响教育内容的整合，进而也影响教育方式的整合。幼儿园各领域相互渗透教育是发展幼儿语言的重要途径，各领域教育活动为儿童提供了丰富的语言发展素材。因此，在制定学前儿童语言教育目标时，既要考虑语言组成成分在情感、能力和知识方面的培养目标，也要考虑与语言相关的其他领域的目标，还要考虑哪些语言教育的目标可以在其他领域的教育中得以实现，使语言教育目标成为以促进儿童的语言发展为主线，同时促进儿童其他方面发展的整合的目标体系。只有树立了整合的语言教育目标意识，才能实现语言教育内容和方式的整合。

（二）幼儿语言教育内容的整合

当代学前儿童语言教育内容是以社会知识、认知知识和语言知识为主的整合，而不是仅以句型、词汇的反复操练和纯语言训练为教学内容。语言教育内容的整合，要求幼教工作者在选择语言教育活动内容时，把语言学习内容视为一个整体，充分考虑社会知识、认知知识和语言知识的有效结合。语言教育内容的整合是渗透在教育整体各个方面的语言学习机会的整合。正如语言教育中融有其他方面的教育一样，其他方面的教育也从不同角度对学前儿童语言学习提出了要求，并帮助学前儿童学习不同情境、不同性质活动中语言的应变能力。

（三）幼儿语言教育方式的整合

教育方式的整合是指组织语言教育活动时，以多种形式来构建语言教育内容，在活动中糅合多种儿童发展因素，允许多种与儿童发展有关的符号系统的参与（包括音乐、美术、动作等），从而促进幼儿在外界的刺激和强化作用下，产生积极运用语言与人、事、物交往的愿望和需要。语言教育内容与方式的整合，构成良好的语言教育环境，儿童不再为学说话而学说话，不再被动地接受教师传授的语言知识信息，他们在整合的语言教育环境中获得的是语言和其他方面共同发展的机会，他们是主动探求并积极参与的语言加工创造者。

以儿歌教学为例，单纯的儿歌教育形式比较单一，幼儿在一遍遍的跟读中失去兴趣，不愿意学。根据儿歌本身具有一定节奏性的特点，可以将儿歌配以乐器进行伴奏，并让幼儿自主选择乐器。另外，还可以通过表演、朗诵等形式使儿歌更形象化、趣味化，更富有生命力。幼儿在思考、选择、摆弄、表演过程中，学习兴趣变得更浓，语言发展水平同时得到提高。

三、活动教育观

在幼儿园语言教育中，坚持活动教育观就是以活动的形式来组织学前儿童语言教育过程，帮助儿童学习语言。从语言的性质来说，语言属于符号系统中的一种，语言活动的功能之一即对象征符号意义的理解。各种符号系统之间存在一种共性，其他符号的学习与语言符号系统的发展能够相互促进。从这一意义来说，在幼儿园开展口语表达、写、画、讲故事及学习唱歌、游戏等多种活动，能帮助孩子更好的学习语言。儿童在生动活泼的操作实践中动脑、动嘴、动手，从而成为主动探求、积极参与的语言加工创造者。语言教育活动观具体体现在教育过程之中，要求教师更多地给儿童提供充分操作语言的机会，鼓励儿童以多种方式操作语言和发挥儿童在操作语言过程中的主动性。

（一）提供充分操作语言的机会

皮亚杰认为儿童是在与周围环境的交互作用中发展起来的。儿童的语言发展也是通过儿童个体与外界环境中各种语言和非语言信息、材料的交互作用得以逐步获得的。儿童发展需要外界环境中的人、事、物的各种信息，但这些信息不是由成人强迫儿童接受的，而是在没有压力、非强迫的状态下，儿童通过自身积极与之相互作用而主动获得的。学前儿童语言教育便是引导儿童积极地与语言及其相关信息进行相互作用的过程。

（二）多种形式的操作促进儿童语言的发展

幼儿认知发展的特点是通过他们自身的操作活动与环境进行交互作用，因而，操作活动同样也是儿童语言教育的组织形式。用活动的形式来组织儿童的语言教育过程，意味着儿童可以在学习中获得亲身经验，也意味着儿童更有兴趣、更积极主动地投入到学习过程中去，还意味着儿童在学习中同时获得动作表征、形象表征和概念表征三种层次的练习，可以更好地掌握学习内容。在学前阶段，儿童的活动往往与游戏、摆弄玩具等具体形式分不开。用活动的形式来帮助儿童学习语言，可以使儿童学得更灵活、更有趣，也学得更扎实。相反，机械的语言训练或机械背诵仅训练记忆，对学前儿童的语言乃至其他方面的发展未必具有长远效益。

儿童主体作用发挥的核心在于激发学习的内在兴趣和动机，在兴趣尚未被唤起之前是难以点燃学习动机之火的，一切用强迫手段达到的目的均毫无价值。

（三）在活动中发挥儿童的主体作用和教师的主导作用

幼儿园语言教育活动是师幼双向互动的活动，是以教师为主导，幼儿为主体的互动过程，只有既重教，又重学，正确处理教与学的双边关系，才能保证教学过程的完整性。而片面强调任何一方，都将破坏教学过程的完整性。因此，在幼儿园语言教育活动设计中，教师要从幼儿的角度出发，针对幼儿的不同年龄特点和个性、幼儿语言发展的经验水平，制定活动目标，选择活动内容和恰当的教学方法。教师要将舞台还给幼儿，让幼儿成为学习的主角，充分调动幼儿的能动性，启发幼儿积极动脑、动口，学会独立思考，培养和提高幼儿语言运用能力和交往、沟通能力。作为教育者，教师更多的作用是启发者、引领者，而非灌输者。

教师在语言活动中的主导作用主要通过三个方面来体现。

（1）通过提供良好的语言教育环境——语言材料、操作材料、适当的氛围等，来体现教师有关教学的目标设想，安排和组织儿童与一定的语言材料以及相关的信息材料的相互作用。

（2）教师通过提示、提问、讲述或暗示、示范等方法，指导儿童感知和探索，帮助儿童找到获得语言知识和能力的途径，从而引导儿童完成学习任务。

（3）教师根据对每个儿童发展特点的了解，有针对性的给予指导，争取让每个儿童都在原来水平上获得进步，即因材施教。

【案例】

在一只纸箱做成的"电视机"前，孩子们兴奋地拿着手中的道具大胆地表演，宣传他们手中的物品。这是一节别开生面的语言课——《大家说广告》。课前，教师组织幼儿观看各类电视广告，然后孩子们在轻松、愉悦的音乐声中自由地选择教师事先准备好的各类物品，如，牙膏盒、北大富硒康盒子、达克宁药盒等等。这时，教师引导幼儿："今天，我们举行一次现场推销会，看看谁能最快地将自己的物品卖出去。"于是，孩子们自由讨论、交流，一个个在"电视机"前大显身手。"腰好、背好、腿脚好，新盖中盖口服液。""黄金搭档……"

【分析】在这节课中我们不难区分主体者和主导者。自由、轻松、愉快、创新的课程设计和环境充分体现了幼儿的主体性,在教师适当的主导作用下,进一步发挥了幼儿的主动性。这就是当前幼儿园课程的新变化——以幼儿为主体,教师为主导,促进幼儿学习的主动性。以上三个基本观念是统领我们语言教育研究的指导思想。从完整语言、整合教育和活动教育的观念出发,我们对幼儿园语言教育活动的目标、内容和组织形式及方法进行了新的思考,并在教育实践过程中反复进行了实践验证。

思考与练习

1. 幼儿语言教育活动的指导思想是什么?
2. 如何正确把握语言活动中教师和孩子的关系?

模块二 学前儿童语言教育活动的组织原则

语言是人类重要的交际工具,人与人之间的交往和沟通往往需要以语言作为中介,语言对于人类生活而言不可或缺。幼儿期是语言发展的关键期,如何抓住这一关键期对幼儿进行语言教育至关重要。现结合新《纲要》精神,就学前儿童语言教育含义的理解、教育目标的制定、教育内容的选择、教育活动评价等方面进行讨论和反思,以便对幼儿园语言教育活动有更清楚的认识。

一、幼儿语言教育活动的含义

学前儿童语言教育活动是指以幼儿为主体,以语言为客体的一种有目的、有计划、多种形式的活动过程。其根本目的是在教师的指导下,幼儿不断地主动与人和周围的语言环境交互作用,从而获得语言能力的发展与提高。

学前儿童语言教育活动的对象是3~6岁的幼儿,通过师幼之间的教育活动,促进幼儿语言能力的全面发展。

二、幼儿语言教育活动的特点

幼儿园语言教育活动作为有目的、有计划、有组织地对幼儿进行语言教育的过程,作为实现语言教育目标的有效途径,作为组织和落实语言教育任务的具体手段,必须服从于幼儿园教育活动的大系统,为实现总体学前教育目标服务。同时它又要着力于促进幼儿的语言发展,帮助他们获得倾听、表述、欣赏、阅读等语言经验,促进他们语言运用能力的提高,使他们的认知、情感、行为诸方面得以发展。

（一）语言教育活动具有目的性和计划性，有利于儿童语言能力的全面发展

语言教育活动是特殊的语言学习过程。幼儿的语言是在个体与环境相互作用中，尤其是在与人们的语言交流中获得发展的。家庭中成人之间的语言交流、成人与儿童的语言交流，都为儿童提供了重要的语言模仿和学习的环境。游戏中同伴间的语言交流，为儿童提供了语言交流实践的环境。还有各种影视媒体、动画节目的出现，更丰富了儿童的语言环境。但是要促使儿童的语言得到很好的发展，除了日常生活中的语言影响，还要通过组织正规的教育活动，对其进行有计划、有系统的语言教育。如果秉承幼儿到一定年龄必然会用母语表达的观点，仅仅依靠幼儿主体自然获得语言、获得感性语言经验，则无法实现语言潜能的最大限度的发挥。鉴于此，进行专门的学前儿童的语言教育活动就是必然且必要的。语言教育活动中，每一次或每一阶段语言教育活动的目标都是根据幼儿语言教育的总体目标和不同年龄阶段目标而提出的。首先，通过有目的的语言教育活动可以全面地发展幼儿的语言能力。其次，幼儿语言教育活动又是一项有计划的活动，它根据幼儿语言教育的目标、幼儿语言发展的实际状况和发展趋势，有计划地安排具体的教育活动，有顺序、有步骤地训练幼儿的语言能力，或提供语言知识作为学习的对象，从而保证幼儿语言教育目标的全面实施。再次，幼儿语言教育也是随机教育的一种体现，在生活中随时都有意想不到的事情发生，教师要充分利用教育智慧，发掘教育资源，润物细无声地进行语言教育。因此，作为有计划、有目的、有组织的语言学习过程，语言教育活动对幼儿运用语言进行认识和思考的能力、运用社会交往规则的能力等诸方面都有系统的训练和提高，对幼儿的语言发展有全面、深刻的影响。

（二）在整合的教育过程中，引导儿童主动参与，获得丰富的语言经验

语言教育活动的目的是使幼儿获得语言经验。幼儿语言发展是通过在日常的语言习得和有组织的语言教育活动中获得的语言经验实现的。学前儿童语言教育活动是整合的教育过程，其整合性首先体现在教育目标的整合、教育内容的整合和教育方式的整合上。与此同时，教师把幼儿的语言学习过程也看作是一个整合，通过语言教育活动与幼儿园其他领域的教育活动的密切结合，引导幼儿积极参与，以获得大量的、丰富的语言经验。

生长在不同环境的幼儿，由于其文化背景不同，他们在与周围人们进行语言交往时所模仿和使用的语言形式和语言内容不同，所获得的语用技能也有所差异，因此他们所获得的关于语言方面的经验也不同。不同的语言经验势必导致幼儿语言发展的差异。在正规的语言教育活动中，教师将生活在不同环境中的幼儿集中在一起，按照一定的教育目标，有目的地为幼儿提供一定的条件和情境，使他们在与这些条件和情境的交互作用中，获得丰富的语言经验，并借助这些经验掌握语言的形式和内容，增强理解语言和表述语言的能力。

在整合的语言教育环境中，幼儿不再单纯地为学母语而学说话，不再被动地接受

教师传递的语言知识信息，而是自己创造获得发展语言的机会，成为主动探求并积极参与语言加工的创造者。以儿歌教学为例，单纯的儿歌教育形式比较单一，在教学过程中常常会遇到这样的情况，幼儿在一遍遍的跟读中失去兴趣。考虑到儿歌本身具有一定的节奏性，可以将幼儿所学的儿歌辅以乐器进行伴奏，并鼓励幼儿自己根据儿歌的特点选择合适的乐器。当然，这之前要让幼儿了解乐器的特点，如碰铃和三角铁是清脆、柔和，带有延长音的乐器；圆舞板、木鱼则是结实、明亮而声音短促的乐器。另外，还可以通过儿歌表演、朗诵等形式使儿歌更具形象化和趣味性，更富有生命力。幼儿在思考、选择、摆弄和表演过程中，学习兴趣更浓，使幼儿语言发展水平得到提高。

（三）幼儿语言教育活动是一项专门的语言学习过程

语言是一个复杂的符号系统，有自身的结构要素和结构规则。幼儿除了通过活动和交往，在不知不觉中获得有关知识外，还需要有专门组织的语言学习活动，让幼儿有集中学习语言知识和发展语言能力的机会。例如，对幼儿文学作品体裁以及构成因素的初步了解；每篇作品中心思想的归纳；词、句、语法的适当运用；会话和连贯讲述能力的训练；创造性讲述能力的培养等，都需要在教师的指导下有组织地进行。另外，有组织的教育活动，还可以使幼儿相互交流自己已经获得的语言经验，锻炼幼儿在众多的同伴或成人面前说话的勇气和自信心。活动中愉快情绪的相互感染，也有助于提高幼儿学习语言的兴趣和敏感性。

如幼儿园开展"小帮手活动"，首先为幼儿创设说话的环境，要求幼儿每天回家帮父母做一件家务，请家长帮幼儿记录所做的事，让幼儿将记录内容带回幼儿园。然后在开展幼儿谈话活动中，引导幼儿无拘无束地说出自己的思想及体验。由于幼儿来自不同的家庭，交流对象范围相对较大，语言经验各有区别，语言形式也丰富多样，通过自身的实践，使幼儿有话可说并在相互交流中获得更多的语言经验。

三、幼儿语言教育活动的原则

社会的发展与语言环境的变化都会对幼儿园的语言教育产生影响，我们要随着时代的发展调整、改进语言教育，但是基本的原则不能改变。要想语言教育活动取得实效，掌握语言教育的原则是至关重要的，它是教师设计与实施语言教育活动必须遵循的基本准则和基本要求。幼儿语言教育活动设计与实施的原则主要有以下几个方面。

（一）教育活动经验连续性原则

所谓经验的连续性是指在设计与实施教育活动时，既要了解儿童已有的语言经验，又要考虑在此基础上为儿童提供新的语言经验，由此获得语言能力的进一步发展。设计与实施任何一组或一个语言教育活动，教师都必须了解儿童已有的语言经验。只有以儿童的已有语言经验为设计出发点，才能保证设计与实施的活动符合儿童语言发展的需要，才能使设计与实施的活动对儿童的语言发展真正起到促进作用。

注重幼儿获得经验的原则主要包含以下两层意思。首先要考虑教育对象现有的发展水平,即儿童已经获得的语言经验。语言经验表明了当前儿童语言发展的实际水平,这是设计教育活动的根本。如果不了解儿童已有的语言发展水平,设计和实施的活动就可能成为"无的放矢"的活动。例如,小班实习教师精心设计了一节《救小鸭》的语言课,讲完故事后,当教师指着图片提问:"谁能把故事完整地讲一遍"时,孩子们表现出一片茫然,不知道怎么回答,而教师也不知道怎么进行下面的教学。殊不知对三岁孩子的语言要求是:"会说完整的一句话",让他们将几幅图完整地讲述出来实在是勉为其难。如果让孩子用一句完整的话讲述一幅图,这样才能使设计的活动对孩子的语言发展真正起到促进作用。所以设计语言教学活动前,教师要观察了解本班幼儿在日常生活和教育活动中已积累的经验,是否能解决语言活动中所设置的问题。如"小白兔出门不小心忘记带钥匙了怎么办",儿童若在生活中已积累了此类经验,才能组织适当的语言回答教师的问题。

其次,在设计教育活动时,教师需要考虑根据幼儿原有经验再为幼儿提供一些新的经验内容,这些新的语言学习经验内容应当建立在幼儿已经获得经验的基础上。如幼儿参与情境谈话"做客"这个活动时,教师可引导他们进一步理解和掌握"做客"的交往方式和语言运用方式,原有经验和新的内容会引发幼儿较强烈的学习兴趣。因此,新的语言学习经验内容对参与活动的幼儿来说,是"跳一跳,够得着"的果实,有一定的挑战意味。当幼儿积极参与活动时,他们可以通过学习,将这部分的经验内容再次吸收转化为已经获得的经验。

(二)活动中主客体交互作用的原则

有关理论证明,儿童语言的发展是通过儿童个体(主体)在环境中与各种语言和非语言材料(客体)的交互作用得以逐步获得。儿童具有语言发展的先天潜能,对周围环境中的语言刺激特别敏感,并有主动、积极学习和运用语言进行表述的愿望和需要,这为组织语言教育活动提供了有利的先决条件。而多种语言教育内容和适合的教育方式又能从客观上引起儿童的兴趣,激发儿童的情感,起到促进儿童主动参与活动的作用。因此,学前儿童的语言教育便是引导儿童积极地与语言及其相关信息进行相互作用的过程,即主体和客体不断地连续地交互作用。

【**案例一**】 大班语言活动"小小广播站"

活动过程分析:

主体: 大班幼儿具有广泛接触各种媒体,如电影、电视、广播、网络等的经验,知道许多传媒的种类和方式,并且对参与此类活动具有主动性和积极性。

客体: (1)组织幼儿收听广播,将节目录制下来,感受播音节目的特点。

(2)带领幼儿参观广播室、播音间,新奇的设备激发起幼儿的表现欲。

(3)根据幼儿的特点、兴趣取向,选择适合儿童的内容形式,诸如天气预报、讲故事、每日食谱等诸多栏目进行准备。

(4) 充分调动家长的能动性，发展亲子关系，提高活动准备的水平。

活动效果：幼儿情绪高涨，家长兴味盎然，幼儿从观望到参与，从参与到竞争，从竞争到水平日见提高。通过这样的语言活动，小小广播站在幼儿园里开展起来了，而且日臻成熟，成为幼儿园的一处亮点。

【分析】当然，教育活动中的客体，即儿童的语言发展所需要的外界环境中的人、事、物等各种刺激、信息，不能造成对儿童的压迫、强制、精神负担，儿童应在没有压力、自愿、乐意的状态下或潜移默化、熏陶中，通过自身积极活动与之相互作用而主动获得。

(三) 教育活动相互渗透性原则

《纲要》指出，语言教学应是听、说、表演、思维、想象、操作等行为的整合。幼儿语言的发展与其情感、经验、思维等其他方面有着密切的关系，因此，在幼儿园语言教学中应以幼儿语言操练为主线，教师抓住各种契机，挖掘幼儿各方面的潜能，在各教学领域中相互渗透，才能真正培养幼儿语言的综合素养和能力。

语言是一种符号系统，语言教育活动主要是语言符号系统的活动，是以语言教育为主要目的而组织的教育活动。但是，由于学前期儿童认知具有具体形象性的特点，设计和实施语言教育活动时，需要美术、音乐、动作等符号系统参与活动，更有利于儿童主动积极地学习和掌握新的语言信息，更有助于他们对语言内容的理解与获得，从而促进儿童语言能力的提高。

例如在故事《龟兔赛跑》中，首先让幼儿熟悉故事的主要内容，然后让幼儿观看《龟兔赛跑》视频音乐，幼儿尝试边看边说并用动作展现故事内容。这样语言与音乐视频的有机整合，既丰富了活动内容，又发展了孩子们的想象力、表现力和创造力，同时使幼儿在轻松、自然的气氛中获得了语言能力的发展。最后，孩子们通过手工和绘画做乌龟和小兔子的帽子进行表演，在这一过程中幼儿仿佛身临其境，然后再对自己的绘画作品进行讲述。语言与画面结合，调动了幼儿的积极性，孩子们的语言与思维及绘画能力均得以发展。

虽然各种符号系统参与儿童的语言教育活动已成为一种新的趋向，但是教师在设计与实施语言教育活动时，尤其注意具体形象的符号系统始终是语言教学的辅助学习工具。第一，活动的要求、内容和形式都应从语言角度进行思考，为学前儿童提供适应其语言发展需要的学习机会。第二，在语言教育活动中，其他领域活动因素的参与具有辅助意义。什么时候要辅之以音乐或美工的活动手段，要根据活动内容的要求而定，要从如何帮助学前儿童更好地理解学习内容、主动积极地学习、完成学习任务的角度来确定，千万不要喧宾夺主。

(四) 活动内容和活动方式相适应的原则

在设计与实施语言教育活动时，必须充分考虑活动内容和活动方式相适应的原则。

首先，活动方式的选用，取决于活动内容的类型。比如，活动内容是看图讲述，属于"表述"的类型，因此，就要给孩子比较多的练习讲述的机会。采取的方式是为儿童提供图片，并安排多次练习说连贯、完整话的机会，最后以动作符号系统的参与来结束活动，使原来比较枯燥的学习内容变得丰富多彩，以此保持儿童积极高涨的学习兴趣。

其次，根据具体的活动内容采用合适的活动方式。语言教育活动的内容是多方面的，活动的方式也是变化的，他们之间存在着一定的关系。在教育实践中，不同的活动内容可以选择相同的活动方式，同一个活动内容也可以选择不同的活动方式。例如故事、诗歌、图片和情景讲述，都可以采用表演的活动方式。又如看图讲述，可以采用逐幅出示图片的方式，也可以采用按内容段落分批出示图片的方式，还可以采用几幅图片一次全部出示的方式，组织儿童观察、思考、局部讲述乃至连贯讲述。

不同的活动内容还可以选择不同的活动方式。如《小猪变干净了》《月亮姑娘做衣裳》这两个完全不同的故事，采用的教学方式也完全不同。《小猪变干净了》的教学活动，首先出示一只脏兮兮的小猪，进行一番描述后，接着出示一张干干净净的可爱的猪宝宝。也就是把故事的开头和结尾先展示在孩子面前，激发他们去想象故事的过程，之后再讲整个故事，使孩子们对《小猪变干净了》这一故事内容记忆深刻，也更容易打开孩子们丰富的想象空间；而《月亮姑娘做衣裳》这一活动就不适于用上述方式。因为月亮的变化是一个有序的过程，因此，教师采用谈话导入法，引出月亮做衣裳的课题："你们见过月亮吧，它是什么样的？像什么？""如果有一天月亮姑娘想做衣裳了，会发生什么事呢？""让我们一起听《月亮姑娘做衣裳》这个故事。"结合裁缝师傅、月亮变化和衣裳变化图片，进行分段欣赏故事，了解月亮在不同时期的不同变化这一自然现象。延伸活动设计为：幼儿扮演"裁缝"给月亮做衣裳，充分发挥幼儿的想象力，通过动手操作加深对故事内容的理解。

再次，教师要注意活动内容是否符合儿童的实际水平。如有的故事内容很适宜表演，但表演对参加活动的某个年龄班的儿童有较大难度，这时教师就应考虑改用其他的活动方式来进行。正所谓学无定法，教师要依据幼儿的实际发展水平精心组织与设计语言教育活动。

（五）面向全体，重视个别差异的原则

在设计语言活动时，教师应具有正确的儿童观和教育观，要使设计的活动既面向全体儿童，又重视个别差异。面向全体幼儿是指教师要"眼中有人"，了解全体参加活动的儿童的需求，站在教育对象的角度去思考问题，把握活动设计的尺度，使活动设计能照顾到"面"。如组织谈话活动，教师应注意本班幼儿已有的谈话经验和他们可能共同感兴趣的话题，以及他们的语音、语义、语法和语用水平。如让本班幼儿谈论去商店买东西，将主题确立为"买玩具"或"买果冻"就比较适合孩子的普遍需要，也能较好地引发儿童的兴趣和运用他们自身的经验。

幼儿间存在着认知、性格、能力等方面的差异。儿童的语言学习具有个别化的特点，重视个别差异是指在设计语言教育活动时，教师对那些有可能超越一般活动要求或有可能在活动中出现困难的幼儿都予以帮助，既为能力强的幼儿准备发挥其能力的机会，又要为能力较弱的幼儿或不具备这方面经验的幼儿提供补偿的机会。《纲要》中提出"对语言有障碍的儿童要给予特别的关注"。而幼儿语言的学习只有在交流时才对幼儿产生意义，因此，教师应接纳他们之间的差异，对有特殊需求的幼儿，还要在交流的过程中给予特殊的鼓励。

【案例二】 幼儿访谈节选：访谈一位上课自始至终没有举手的小朋友

笔者问："你希望老师叫你回答问题吗？"

幼儿很委屈地说："我不想说，老师喜欢让某某小朋友回答问题，我每次举手，老师都不叫我。"（幼儿性别男，5周岁半，幼儿园大班）

教师访谈节选："不是故意不让孩子回答问题，而是和这些孩子很难互动，真互动不起来呀！在学前教育阶段，女生比男生活跃一些，感觉回答问题的总是那几个人，有些孩子叫起来，回答不上来，根本就是浪费时间。如果在我的课堂上，我会用'刚刚哪位小朋友还没有发过言呀，下面我请他来说说'这样的方式尽可能地提高提问覆盖率。"

【分析】 首先，幼儿教师为保障教学效率，喜欢选"能干"的幼儿回答，中等水平的幼儿次之，发展较差的幼儿最少。除了用于警告和惩罚之外，很少提问胆小、内向且语言能力差的学生。其次，教师一般倾向于选择语言表达好、反应敏锐的学生回答需要深入思考与分析的问题，能力发展缓慢的幼儿回答一般事实性问题。再次，"能干"的幼儿回答问题，教师更倾向于采取民主的、肯定的、充分考虑个性的言语表达，对幼儿回答问题的质量要求高，在言语互动的过程中表现出较大的耐性。而对"差生"则采用专制的、否定的、控制的言语表达，语言互动的过程中较少给幼儿思考和充分表达的机会，提问质量要求比较低。最后，教师的行为客观上导致了学生课堂参与机会分配不均，甚至久而久之造成学生两极分化逐步扩大，容易造成"强的越强"和"弱的越弱"的客观现实。这种提问产生的负面效应值得警惕，答问机会的不均等致使幼儿丧失了信心，或宁愿游离于教学活动之外，成为"边缘人"。

思考与练习

在设计、组织幼儿园语言教育活动时应遵循哪些原则？

第三单元　学前儿童语言教育的内容、方法与途径

学习目标
- 了解幼儿语言教育活动的内容。
- 掌握幼儿语言教育活动的方法。
- 掌握幼儿语言教育活动的途径。

模块一　学前儿童语言教育的内容

一、幼儿语言教育的内容

幼儿园语言教育的内容是幼儿园为幼儿提供的语言形式、语言内容和语言运用的基本知识、基本态度和基本行为方式的总和，是幼儿学习语言、获得语言经验的载体。幼儿园语言教育的内容既包括教师有目的、有计划组织的专门活动内容，也包括渗透在从幼儿入园的问候、晨间谈话，到幼儿离园时的道别等各个环节之中以及其他领域活动中的语言教育内容。概括起来可分为以下三种类型：专门的语言教育内容、渗透的语言教育内容和整合课程中的语言教育内容。

（一）专门的语言教育内容

专门的语言教育内容，是为幼儿提供与语言进行充分互动的环境，使他们有机会对日常生活中获得的零碎语言进行经验提炼和深化，达到对语言规则的理解和有意识的运用。专门的语言教育内容是根据既定的语言教育目标，通过有计划的安排和组织幼儿系统学习语言的专门语言教育活动来呈现的，是实现语言教育目标的重要手段，是将教育目标转化为幼儿语言发展的中间环节，也是语言教育活动设计和组织的主要依据。要想使选择的教育内容能够真正体现教育目标，能够促进幼儿语言的发展，教师需要根据语言教育目标、幼儿心理发展的特点来选择内容，要在幼儿的新旧语言经验间建立联系。在幼儿园中，专门的语言教育内容分别蕴藏在谈话活动、讲述活动、听说游戏、文学活动和早期阅读这几种形式之中。

1. 谈话活动

幼儿园的谈话活动，是帮助幼儿学习运用口头语言与他人进行交谈的活动，从培养幼儿语言能力的角度出发，为幼儿创设的一种特别的语用情境。在各种类型的幼儿园语言教育活动中，谈话活动具有独特的促进幼儿语言发展的功能。有关儿童语言发展的研究，尤其是对儿童语言运用能力发展的研究，使我们逐渐认识到，谈话活动是幼儿园语言教育不可缺少的一种类型。我们知道，人并不是生来就会谈话的，作为人们运用语言与他人交流的最为基本的方式，谈话需要参与者具有共同的有关语言表述的认识、态度、情感和能力，并且在运用语言表达时分享共同的规则。幼儿在语言发展过程中，逐渐学习获得各种口头语言的能力，当他们来到幼儿园的时候，虽然已经具有了一定的语言表达能力，但是他们与人交谈的行为显然还是处于刚刚萌芽的阶段。幼儿园的谈话活动着重培养幼儿在这方面的语言运用能力，根据一定的语言教育理论、一定的语言教育目标和内容，将一部分语言教育任务付诸实践，对幼儿运用口语与他人交流的能力发展产生影响。它能激发幼儿与他人交谈的兴趣，帮助幼儿习得谈话的基本规则，增强幼儿通过交流获取信息的能力，并且引导幼儿关注周围的生活，促进幼儿建立良好的同伴关系。

2. 讲述活动

讲述活动久已有之，过去曾是幼儿园语言教育的重要方式。已有的研究认为，讲述活动是发展幼儿独白语言的教育方式，对幼儿言语的目的性、独立性、创造性和连贯性，对幼儿的思维、记忆、想象等方面都有很好的促进作用。幼儿园的讲述活动为幼儿创设一个相对正式的语言运用场合，要求幼儿依据一定的凭借物，使用比较规范的语言来表达个人对某事、某物或者某人的认识，进行语言交流。可以说，讲述活动对于培养幼儿的语言表达能力具有特别的作用。谈话活动能够有效提高幼儿的语言水平，同时对幼儿的认知、社会化发展等也产生良好的影响，可以培养幼儿的讲述能力，锻炼幼儿的独白语言能力，教给幼儿认识事物的方法并发展幼儿的思维和想象能力。讲述活动按编码特点可以分为叙事性讲述、描述性讲述、说明性讲述、议论性讲述四种。依据凭借物的特点可以分为看图讲述、实物讲述和情景表演讲述三种。

3. 听说游戏

一提起"游戏"，人们便不由自主地想起儿童常玩的"娃娃家""沙箱"等，听说游戏显然与此有较大的区别。听说游戏不是儿童自发组织的游戏，是由教师设计组织的、儿童有兴趣自愿参加的教学游戏，它也并不是语言游戏，而是语言教学的游戏，是由教师设计组织，有明确的语言学习指向目标，有明确的语义内容，以培养幼儿倾听和表述能力为主，主要集中在幼儿听和说的理解和表达方面，为培养幼儿倾听和表述能力而专门设计的，用游戏的形式组织的语言教育活动。

4. 文学活动

喜欢文学作品是幼儿的一种天性，他们对童话、故事和儿歌充满浓厚的兴趣。然而，念一首儿歌或听一个故事，对幼儿来说并不是简单的学习，文学作品对幼儿发展所产生的潜移默化的作用，有着远远超过我们已有认识的意义。文学活动是从文学作品入手，围绕作品教学开展活动，常常整合与其相关的其他学科内容的活动，使得幼儿有更多的机会认识某一个文学作品中表现的社会生活内容，促使他们对作品的感知理解。儿童发展是他们自己与外界环境相互作用而建构起来的，并且需要通过自身的操作活动与外界环境相互作用。儿童的语言发展，也是通过个体与外界环境中各种语言和非语言信息交互作用逐步实现的。因而幼儿园的文学活动应当着重引导幼儿积极地与文学作品相互作用，在这一过程中通过多种操作途径让幼儿得到发展。

5. 早期阅读活动

近几年来，我国幼教界开始关注幼儿的早期阅读问题，教育理论工作者和实践工作者从不同的角度提倡重视幼儿的早期阅读。早期阅读是幼儿接触书面语言的途径，使幼儿通过接触书面语言，获得与书面语言有关的态度、期望、情感和行为，培养幼儿认识世界的基本能力，发展其终身学习的能力。通过早期阅读，可以扩大幼儿的生活、学习范围，建立初步的"读、写"自信心，帮助幼儿了解书面语言的特点和功能，为正式的阅读做准备，并提高幼儿自我调适的能力，同时能让幼儿体会分享阅读的乐趣。总之，幼儿的早期阅读不仅可以帮助他们养成学习书面语言的态度和技能，而且还有利于幼儿借助符号，如文字、手势、在纸上创造的符号、泥捏的物品等来表达他们的经历、情感和想法，可以帮助幼儿超越时空去创造虚幻的世界。

（二）渗透的语言教育内容

渗透的语言教育内容，就是充分利用幼儿的各种生活和学习经验，在真实的生活情境中为幼儿提供更加广泛的、多样的学习语言的机会，使幼儿更好地运用语言获得新的生活经验和其他方面的学习经验。渗透的语言教育内容既可以使幼儿更好地习得语言，又可以促使幼儿在日常生活、游戏和其他学习活动中的语言交往。专门的语言教育内容是必要的，这是因为专门的语言教育活动和内容为幼儿提供一种比较正式的语言交际环境，使幼儿在教师的直接指导和参与下进行比较系统的语言学习，以获得满足其全面发展的最基本的语言知识、能力和情感态度。而渗透的语言教育内容的核心，是促进幼儿与教师、同伴之间的有效言语交流。所以，从某种意义上说，渗透的语言教育内容更加重要。渗透的语言教育内容通常出现在以下几种情境之中。

1. 日常生活中的语言交往

语言是日常生活中建立良好人际关系的工具，可以起到指导和调节人际关系的作用，从幼儿语言学习的内容来看，日常生活中的语言交往，可以帮助幼儿学习在不同场合运用恰当的语言形式进行表述和交流，同时又将社会文化习俗的学习与语言的学习结合在一起，渗透在幼儿日常生活过程中，可以帮助幼儿学会运用礼貌语言与他人交往，运用语言向他人表达自己的需要和要求，对他人提出的要求做出恰当的应答，能运用恰当的语言解决与同伴之间发生的冲突，并倾听、理解和执行生活常规以及成人的指令性语言。

2. 自由游戏中的语言交往

在自由游戏中，语言成为幼儿与同伴进行交往、合作、分享的工具，也成为幼儿指导和调节自己选择游戏内容、游戏伙伴和游戏材料等行为的工具。渗透在自由游戏中的语言教育可以帮助幼儿学习运用玩具结合动作自言自语，进行自娱或自我练习，自主选择游戏的内容、伙伴、材料等，通过协商等语言方式，解决与同伴在游戏内容、材料的选择以及游戏规则的制定过程中出现的矛盾冲突。

3. 其他领域活动中的语言交往

在其他领域的活动中，语言也是儿童学习的工具，发挥着重要的作用。在参与其他领域活动，比如数学学习或者音乐活动时，语言交往有利于幼儿正确感知和理解学习内容，增强幼儿对学习内容的认识和表达能力，增加学习的有意性和目的性。渗透在其他领域活动中的语言教育可以帮助幼儿集中注意倾听教师布置活动任务，能学习运用语言指导、观察和操作并思考事物之间的相互关系，指导针对观察对象的感受和认识，理解语言与其他活动内容之间相互的关系，学习运用语言促进相关领域知识的掌握和能力的提高，提高学习的效率。

4. 随即渗透在日常生活中的语言学习

主要是指教师充分利用各种生活环节，给幼儿提供自由宽松的环境，鼓励幼儿积极进行语言交流，增加练习听、说和读的基本技能，养成对语言和文字的兴趣，得到语言和文学的熏陶。比如，在饭前、饭后让幼儿倾听他们学过的优美的散文、儿歌、故事等文学作品，在午睡起床或其他环节让幼儿按照一定的规则进行语言操作游戏等。

（三）整合课程中的语言教育内容

1. 幼儿园整合课程关注"整体的人"的培养

"整体的人"的培养不是各学科知识简单相加的结果，"只有建立起各种事物连接在一起的世界，才能存在充分完整的人格"。儿童作为一个整体的存在方式要求幼儿教育能为其提供整体的内容和时空。整合课程强调在课程中全面整合各学科领域与幼儿发展领域，把儿童需要学习的内容、需要获得的经验回归到儿童生活之中，以各种整合的形式促进儿童身心和谐发展，实现培养"完整的人"的目标。

2. 突出课程生活性，关注儿童生活

幼儿园整合课程关注儿童的生活世界，强调课程的生活性。课程的生活性是指"人们在对课程的设计与编排上，要充分体现与彰显儿童的日常生活世界，它不仅要具有逻辑性、结构性、程序性和科学性，还要有精神性、情境性、故事性与游戏性，课程紧密围绕儿童的生活展开"。现实生活世界的统一、多元与丰富，必然要求幼儿园课程设计呈现出学科间的统整、交叉、融合和相互渗透。幼儿园整合课程强调课程内容要与儿童的生活世界紧密联系，课程内容来源于儿童的真实生活，让儿童在生活和游戏中学习和成长，这符合儿童学习的特点。

3. 反映了课程的生成性

课程的生成性指"课程不再是传统实体性思维控制下的静态、孤立、对立自存的实体，而是由一系列构成要素相互作用、共同生成的事件。"整合课程强调课程实施是由教师和幼儿共同建构、参与的活动，是随着师幼互动交往过程而不断展开、调整，不断发现、探索新的活动内容和形式的课程。教师要依据幼儿兴趣、经验来安排、延伸与幼儿生活有关联意义的情景学习内容，使儿童在其中得到完整的发展。

二、幼儿语言教育活动设计思路和步骤

幼儿语言教育目标是通过语言教育活动来实现的，幼儿园的语言教学活动是保证语言教育目标实现的重要途径之一，它不仅为幼儿系统地提供新的学习经验，而且是帮助幼儿把学习经验系统化，引导其心理水平向高一层次提升的重要手段。有效的语言教育，需要教师采取相应的教学准备策略、教学实施策略和教学评价策略，其中教学活动的设计是构成教师教学准备策略的重要内容。教学活动的设计是对一个语言教学活动的具体行动规划，是教师进行教学的蓝图，也是教师取得良好教育效果的十分必要的准备工作，是富有成效的教学活动的关键。具体来说，设计和实施语言教学活动分为以下几个步骤。

（一）确定活动目标

确定语言教育活动目标，是学前儿童语言教育活动设计中非常重要的一环。它的恰当与否，将影响活动设计的方向、范围和程度，对整个活动设计产生决定性影响。语言教育目标可分为终期目标、阶段目标和活动目标三个层次，其中，活动目标处于最具体的层次，也是最贴近教育实践活动的目标。它是每一次教学活动的出发点和归宿，也是进行教学评价的依据。因此，教师要重视活动目标的制定，具体设计时应注意以下几个方面。

1. 活动目标应着眼于儿童的发展

既要适应儿童的需要、兴趣和已有的发展水平，符合儿童语言发展的规律，又能促进儿童语言发展。

2. 活动目标的内容和要求，在方向上要与终期目标、阶段目标相一致

活动目标是阶段目标和终期目标的具体化，而终期目标和阶段目标正是通过一个个具体的活动目标落实在每个幼儿身上的。因此，在制定具体目标时，要根据幼儿的年龄特征和发展水平，注意由浅到深、循序渐进地提出目标，使幼儿能从具体到抽象、从直接到间接地获得语言经验。

3. 活动目标的内容应包含认知、情感与态度、能力与技能三个方面

（1）知识概念的学习，包括所获知识的数量和种类，以及操作这些知识的技能和能力。如要幼儿掌握多少词汇、句式，以及懂得在什么样的语言情境上运用这些词

汇和句式。

（2）情感态度的学习，包括兴趣、态度和价值观等方面的变化。如使幼儿形成耐心而有礼貌地倾听别人说话的态度，产生乐意在集体面前讲述自己经历的事和图片内容的兴趣，懂得并遵守语言交往中的一般规则。

（3）能力的学习，包括组词成句的能力和在具体语言情境中运用语言的能力。如能根据不同的听者和不同的情境，恰当地运用有关的词汇、语法和语调；能用连贯的语句说清楚自己所要表达的意思，也能听懂别人所表达的意思。

总之，从孩子的情感、认知、能力出发制定活动目标，措辞中常使用喜欢、乐意、能、知道等词进行描述，关注的是幼儿学习的过程，这种观念真正体现了"以人为本"的教育理念。

【案例一】 中班语言活动"我喜欢的书"

活动目标：
1. 在看看、讲讲的交流活动中，丰富与阅读有关的经验。
2. 体验在阅读中发现的快乐，激发阅读的兴趣。

【分析】目标第一条中所提到的"与阅读有关的经验"过于宽泛，空洞无物。教师对幼儿在阅读方面的经验已有初步的了解，在本次活动中可以对哪些具体的阅读经验进行归纳、梳理和提升，同时又可以丰富哪些新经验，都应该在目标中予以较清晰的表述。这样才能帮助教师在设计活动过程时有针对性地围绕目标层层展开。

改进建议：
1. 在看看、猜猜、讲讲的过程中，进一步了解书的结构和特征，知道不同的人喜欢看不同的书。
2. 提高阅读的兴趣，能积极地参与自主阅读并有初步的理解。

【案例二】 小班语言故事《不怕冷的大衣》

活动目标：
1. 知道冬天多运动就不怕冷。
2. 通过体育运动进一步体验"不怕冷的大衣"。

【分析】这些目标虽体现了整合的教育理念，但却忽视了"语言教学"这一重要目标。教学目标的制定应符合语言学科的特点，即使进行整合教学，也必须以本学科的内容为重点，整合进来的内容应是为本学科的教学目标来服务的。

改进建议：
1. 能认真地倾听故事，了解故事内容。
2. 能响亮地说出故事中主要人物，读准动词：躲、跑、跳。
3. 通过身体动作知道"不怕冷的大衣"就是运动，体验故事的趣味。

4. 语言教育活动目标的表述应该采用特定的术语

恰当的目标应能成功地向别人表达教师的教育意图，应使观察者在活动后通过学前儿童的行为变化加以评估。其特定的表达在于幼儿的某些语言能力发生了变化。因此要确定幼儿主体的地位，在活动目标表达中要明确这种发展变化是幼儿发出的，如幼儿能够就特定话题进行讲述，幼儿能完整地复述等。

幼儿语言教育活动目标的表述一定要具体、明确，不能大而空。要求对于幼儿语言的表述应达到可以观察和测量的程度，尽量避免使用含糊不清或不切实际的语言，不要出现超出幼儿语言发展实际水平、低于已有水平、不符合语言教育实际、难以操作等情况。

如幼儿的语言能力得到发展，学会使用一些新词，就不能作为具体活动的目标。具体活动目标如使什么语言能力得到发展，具体是谈话目标还是讲述目标？如果再详细些，使什么谈话能力、讲述能力得到发展？学会什么新的词语？因此，教师的语言活动目标设计与表述一定要清晰地将幼儿某方面的语言发展说清楚。如果是谈话目标，那么可以说明白：学会用"××在哪儿"的句式来依照一定的话题进行表述。如果是词汇学习活动，可以说：能理解和运用表示物体相对位置的词语，如"在……上""在……下""在……里"等；能正确使用描述物体的形容词，如大、小、多、少等。

幼儿语言教育目标落实过程中，必须注意几个关键问题：第一，如何将一个高层次目标准确地转化为多个低层次目标。第二，教育实践过程中，教师如何把握各个层次教育目标的内涵以及相互间的关系。第三，教师如何根据目标来选择相应的教育内容，确定恰当的教育方法，从而确保目标的实现。

【案例三】 幼儿园集体教学大班《绿色的书》（散文）

下列语言活动的目标设计和表达是否合适？

活动目标：

（1）感受和欣赏散文的美好意境。

（2）理解散文优美的词句，学习仿照散文的结构续编诗句。

（3）培养幼儿的创造性思维能力。

【分析】该散文中的优美词句应该有很多，对于大班幼儿来讲，能够学会并理解有限的几个就足够了，可以将"理解优美的词句"具体化，说明理解哪几个词句。仿照文段进行续编本身就要求发挥幼儿的创造性思维能力，但是仿照散文的什么结构来续编呢？不妨将其表述出来，同时将第三条目标去掉，直接整合表述为：发挥创造性思维能力，学习仿照散文中的××结构进行续编。

语言教育活动目标设计和表述提示：语言教育具有渗透性、结合性，但是融合了不同领域的语言活动，最主要的目标应能体现出语言的特点，将活动做成大拼盘或大杂烩不是明智的选择，因为学前活动特点和学前儿童的认知特性决定了学前教育活动不可能面面俱到，不可能在单位时间内实现多个领域的目标，往往会顾此失彼，哪方面的知识和经验都不精。

（二）选择活动内容

活动内容是语言教育内容的具体化，当教师确定活动目标时，必须考虑活动内容。语言教育活动内容是实现教育目标的手段，是将目标转化为儿童发展的中间环节，也是活动设计和实施的主要依据。因此，活动内容的选择是一个完善的语言教育活动设计的核心。活动内容不等同于教材，教材是教师在教学中使用的各类语言文字材料，而活动内容既包括有形的教材，又包括一些无形的东西，如知识内容，还有情感和能力方面的内容。

此外，选择的内容还要贴近儿童的生活，是儿童所熟悉的、感兴趣的。如文学作品应选择形象鲜明生动，作品结构简单，情节有趣（如《小熊砍树》《乌鸦喝水》《小红帽》《小山羊和狼》等这些作品）；作品的语言应浅显易懂（如《春天来了》《秋天的雨》等这些散文、诗歌不仅意境优美，而且语言浅显易懂，朗朗上口）。这些题材儿童熟悉，符合现代儿童特征，同时能够引发幼儿的学习兴趣。

【资料】《纲要》指出："教育活动内容的选择既要符合幼儿的兴趣和现有经验，又要有一定的挑战性；既要贴近幼儿的生活，又有助于拓展幼儿的经验。"

【分析】教师选择活动内容时应注意以下三点：第一，根据教育目标来选择教育内容；第二，根据儿童心理发展和语言发展的特点选择教育内容；第三，在选择内容时，要了解儿童已有的经验，在儿童新旧经验间建立联系。

1. 根据幼儿语言教育的目标确定教育内容

根据幼儿语言教育的目标确定教育内容才能有针对性地开展各年龄段的语言教育，使学前儿童的语言能更好地得到发展。要把教育目标中的各部分、各方面要求转换为儿童学习语言的内容，使儿童通过多种多样的学习获得语言经验。还要对语言理解能力和语言表达能力以及它们在语言形式、语言内容和语言运用过程中如何发展、如何提高进行具体分析，并把它们作为语言教育内容的重、难点，在教育过程中给予突出和强调。

2. 根据幼儿心理发展的特点选择教育内容

幼儿具有情绪性的突出特点，要求选择教学活动内容时，强调趣味性和新颖性；幼儿具有模仿性的心理特点，要求教学内容便于幼儿学习模仿；幼儿具有想象力丰富的显著特点，要求教师在选择活动内容时，尽可能为孩子提供充分想象和自由创造的空间。

3. 根据幼儿语言发展的特点选择教育内容

幼儿语言发展的特点是从学习非语言交际向学习口语交际转换，再从学习口语交际向学习书面语言转换。这两个转换是相互交叉的。因此，在确定语言教育内容时，须针对各年龄段儿童语言发展的特点，既有交叉又有侧重地开展教学活动。

第一阶段是幼儿非语言交际向口语交际转换的过程，儿童需要学习最基本的听、说转换，它包含了对词语的理解和应用、构成词句、表达意思三方面的内容。要运用谈话、讲述、听说游戏、文学作品学习和早期阅读等语言教育活动，让儿童进行上述内容的练习，使儿童获得有关的语言经验。第二阶段是在运用口语向书面语言学习转换的过程中，让儿童逐步接触书面语言，在口语里使用书面语言的表达方式。儿童需要学习口语与文字、图书的对应与转换关系和简单识字两方面的内容，即理解说出的话与写出的字之间的关系，进行对不同字形的辨认以及对字形结构的分析与书写，为升入小学学习书面语言做好准备。

4. 根据幼儿新旧语言经验选择活动内容

幼儿语言学习是不断获得语言经验的过程，语言教育活动也就是不断为学前儿童提供各种新的语言经验的过程。教师在选择语言教育内容时应重视，语言教育活动所提供的语言经验应能够为幼儿所获得，成为他们自身语言经验体系的一部分。因此，要着重考虑的是能否使新旧语言经验间具有内在的联系。要做到这点，就要注意活动内容的连续性，使每类活动内容都由具有内在联系的经验组成，每一次获得的语言经验都能成为以后语言学习的基础。同时，还要注意活动内容的统整性，使经验与经验之间既有纵向连续性，又有横向相关性，从而使儿童获得的新旧语言经验之间真正建立起联系。

《纲要》中明确指出："教育活动内容的选择既要符合幼儿的兴趣和现有经验，又要有一定的挑战性；既要贴近幼儿的生活，又要有助于拓展幼儿的经验。"可见，教师在选择语言教学活动时应从幼儿的实际出发，选择的内容要贴近孩子的生活，是孩子所熟悉且感兴趣的。

（三）做好活动准备

活动准备是教学活动顺利开展的保障，主要包括经验准备、物质准备和环境准备。经验准备是教师在备课时对幼儿已有经验的分析，并通过图书、音像、参观、实践等多种途径丰富幼儿活动需要的相关经验。教师要树立过程意识，即幼儿的学习、发展是一个连续的、渐进的、螺旋式上升的过程，教师在设计教学时要反复思量，使教学成为幼儿成长的阶梯、发展的平台，让前面的活动成为后面活动的铺垫、基础，后面活动成为前面活动的发展、提高和升华，实现教育的连续性和发展性的结合。只有重视幼儿的经验准备，才能不断引导幼儿在原有基础上构建新的经验。

【案例四】 大班语言活动《秋天的雨》（散文）

活动准备：
1. 观察、感受过秋天明显的季节变化。
2. 朗诵的录音带、欢快的轻音乐。
3. 图画纸及多种美工材料。

【分析】这位教师在备课时，充分考虑在活动准备这一环节从幼儿的认知规律出发，在"观察、感受过秋天明显的季节变化"的基础上学习散文，这样可以调动幼儿学习的积极性，更好的理解散文的意境、内容和情感。但是在日常教学工作中，许多教师往往只注重物质准备而忽视幼儿的经验准备、心理准备，因而会影响教学目标的达成。

物质材料准备是对于每次教学活动所需要的教具、学具、操作材料、场地等的思考和准备。物质材料是活动的工具，适宜的物质材料可激发幼儿活动的动机，引发幼儿主动学习、有效互动，从而保证教育目标的顺利实现。在准备物质材料时，材料应多样化，要充足有效，体现出适宜性、开放性、层次性、典型性的特点。幼儿园的物质材料尽量选择日常生活中的各种物品、当地的自然资源和安全的废旧材料，这样既环保、节约、数量充足，还可以让幼儿学会珍惜和利用资源。

环境是重要的教育资源，根据教学活动需要创设适宜的环境，充分挖掘主题墙、教室内外环境对教学活动的作用，有效促进教学活动的开展。首先，在环境创设中，应充分发挥幼儿的主观能动性和积极性，使幼儿成为环境创设的参与者和创造者，有效地发挥环境在幼儿身心发展中的教育影响作用。如春天来了，教师组织孩子们共同布置春天的景色，孩子自己动手剪树叶、搓柳条，制作桃花、迎春花。又如新年到了，圣诞树上挂满了小朋友制作的新年礼物，有五颜六色的新年贺卡，有用橡皮泥、糖纸做成的各色糖果。孩子的作品虽然显得粗糙、稚拙，却凝聚了他们的纯真心愿和创造力。其次，根据美的规律创设环境，让幼儿得到美的熏陶。幼儿园为幼儿提供一个富于美感的环境，让幼儿感到自己是生活在一个清新美丽的世界中，这对于幼儿形成乐观、自信、勇敢的个性品质，形成对集体的热爱和依恋感，促进其社会性发展都是大有益处的。最后，发动幼儿寻找材料，注意使用材料及制作装饰手段上的多样化。在引导幼儿进行环境创设时，使用材料和装饰手段的多样化十分重要，这样不仅能使各种材料得到综合利用，还可以使环境内容更为充实丰富，新意层出。

（四）设计活动过程

幼儿语言教育活动是作为一个过程展开的。它可以看作是教师开展语言教育活动和学前儿童进行语言学习活动的流程，实际上就是教育内容、教师的指导活动和儿童的学习活动如何展开的过程。活动过程包括三大环节：导入活动、基本活动、结束活动。

1. 导入活动的形式是多种多样的

导入活动的形式如猜谜语、做律动、谈话、情境表演、木偶、借助图片、小游戏等，具体的形式要根据教学内容来设计。如在《乌鸦喝水》的活动中，教师可以用猜谜语的形式导入故事主题：身穿黑袍子，长个丑样子，懂得爱妈妈，是个好孩子。小朋友猜一猜，它是谁啊？哦，是乌鸦。老师要给你们讲一个乌鸦的故事，名字叫《乌鸦喝水》。

2. 基本活动是教学活动的核心部分

《纲要》指出：语言教育应是听、说、读、写、观察、表演、想象、思维、操作等行为的整合，形式可以有讲述、谈话、故事表演、情境表演、指偶表演、看图表演；或者根据语言学习的内容，自编一些有趣的教学游戏。因此，在活动时教师应抓住各种契机，挖掘幼儿各方面的潜能，对幼儿的活动表现和教材内容应有一种整体的意识，才能真正培养幼儿的语言综合素养和能力。这就要求教师在活动的设计中以发展幼儿的语言能力为主，引导和支持幼儿在与教师的合作中从不同侧面观察和感知，从不同层面进行探索。活动中应用不同的操作方式进行多元化的合作分享，将整个活动有机地结合起来，让幼儿在单一的活动中进行综合性的获取与提高。如在故事教学中可采用听故事、看图说感受、以图或文字做记录、学表演、做游戏的活动，并与内容有选择、有机地整合于一体，既丰富了活动内容，又引导了不同水平幼儿的学习欲望，同时还提高了幼儿运用语言的能力。

3. 结束部分所占比例应当很少

有时候我们是在活动中自然结束，有时候是结合音乐、绘画等活动结束，有时候是限于课堂教学时间的有限做成活动延伸部分。

4. 各步骤中活动方式的采用

活动方式是指活动环境和条件、活动方法、活动形式的有机结合和综合体现。采用的活动方式既要适应教育内容类型的特点，又要激起幼儿对学习内容浓厚的兴趣，从而诱发幼儿参加语言教育活动的主动性和积极性。具体应注意以下几个方面。

（1）活动环境和条件是指幼儿活动的空间和教具、学具、教学设备的提供，要考虑提供的内容、形式、数量、出示时间和出示方法等。

（2）如前所述的示范法、游戏法、表演法、提问法等活动方式，都可根据各个活动步骤内容的需要，恰当地选择并灵活地运用。通常是各种方法交替使用，以发挥其综合作用。

（3）语言教育活动组织形式可以是最常见的全班或大组的集体活动，也可以是在教师指导下的比较松散的小组活动和个别活动，如集体活动中分组进行故事表演和个别的自由练习等。应根据各活动步骤、教育内容和要求，考虑比较合适的组织形式或将各种活动形式交替进行。另外，要注意日常生活中的随机教育，日常活动中的语言教育既可作为有组织的语言教育活动的延伸，又可作为积累幼儿语言经验、发展幼儿语言能力的重要途径。

5. 教育活动的实施指导

活动设计的结果是一份完整的"静态"计划，而活动的组织实施则由于幼儿的参与，成为一系列"动态"发展的过程。整个活动过程中需解决的问题有：教师如何全面实施计划，如何最大限度地调动幼儿学习和发展的主动性，如何提高幼儿参与活动的覆盖率，如何使全体幼儿在各自的基础上获得语言的发展和提高，如何对待和处理好"精心预设"与"精彩生成"等一系列问题。因此，每位教师必须灵活掌握并及时调整自己的语言、态度和情感，以发挥最大的教学组织作用。

在语言教育活动的实施中，教师可通过以下几个方面发挥良好的"中介"作用。

（1）直接指导。教师通过语言示范、启发提问、讲解、评价等手段，直接指导幼儿的活动。根据幼儿语言经验及语言水平的实际状况，一般针对小班幼儿或语言发展较差的幼儿，或教育内容难度较大的语言教育活动，教师应多运用直接指导方式。

（2）间接引导。教师通过自身语言潜移默化的影响、语言的提示、眼神或手势的暗示等手段，引导幼儿积极主动地参与语言活动。这种间接引导方式，对年龄稍大的幼儿和语言发展较好的幼儿宜多用。

（3）环境条件的利用。从根本上讲，利用环境条件也是一种间接引导。教师利用语言活动设备、教具和学具，如幻灯片、图片等教具，电视、录像、多媒体课件等，引起幼儿学习的兴趣，调动他们参与活动的积极性，帮助幼儿在活动中提高语言能力。

根据幼儿的表现和活动过程的实际情况，教师要灵活运用各种指导手段，使幼儿始终处于活动最佳状态。另外，教师自身的语言修养，即语音是否准确，吐字是否清晰，用词是否得当，内容是否简洁有条理，语调是否生动、有感染力等，都能对幼儿语言发展起到十分显著的作用。

（五）拟定活动方案

为了实现学前儿童语言教育的目标，使语言教育活动更具目的性和计划性，教师在确定活动目标、选择活动内容和策划活动流程的基础上，还须认真拟定一份合理的语言教育活动方案。从形式上看只是将活动目标、活动内容、活动准备、活动流程形成书面语言载体的形式，实质上它包含着一定的教育指导思想和理论观点，使教育实践活动沿着预定的轨道、朝着预期的目标前进。一份完整的语言教育活动方案应包括以下内容。

1. 活动名称

写清楚语言教育活动的具体类型，适合于何种年龄班，具体内容是什么。具体格式如欣赏散文诗《雪花》（大班）。

2．活动目标

活动目标是幼儿通过本次教育活动，应该达到的具体目标。根据教育的整体性和**语言教育的渗透性**，在每次活动的目标中，也应该体现有关认识、情感和社会方面的要求。

3．活动准备

活动准备是指教师对语言活动内容和活动方式进行初步思考后所做的工作。语言**教育活动**为儿童所做的准备主要包括三层含义：一是经验准备；二是物质准备；三是**环境准备**。

4．活动过程

在拟定语言教育活动过程时，应对不同类型、不同内容的语言教育活动的大致结**构作**初步分析和研究，设计出活动的基本走向，即设计出活动流程图。有了清晰的活**动流程图**，活动过程就变得一目了然，便于教师具体操作。

（1）要认真拟定活动流程的起点和终点。

（2）清晰的活动过程步骤，以及步骤当中相关的内容、教学手段、方法和组织形式。

（3）教师提出的重点问题要明确。

5．活动评价

活动评价是对活动价值进行客观地判断、诊断、发现活动设计、实施中的不足，**及时反馈调整**，目的是帮助教师积累教育教学经验，进一步提高活动的效果，促进教**师的专业成长**。一次活动结束后，我们要从以下几个方面来进行反思。

（1）活动目标的定位是否正确、准确，即对幼儿是否有教育价值；目标是否清晰、**可操作**、可达成。

（2）教具是否经济实用；能否推动幼儿的学习；利用率如何；出现的时机是否**恰当**。

（3）活动过程是否程序合理；教学手段是否切实可行，行之有效；教师在活动**中到底**让幼儿得到了什么；哪些活动形式没有意义？活动的哪些成分起反作用。

（4）幼儿的学习是否主动；体现在哪些地方；哪个环节幼儿感兴趣。

（5）教师的提问是否准确；哪些幼儿愿意回答；哪些是无效问题；教师对幼儿**的回答是否反应机智**；哪些问题是教师没有想到的；哪些问题教师引导不到位。

（6）教师的语言组织和体态语言是否有要改进的地方。

教育是可以预见其结果的一种实践活动，但也是一种具有随机创造性的实践活**动**，语言教育活动方案设计千万不能成为具体实践的桎梏，而应成为教师产生再创造的温床和土壤，那种将教师提问后幼儿如何回答的详细内容全都设计出来的做法是不可取的。

思考与练习
1. 幼儿语言教育的内容是什么？
2. 设计和实施语言教学分为几个步骤？分别是什么？

模块二　学前儿童语言教育的方法

幼儿园语言教育的方法，实质上是成人为发展幼儿的语言创设条件和机会，让儿童参与各种丰富多彩的活动，支持、鼓励和吸引幼儿在与人、物、环境、材料等交互作用的过程中，学习与发展语言。幼儿园语言教育的方法一般包括：示范模仿法、视听讲做结合法、游戏法、情境表演法和练习法等。

（一）示范模仿法

示范模仿法是指教师通过自身规范化的语言为幼儿提供语言学习模仿的榜样，让幼儿始终在良好的语言环境中自然地模仿学习。教师的示范是学前儿童进行语言模仿的基础，是他们学习语音、朗诵和提高讲述质量的重要方法。教师的示范必须要正确、清楚、响亮，要富于表现力。

【案例】　托班幼儿语言活动——小狗模仿操

教师示范，请幼儿模仿，边读边做，语言训练与动作完美结合。
我是小狗史努比，（小手放在头两边学小狗的样子）
头戴帽子真神气，（两手叉腰，左右摆头）
两只胳膊有力气，（两臂侧平举伸直，上下两次）
抓起骨头举一举，（两手在胸前做抓东西样，且两臂上举）
肚子饿了怎么办？（两手在肚子前拍四下）
弯下腰来吃东西，（两手叉腰弯腰，起身后做吃骨头的样子）
小脚累了踢一踢，（手叉腰踢腿几次）
蹦蹦跳跳真欢喜。（两脚起跳，拍手两下）

【分析】创编意图：小狗史努比是孩子们很喜欢的一部动画片的主角，孩子们对史努比较熟悉，没有陌生感，这使"主角"贴近孩子的生活，孩子们愿意读也愿意跟教师一起做动作，使他们在朗朗上口的句子中锻炼了身体。

语言功能：小狗模仿操共八句，合辙押韵、动作简单、语言精练，符合托班幼儿的年龄特点，满足了幼儿生理和心理的需要，发展了幼儿身体的协调性、灵活性和控制能力。还可以配以轻快的音乐，使整个操更加完整。

示范模仿法在具体运用中要注意的问题：

第一，教师的示范语言一定要规范到位。教师的语言是幼儿模仿的直接对象，教师的一言一行，幼儿会听在耳里，看在眼里。教师无论何时何地都要运用规范语言，才能为幼儿创设良好的语言环境，成为幼儿模仿学习的典范。因此教师的示范必须正确、到位，要面向全体幼儿，保证每个人都能看到并听清楚。

第二，教师要把握好示范的时机和力度。语言教育中新的、幼儿不易掌握的学习内容，教师要反复地重点示范，让幼儿有意识地进行模仿学习。教师可在幼儿的语言活动之前或语言活动最后进行示范，也可以在幼儿的语言表达有错误的时候进行示范，还可以在幼儿不知如何体现语言本身的表现力时示范。如有必要，教师的示范可重复进行。

第三，善于运用激励法，引导幼儿大胆模仿。教师要关注各种活动中幼儿的语言表现，善于发现幼儿语言发展的差异，因材施教。要随时鼓励幼儿正确的语言行为和习惯，善用激励机制，引导幼儿大胆模仿。幼儿讲述过程中如出现语言错误，也要注意避免过于挑剔而降低幼儿学习的积极性。

第四，运用示范模仿法时不能限制学前儿童的思维。教师在运用此法时，要鼓励学前儿童在模仿的基础上大胆创新，允许学前儿童说出不同于教师的语句及采用不同的叙述程序。

第五，运用口头语言示范时，运用简要解释、提示进行辅助。教师的生动讲解和示范相结合，可以帮助幼儿理解学习的语言内容，锻炼相应技能，如语音的发音方法，故事、诗歌的内容，自然或社会性知识等。

如在拼音 n 和 l 的语音练习游戏中，应能让幼儿正确感知两个语音之间的差别，掌握发音的具体方法。可以引导他们观察教师示范发音的部位，同时伴以讲解，告诉他们在发音中，n 是鼻音，发 n 音的时候，舌尖翘起抵住上牙床，同时舌尖要向两边展开，用力把气流堵住，使气流从鼻孔出来。讲解后，可让幼儿反复拉长音进行练习。而 l 是边音，发音时，舌尖只是抵住上牙床当中的部分，舌头不向旁边舒展，气流从舌头的两边出来。反复示范并教幼儿练习后，两个发音的差别就会逐渐清晰。

美国心理学家班杜拉（Albert Bandura）1967 年创立示范法（Modeling）。他认为，儿童的许多行为并非是通过直接实践或受到强化形成的，而是通过观察、学习产生共鸣，从而增加良好行为的获得或减少、削弱不良行为。因此，模仿与强化一样，是学习的一种基本形式。示范法包括现场示范法，参与模仿法，自我示范法，电影、电视或录像示范法以及想象模仿法等多种类型。示范法有许多优点，如成效快、适用情境广泛，还可与其他方法结合使用。

（二）视听讲做结合法

"视"是指教师提供具体形象的讲述对象，让幼儿充分地观察；"听"是指教师用语言描述、启发、引导、暗示、示范等，让幼儿充分地感知与领会；"讲"是指幼儿在感知、理解的基础上，充分地表述个人的认识；"做"是指教师给幼儿提供一定的想象空间，通过幼儿的参与或独立的操作活动，帮助幼儿充分构思，从而组织更加丰富连贯、完整且富有创造性的语言进行表述。视听讲做结合法必须有机地结合视、听、讲、做四方面，"视""听""做"都是为"讲"服务的，在"讲"的过程中，促进幼儿语言能力的发展。

视听讲做结合法在具体运用时应注意的问题：

第一，辅助材料来源于幼儿生活。教师所提供的语言教育辅助材料，应该是幼儿接触过的、有一定生活经验的、较熟悉的或符合幼儿认识特点的材料，如此才能被幼儿所理解，才能更好地促进幼儿的语言发展。例如，在童话故事《乌鸦喝水》的教学活动中，教师可以制作森林的背景画面及乌鸦的形象，为孩子们提供生动的视觉形象。当故事讲到乌鸦用什么办法才能喝到半瓶水时，教师可根据幼儿的回答为他们提供半瓶水、小石头、沙子、树叶等生活中常见的辅助材料，让孩子们动手操作，在实践操作中发现什么材料放到瓶子里是乌鸦能喝到水的最佳方法。同时让幼儿边操作边讲述，使讲述更加生动形象。

第二，预留一定的时间与空间。皮亚杰说过："每当过早教一个幼儿那种他能自己发现的东西时，就抑制了幼儿自己发现它的机会，也就抑制了幼儿对它的完全理解。"鉴于此，教师要留给幼儿一定的观察时间和空间，让幼儿有足够的时间对观察的对象进行感知和理解。例如许多看图讲述、实物讲述、情境表演中，都必须要让幼儿有足够的时间仔细看图、看实物、看表演，理解讲述对象，或是通过感觉和听觉等多方面去感知和理解讲述对象，这样才能通过"视""听""做"等方法，最后为幼儿更好地"讲"做准备。

第三，教师提问具有开放性。教师提问要有顺序性和启发性，有助于帮助幼儿开放性地构思与表达。封闭式提问只能让幼儿做出是否或正反两方面选择性的回答。例如，在童话《金色的房子》教学活动中，在幼儿熟悉故事内容后，即可提出："如果我有个金色的房子，我会在房子里做什么"等开放性问题，让幼儿充分地讲述自己对故事中人物的情感体验，使幼儿有充分的讲述内容，从而促使幼儿的语言表述能力不断提高。

总之，运用视听讲做结合法让幼儿学习语言，可使幼儿运用多种感官参与学习，在促进语言发展的同时，也获得认知的发展。

（三）游戏法

游戏法是符合幼儿年龄特点的活动，也是幼儿语言教育中常见的活动方式之一。游戏法是指教师运用有规则的游戏，训练幼儿正确发音，丰富幼儿词汇和学习句式的一种方法。游戏符合幼儿的学习特点，目的在于提高幼儿的学习兴趣，集中幼儿的注意力，促进幼儿各种感官和大脑的积极活动。

游戏法的操作注意事项：

第一，游戏开始前，幼儿必须先找到合作伙伴，这个过程本身就是语言在现实情境中运用的实践。儿童参与游戏时，可以采用同伴邀请的方式，即鼓励孩子主动邀请同伴参与游戏；也可以采用自由结合的方式使儿童参与多人合作性游戏；如果是带有情境性的游戏，如游戏"拔萝卜"中有五个角色，则可以采用角色分配的方式完成。

第二，重视教师游戏过程中的指导策略。适时进行启发引导，解决冲突，激发乐趣，使幼儿获得成功体验；创设情境，使幼儿身临其境，获得感性体验；通过表扬幼儿的榜样示范，进而为其他孩子确立正确的模仿范例；鼓励幼儿与教师一起研讨游戏的新规则，师幼互动，群策群力。

（四）情境表演法

情境表演法是指在教师的指导下，学前儿童扮演文学作品中的人物，根据作品情节的发展，通过对话、动作、表情等再现文学作品，以提高口语表现力的一种方法。

运用情境表演法的好处有以下几点：

第一，情境表演使教学气氛变得轻松，能够加深幼儿对所学内容的记忆。以故事《小熊醒来吧》为例，其语言幽默风趣，是很好的幼儿语言活动材料。但对于小班幼儿，要记住故事内容和感受亲情并非易事。小熊、鸟儿、小猴、小狗、熊妈妈五个不同的角色，可能会打乱孩子们的思维。活动中通过分角色的情境表演，将一个个活生生的角色展现出来，不仅让幼儿记住了故事内容，课堂气氛也随之活跃起来。

第二，情境表演更利于幼儿体会教学内容的含义。儿歌《小蚂蚁搬虫虫》，一个、两个、三个、四个、五个、六七个表现不同数量产生不同的效果。活动中让每位幼儿都参与情境表演，在记住儿歌内容的同时，体会"搬不动""掀条缝""动一动"等词的含义，只有幼儿亲眼所见，他才能够理解。

第三，培养幼儿良好的情感。教材中很多内容都涉及幼儿的现实生活，故事、儿歌、绕口令等文学作品的语言简练、生动而富于情感。故事《甜甜的西瓜带回家》描写了小熊帮助河马爷爷的情形，引导幼儿模仿小熊施肥、浇水、捉虫、摘瓜的样子。孩子们在丰富的想象和生动的表现中，逐步体验到小熊帮助别人的心情，逐步建立起关心别人的情感。

第四，增强幼儿的自信心。许多幼儿因缺乏自信心而不愿意在集体面前表现自己。通过教学中情境表演的运用，幼儿大都能够积极主动地展示自己，并得到大家的赞扬和肯定。很多孩子把在幼儿园给大家表演讲故事、朗诵儿歌等当成他们乐此不疲的事情。

当然，情境表演法也可以用在续编故事或者是创设情节中。如参观某风景名胜后，"我的设计"环节，孩子们就可以模拟情境表演："我建造的是公园的健身路，你瞧，小路旁边菊花开得多美啊，好像一张张笑脸，对着来往的游客微笑呢！这边还有小桌椅，如果你累了，就可以在这里休息一下，看看美丽的风景，多快乐啊！"还有的幼儿说："我建的是九曲桥，我是总工程师，今天的桥面设计是按照颜色来分的，红黄蓝绿、红黄蓝绿，很有规律，漂亮吧！"这是孩子们发自内心的话。

情境教学法是保加利亚的洛扎诺夫创立的。他指出："我们是被我们生活的环境教学和教育的，也是为了它才受教学和教育的。"实验证明，在儿童身上天然存在着接受暗示的能力，接受暗示是人的一种本能。诸如榜样作用、生动形象的语言描绘、课内游戏、角色扮演、诗歌朗诵、绘画、体操、音乐欣赏、旅游观光等，都是寓教学内容于具体形象的情境之中，其中也就必然存在着潜移默化的暗示作用。换言之，情境所提供的线索起到一种唤醒或启迪智慧的作用。情境教学中的特定情境，提供了调动人的原有认知结构的某些线索，经过思维的内部整合作用，人就会顿悟或产生新的认知结构。

（五）练习法

练习法是指有意识地让幼儿多次使用同一个语言因素（如语音、词汇或句子等），训练幼儿某方面语言技能技巧的一种方法。通过练习，学前儿童可以加深理解语言教育中的有关内容，牢固掌握有关的语言知识，熟练运用语言技能。

语言需要在实践中习得，《纲要》提出："语言能力是在运用过程中发展起来的。"150%的重复学习最能帮助记忆，所以练习是不可避免的环节，但是大量重复机械的练习容易使幼儿产生倦怠。如何将练习法运用得有趣、高效是亟须解决的问题。

语言教育中，口头练习是大量的。学习语音时的反复练习，可以让幼儿发音器官的肌肉组织细小动作而逐渐协调，并发展听觉的敏感性；学习新词时，分辨词音、理解词义这些都需要进行不断练习，使得他们善于支配自己的呼吸，学会调节音的强弱、长短。另外，语言表达技能技巧的练习也是必需的，到了中大班，要培养幼儿的口头语言的表现力，语调的抑扬顿挫、停顿、重音等，以表达一定的情感，加强朗诵、故事表演等的独创性。

教师在运用练习法时要注意的一些基本要求：

第一，明确练习的目的和要求。练习虽是多次地完成某种活动，但并不是简单的机械重复，而是有目的、有步骤、有指导地形成和改进儿童的技能技巧，发展能力的过程。因此，在练习时，不仅教师要有明确的目的，而且也要使幼儿了解每次练习的目的和具体要求，并依靠对材料的理解自觉地进行练习。

第二，精选练习材料。练习材料要根据练习目的、幼儿实际情况以及学习和生活中的实际需要加以选择；要加强基本技能的训练，把典型练习、变式练习和创造性练习密切结合起来，努力促进儿童技能的积极迁移，使儿童能举一反三，触类旁通，发展他们的实际操作能力和创造能力。

第三，选择正确的练习方法。练习要按照确定的步骤进行，不管何种练习，都要求学生思维的积极性。有的练习材料可采用全部练习法，有的练习材料可采用分段练习法。练习开始时，教师通过讲解和示范，使幼儿获得有关练习的方法和实际动作的清晰表象，然后让幼儿进行练习。对于幼儿而言，他们很难兼顾又快又好，可以先求正确，后求熟练。练习的方式要适当多样化，以提高儿童练习的兴趣和效果。

第四，适当分配练习的分量、次数和时间。技能技巧或习惯的形成需要足够的练习，但是，练习的时间及次数要根据学科的性质、练习的材料和学生的年龄特征来确定，不是越多越好。根据艾宾浩斯遗忘曲线的要求，练习要及时进行，开始阶段，练习的次数要多些，每次练习的时间不宜过长，然后可逐渐延长练习的时距，每次练习的时间可略增加，适当的分散练习比过度的集中练习效果更好。

第五，了解练习的结果。练习一定要有反馈，每次练习之后，检查哪些方面有成效，哪些方面存在着缺点或错误，保留必要的、符合目的的项目，舍弃低效的、多余的项目，或组织一些校正性练习。

思考与练习

幼儿语言教育活动的方法有哪些？

模块三　学前儿童语言教育的途径

要组织好语言教育活动，重要的是精心设计语言教育活动方案。在设计方案时，教师要制定语言教育活动的目标，要选择能实现目标的具体内容，要选择考虑与内容相适应的活动方式等。可以说，教师设计语言教育活动就是将一定的目标、内容和活动方式转化成一个具体方案的过程，也是对幼儿有计划、有组织、有目的地施加教育影响的具体体现。

幼儿语言教育活动的途径主要包括：通过组织专门的语言教育活动进行语言教育，在其他领域的教育活动中进行随机的语言渗透教育和通过日常生活各个环节进行语言教育等。

（一）专门性语言教育活动

专门性语言教育活动是指遵循语言教育规律来组织的学习活动，侧重为幼儿提供以语言为对象的学习机会，是实现语言教育目标的有效途径，是组织和传递语言教育内容的实施环节，是落实语言教育任务的具体手段。它是我国学前儿童语言教育中经常用的最基本的途径。

1. 专门性语言教育活动的特点

（1）语言教育活动是有目的的语言学习过程。语言教育活动不同于一般的语言环境，它是有目的地促进幼儿语言发展的语言环境，有明确的指向性。这种目的性体现在各层各类的目标中，通过各项目标的实现，使全体儿童的语言能得到同等的发展。

（2）语言教育活动是有计划的语言学习过程。其他非正式的语言学习是没有计划的、随意的，幼儿从中所吸收到的语言信息材料一般也是支离破碎的，对于幼儿语言发展的影响必然是不全面的。

（3）语言教育活动是有组织的语言学习过程。语言教育活动是一种在教师的组织下进行的语言学习过程。在这种有组织的过程中，教师始终注意幼儿已有的语言经验，并在此基础上为幼儿提供新的语言经验，使幼儿通过学习，再次将新的语言经验转化为自身的语言经验。由此循序渐进，使幼儿的语言不断得到发展。

2．专门性语言教育活动的类型

专门性语言教育活动为儿童提供机会，对他们在日常语言交际中获得的语言素材进行提炼和深化，达到对语言规则的理解及有意识地运用。其包含若干子类，主要包括谈话活动、讲述活动、文学活动和早期阅读等几种形式。

（1）谈话活动。

谈话是人与人之间运用问答、对话的语言手段进行交往的一种基本能力。谈话在培养语言交际意识、情感、能力方面有特别重要的意义。

幼儿园专门的谈话活动与日常谈话的区别：日常谈话是幼儿在日常生活中所进行的谈话，无预期目标和计划，具有自发性和随意性。就话题而言，日常谈话是没有目标的，是幼儿随意产生的，从时间上来说也是在自由活动时产生的。幼儿园专门的谈话活动是一种有目的、有计划地组织幼儿学习的语言教育活动，这种活动旨在创造一个良好的语言环境，帮助幼儿学习倾听别人的谈话，围绕一定的话题进行谈话，习得与别人交流的方式和规则，培养与人交往的能力。谈话内容主要有围绕主题交谈、交流信息谈话和分享经验谈话。

（2）讲述活动。

讲述是指运用完整的句子、连贯的语言，围绕一个主题描述事物和表达思想。讲述时运用的是独白语言，是比谈话更为复杂、周密的一种口语表达形式。讲述是我国幼儿园语言教育中颇具特色的教育内容，其主要内容有：实物讲述、图片讲述、排图讲述、情境讲述和经验讲述。

（3）幼儿文学作品学习活动。

幼儿文学作品学习活动是幼儿园语言教育的重要内容。它是以幼儿文学作品为基本教育内容而设计组织的语言教育活动，是从一个具体的文学作品教学入手，围绕着这个作品展开的一系列相关的活动，它帮助幼儿理解文学作品所展示的丰富、优美的艺术语言和生动有趣的情节。具体内容有：聆听与感受文学作品，朗诵与表现文学作品，仿编与创作文学作品。

（4）早期阅读。

早期阅读是指儿童对简单的文字、图画、标记等的阅读活动，其中包括知道图书和文字的重要性，愿意阅读图书和文字，学习初步的阅读和书写的准备技能等。早期的阅读是儿童口头语言向书面语言过渡的前期阅读准备和前期书写准备，是理解口语与文字之间关系的重要经验。具体的内容有：前图书阅读经验、前识字经验和前书写经验。

（二）其他领域教育活动中语言教育的融合与渗透

在实际教育工作中，教师往往会错误地认为儿童语言表达能力的培养是语言教育活动的重头戏，其他领域教育活动无须考虑语言能力的培养。其实，幼儿语言的发展与其情感、经验、思维等其他方面有着密切的关联，儿童的语言学习仅仅靠专门的语言教育活动和日常生活中的语言教育还远远不够，还必须将儿童语言能力的训练渗透到其他领域的教育活动中去。如在音乐活动中，让幼儿边听音乐边对场景进行想象，然后让幼儿用语言描述出来；在美术活动中让幼儿用语言讲述自己绘画的内容，让幼儿在轻松愉快、自然的氛围中获得语言能力的发展。

各领域教育活动都有独特的价值，在促进儿童身心和谐发展方面均有不可替代的作用。我们不能为强调语言专门教育而忽视其他领域的教育。数学、美术、音乐等符号学习为儿童提供语言符号和其他符号之间相互转换的机会，这些符号的运用丰富了儿童认知的内容和手段，增加了儿童表达认识和感受的内容和方法。它们与语言符号的交叉使用可以强化并深化儿童对周围世界的认识以及运用各种符号的能力。大肌肉运动和精细动作活动对促进儿童大脑的发育、加速语言生理基础的成熟有重要的作用。与此同时，语言的运用又有利于提高肌肉活动的有意性、目的性和精确性，从而有助于促进儿童多方面的发展。

（三）日常生活中的渗透性语言教育

发展幼儿的语言表达能力，不仅是语言教育的主要目标，而且是其他各种活动的目标之一，《纲要》中指出：语言能力是在运用的过程中发展起来的，发展幼儿语言的关键是创设一个能使他们想说、敢说、喜欢说、有机会说，并能得到积极应答的环境。日常生活和游戏为学前儿童提供了大量的语言交往机会，使儿童通过实践，练习巩固、理解和运用语言。日常生活和游戏还为幼儿提供了有关各种事物和人际交往的丰富经验，为幼儿的语言活动积累了素材。通过日常生活中的一些主题活动，教师可以对幼儿的语言学习进行有针对性的指导。

1. 日常生活中的语言教育

（1）把握日常生活活动，挖掘随机性教育契机。

第一，利用日常交往情境，指导幼儿学习语言。教师应不失时机地利用发生在日常生活中的自然的交往情境，对幼儿进行语言指导。如晨间接待让幼儿说说途中的见闻；让幼儿互相观察衣着服饰，比较它们的颜色、样式和质地等，丰富相应的词汇；自然角里，让幼儿观察并描述植物的样子，丰富更多的名词和形容词。教师还要随时发现日常生活中的教育契机，如注意发现幼儿的点滴变化，并使其成为小朋友的热门话题；请外出归来的幼儿讲讲见闻；请大家说一说今天谁缺席，并猜测原因；若遇到天气异常，就让幼儿描述天气的变化或说说雨景、雪景等。

第二，建立生活常规，提高幼儿理解语言和执行语言指令的能力。教师应在帮助幼儿建立生活常规的过程中，提高幼儿理解语言并按照言语指令行动的能力。如进餐前要求幼儿如厕、洗手；进餐时要求幼儿不讲话、不撒饭、不挑食；游戏之后，要求幼儿整理玩具和材料等。

第三，自由游戏中的语言学习。为儿童提供机会，运用语言与同伴进行交往，包括同伴之间的语言交际与合作、分享中的语言调节作用，同时在游戏内容、游戏同伴、游戏材料等选择过程中，运用语言指导并调节自己的行动。此外，自由游戏为儿童创设了发展自我中心语言的有利情境，这是其他活动所难以提供的，而自我中心语言是社会交际语言发展的基础。

第四，通过区域活动发展幼儿的交往语言。语言角的主要作用是让幼儿练习口语表达，图书角可以给幼儿提供阅读的基本素材。活动区的设立为儿童自主选择游戏内容提供多种可能性，同时也增加了儿童之间的交往机会。教师要鼓励儿童之间的谈话，并利用巡回指导的机会引导儿童扩展谈话内容。

第五，运用能够引发对话的问题与回答。教师在与幼儿各种语言交谈过程中，有两方面需注意：一是要提开放式问题；二是要以扩充的方式回应孩子们的问题。提开放式问题的目的是让孩子了解许多问题不止一个答案。同时，开放的问题还可以引发更多的交谈，从而促进语言发展。如果教师所提的问题只有一个答案，答案明了，对话停止。回应孩子们的问题，或是回应他们所说的某件事时，教师应当尽可能扩充孩子们的语句，因为这种扩充对于丰富孩子们的语言是比较有效的。

以下三种情形可能会影响师幼互动的效果：

第一，幼儿教师重"提问"，轻"互动对话"。提问反映儿童最真实的声音，是儿童自然天性的内在规定。课堂教学观察发现，幼儿教师提问的频次约占99%，幼儿提问不到1%，儿童回答问题较多但主动提问、质疑和商讨的机会少。师问幼答的"一边倒"，体现了教师的"主导"地位不可动摇。一旦幼儿已经习惯于"被操控"，则很难形成对学习发自内心的自主自愿的积极性。

第二，"前排居中效应"影响提问的覆盖率。前排和中间的幼儿距离教师近，获得回答问题的机会多，获得的鼓励和表扬比较多，自然而然，自我激励、展现自我的表现动机强烈，进而导致良性循环并产生自信，这就是"前排居中效应"，也就是亚当斯和比德尔所说的课堂师生语言交流的"活跃地带"和"优势区域"。

第三，提问的形式多变，效果会更佳。

【案例】 大班故事《小猫钓鱼》中的提问

　　叙述性提问："小猫是个怎样的孩子？"
　　假设性提问："如果小猫一心一意钓鱼，将会怎么样？"

选择性提问："小猫和猫妈妈，你更喜欢谁？为什么？"
比较性提问："猫妈妈和小猫有什么不同？"

【分析】儿童喜欢变化，教师提问越灵活多变，幼儿参与的积极性越高。曾经见过每天几乎一模一样的开场白："小朋友们，猜猜看，今天老师给你们带来了什么好东西呀？"接下来教师呈现藏在手里的树叶，放在口袋里的手套，一个神秘的盒子等。这样孩子们势必会觉得"不新鲜"。

教师提问方式、类型、数量应注意灵活多样，甚至完全可以依据教师的个人教学风格而变化。还以《小猫钓鱼》为例，一位上岗不久的新教师提问："蜻蜓飞来了，小猫做了什么？"孩子们比较有兴趣地发言。教师再问："蝴蝶飞来了，小猫又做了什么？"孩子们的兴奋程度递减。教师继续问："还有谁呢？"此种创编故事的过程比较沉闷，只能草草收场。如果改成："小猫还是没有钓到鱼，唉，怎么回事呢？""你最想变成什么小动物来找小猫呢？"这样的提问能激发孩子们的好奇心，会使活动的效果更好。

（2）创造多向互动的情境，营造口语交际的氛围。

首先，让孩子想说。依据幼儿喜欢被表扬和喜欢小礼物的特点，用鼓励的方式、互相激励的办法让幼儿产生说的欲望。如对于能积极发言的幼儿及时地用拥抱、送大拇指、鼓掌等方式给予肯定，同时以点带面地激发其他幼儿也积极发言；针对个别性格内向的孩子，不急于要求他同其他孩子一样一开始就能站出来说，而是进行个别交谈，一步一步地去引导，帮助其克服心理障碍，使其从和其他小朋友一起说到独立说，从大声地说到大方地与人交谈。

其次，让孩子敢说。其实有些孩子不是不想说，而是不敢说，因此教师应为幼儿提供多种表现自我的机会，来逐步消除幼儿独立表现的恐惧，增强幼儿大胆表现的欲望。如开展"开心小主持""餐前播报""故事大王"等活动，让幼儿学会把生活中的所见所闻通过语言传达给周围的人，体验分享的快乐，同时也培养幼儿倾听的习惯，提高幼儿的表达能力，树立幼儿的自信心。

再次，让孩子会说。在孩子想说、敢说的基础上引导孩子说得体的话，也就是把要说的话讲清楚、讲完整、讲得生动而贴切。

如图3-1所示，教室或活动室中，较之单项交流和双向交流，以教师为主导，幼儿为活动主体的师幼多边互动效果最佳，即形成师幼之间、幼幼之间、群体之间互动。

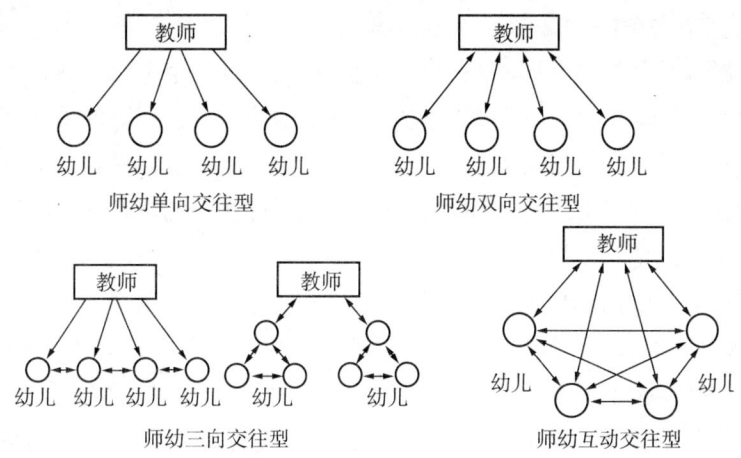

图 3-1 师幼多边互动的示意图

促进师幼互动。师幼互动是教师与幼儿之间一种相互交流与沟通的方式。教师需要特别注意：第一，坚持每天和每个幼儿交谈。第二，为幼儿提供语言示范。如进餐前教师向幼儿介绍当日的食物："今天的午餐有一道特别好喝的汤，叫'青菜肉丸汤'，绿绿的青菜叶里含有丰富的维生素，吃了会使我们的皮肤变得更好；裹了鸡蛋的肉丸子鲜嫩爽口，吃了会使我们变得更加聪明……"此外，教师还要通过交谈来调整幼儿的语言表达方式，帮助幼儿在交往中积累表达的经验，培养口语表达的良好习惯。第三，耐心倾听幼儿谈话，及时给予鼓励和纠正。教师与幼儿的交谈应是一种温馨的、亲子式的交谈，不可随意甩一句"去去去，走远点"，破坏幼儿说话的愿望。

促进幼幼互动。幼幼互动是幼儿与幼儿之间相互交流与沟通的方式。首先，给幼儿尝试用语言解决问题的机会。幼儿在交往的过程中产生矛盾和争执是很正常的，这时，教师不必因担心或紧张而一语定案，应该给幼儿尝试运用所学语言技巧来协调解决实际问题的机会，帮助幼儿在主动的协调中成为语言的建构者。其次，不要随意打断幼儿之间的谈话。要使幼儿说话文明、有礼貌，教师要力求使自己说话规范、内容健康；在对待幼儿说话的态度上要善于及时反馈，不随意打断幼儿说话，特别是在个别幼儿说话不清楚，东一句西一句，断断续续不连贯时，不要表现出不耐烦和不想听的态度，这种消极而生硬的态度很可能被幼儿模仿而形成不礼貌的交际行为。最后，不要一味强调教室或活动室的安静来阻挠幼儿交谈。

促进群体之间互动。群体之间互动是指两个或多个幼儿群体之间积极、主动的交流与沟通。这是一种层次更高的互动，因而对幼儿的语言要求也更高，因为每个人都是群体中的一分子。日常生活中，教师可以采取小组与小组互动的方式，组织幼儿进行讨论、打擂台或辩论等。如教师可组织幼儿欣赏中小学生唇枪舌剑、针锋相对的辩论场面，使幼儿懂得辩论不仅要善辩和巧辩，更要以理服人。在此基础上，寻找幼儿喜欢并能发挥的题目，让幼儿试着组队辩论。

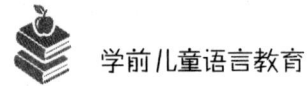

2. 通过常规主题活动发展幼儿的语言

常规主题活动是指幼儿园组织幼儿定期参加的、围绕某个话题展开的语言活动。得当的常规主题活动可以调动幼儿的热情，丰富幼儿的语言，锻炼幼儿的语言能力。语言专题本身来源于幼儿日常生活中的交往形式及活动内容。专题性的语言活动不仅可以丰富幼儿一日活动的内容，而且还能为幼儿开辟崭新的语言学习的空间。

日常生活中的语言专题活动的特点：有相对固定的活动时间，有相对固定的中心话题，有多种多样的活动形式。

语言专题活动的常见形式：周末评议（夸一夸、议一议等）；天气预报（预报天气、记录天气、提醒注意事项等）；新闻播报（播报一日三餐菜单、重大发现、新书推荐、个人见闻、家庭信息等）；学做广告（学说广告词、模仿广告表演、创编广告等）；专题调查和访问（幼儿访问、专题调查等）；讲笑话（笑话、滑稽表演、编顺口溜、学说相声等）。

思考与练习

幼儿语言教育活动的途径有哪些？

第四单元　学前儿童听说游戏活动

> **学习目标**
> - 了解幼儿听说游戏的概念及特征。
> - 了解幼儿听说游戏活动的教育目标。
> - 掌握幼儿听说游戏活动的基本结构。
> - 能够运用教学理论分析具体的听说游戏活动案例。

模块一　学前儿童听说游戏活动概述

一、听说游戏活动概述

真正的游戏其本质属性即"自发性",是指儿童自发的、由儿童内部动机所控制的行为,这样的游戏没有明确的目标,也没有人组织。所以,语言游戏是指在语言发展过程中自发地玩弄和操练语音、语词的一种现象。例如,在儿童成长过程中会出现这样的现象,不会说话的婴儿有时会自己发出一连串的音节,如"a—a—ba—ba—ba—bei—au—bei—bigu""bi—bi—a—a—""wa—xita—buwa—i—i—"。刚会冒话的孩子有时会自言自语说一些成年人听不懂的字音,而且说完自己会很高兴;有时3~4岁的幼儿在与同伴一起游戏时,嘴里说一些让他们自己感到兴奋的话语,如"地都打打几古,地都打打几古,呜哇呜哇呜,呜哇哇的其其……""噼里啪啦嘟嘟嘟,噼里啪啦嘟嘟嘟,库库气气笃气笃,笃气气气笃——笃……"还有些孩子以古诗词、歌词、民谣等为蓝本随意改造,如"小白兔,白又白,打它一下不回来,你吃萝卜它吃菜,你是一个大奇怪,大奇怪呀大奇怪……",甚至有的内容让成人听到会感到莫名其妙,若加以干涉他们则说得更起劲儿。

但幼儿园的听说游戏活动与此有较大区别,需要我们从专业的角度客观、科学的认识,从儿童言语发展规律和听说游戏活动的特点方面理性把握,才能在教育实践中发挥听说游戏活动的作用,做好培养幼儿语言发展的工作。

（一）听说游戏活动的概念

听说游戏是幼儿园一种特殊形式的语言教学游戏，是由教师根据本班幼儿听、说能力的发展而设计组织的、以发展幼儿倾听和表述能力为主要目标，幼儿感兴趣并乐于参加的一种教学游戏。在游戏的过程中追求一定的结果，希望幼儿能通过游戏增强倾听的意识和能力、丰富词汇或者掌握一些句式等。同时，在进行整个游戏的过程中，也需要教师的组织和指导。因此，听说游戏活动是指在教师的组织和指导下以发展幼儿语言为主要目的的一种有规则的游戏，其实质是一种"游戏化"的教学活动。儿童自发产生的语言游戏，通常参与人数较少，有时是儿童个人的行为，有时是两三个孩子在一起玩。而听说游戏活动则常常涉及到全班的幼儿，有全员参与的特点。

针对幼儿好奇心强，目的性、坚持性差的特点，听说游戏活动把语言教学的任务和幼儿喜爱的游戏方式巧妙结合，使幼儿在轻松有趣的气氛中愉快地进行语言学习，最大限度地激发幼儿说话的积极性和主动性，培养幼儿口语表达的能力，真正达到"教学游戏化"的目的。

听说游戏的内容主要集中在听（对言语的理解）和说（口头表达）两方面，活动形式采用游戏的方式，侧重训练幼儿口语的一种教育活动。由于采用游戏形式吸引幼儿参与到口语训练活动中，虽含有较多的规则游戏成分，但幼儿在愉快的游戏气氛中能积极地完成语言学习任务。

【案例一】

为了培养小班幼儿掌握、运用词汇的能力，教师组织幼儿开展游戏"摘果子"。教师说："秋天到了，果园里的果子成熟了。长颈鹿来到果园里，发现了一个苹果，于是它说了一句话……请小朋友猜猜长颈鹿说了一句什么话？"小朋友的回答如下："一个大苹果。""这苹果真大。""这个苹果一定很好吃！""又大又甜的苹果。""一个又圆又大的苹果。""我把它摘下来吃。""拿回家给妈妈吃。"之后教师又请幼儿扮演小动物到果园摘果子，摘到果子以后要说一句完整、好听的话，可以说给小朋友听，也可以说给教师听。幼儿玩尽兴了，活动也自然结束了。

【分析】活动开始教师设置了"秋天的果园"的情景，让幼儿有好奇感，长颈鹿的出现加强了幼儿的兴趣，猜长颈鹿说话调动了幼儿说话的积极性，也让幼儿交流、学习了很多言语信息，他们说的句子完整，句子中有名词、形容词、动词等，词汇很丰富。扮演小动物摘果子，既满足了幼儿游戏的需要，又实现了教师设计的"在一定的语境中，运用幼儿掌握的词汇说一句完整、好听的话"的活动目标。

（二）听说游戏活动的作用

听说游戏活动能够让幼儿感到愉快，在玩玩、乐乐中培养幼儿口语表达积极性，使幼儿在听和说的能力方面有所提高，同时对幼儿的认知、社会化发展等方面也会产生积极的影响。具体来说有以下作用。

1. 激发幼儿操练口语的兴趣

兴趣是幼儿学习的原动力。组织听说游戏首先由教师为幼儿设置听说游戏氛围，激发幼儿参与活动的兴趣。例如，在听说游戏"开商店"活动中，教师事先带领幼儿创设商店环境，把游戏需要的东西摆放起来。活动开始时教师说："小朋友喜欢玩游戏吗？今天我们来玩开商店的游戏，我们一起去商店逛一逛。"接下来让小朋友说说商店里都有哪些东西，练习"子"的正确发音，再让幼儿扮演不同的角色进行开商店的游戏，增加练习"子"的正确发音的机会。听说游戏就是以它生动、有趣的游戏氛围，吸引幼儿主动参与，使幼儿在没有压力的情况下轻松、自然、愉快地练习倾听、说儿歌，练习发音，学习句型、句式等，促进幼儿语言的发展。

2. 培养幼儿良好的倾听习惯

倾听，是将声音转换为意义的过程，它包括感知、理解、评价和反应四个阶段，是一个主动参与的过程。就幼儿的语言学习和发展而言，倾听是不可缺少的一种能力。只有学会倾听，善于倾听并乐于倾听，才能真正理解语言的内容，做出积极的反馈行为，掌握与人进行交流的技巧。

听说游戏将学习和游戏结合在一起。每个听说游戏都有游戏规则，教师将语言学习重点转化为一定的游戏规则，当幼儿参与活动时，必须遵守游戏规则，按照游戏规则进行游戏，所以幼儿必须先听懂游戏规则，听懂游戏指令，只有认真倾听才能很快参与到活动中。在幼儿园我们常会看到，掌握游戏玩法很快的是那些具有良好倾听习惯的幼儿，而不注意听或倾听能力差的幼儿就需要在教师、同伴的多次示范、指导下才能逐渐掌握游戏规则，学习效率低。由此看来，倾听行为的培养是十分重要的。听说游戏促进幼儿主动、积极倾听，培养幼儿倾听能力的作用是十分明显的，因为听说游戏的氛围使幼儿置身于游戏情景之中，对游戏强烈的兴趣，使他们能够主动、认真地听教师讲解游戏规则和指令，逐渐养成良好的倾听习惯。

3. 促进幼儿口语表达能力的提高

幼儿口语表达能力的培养是幼儿园语言教育目标的重要组成部分。听说游戏的教育目标之一就是帮助幼儿在游戏中按照一定的规则进行口语表达练习，包括语音练习、词汇练习、句子语法练习和描述练习。如听说游戏"开商店"，帮助幼儿正确发出"子"的字音；听说游戏"美丽的花"，要求儿童用形容词描述花的样子，幼儿根据教师提供的图片，结合自己已有经验，说出"红红的花""鲜艳的花""美丽的花""带水珠儿的花""又红又大的花""红红绿绿的花""各种各样的花""香喷喷的花"等，教师还让小朋友边说边做动作。在游戏过程中，幼儿认真倾听同伴的发言，获取有益的经验，掌握了更多的词语。在教师的引导下，幼儿根据已掌握的听说游戏来创编儿歌、对话、动作等，丰富和发展了原有的游戏。小朋友玩自己创编的游戏，兴致越来越高，在创编过程中幼儿的口语表达能力又得到了进一步的发展。

4. 有利于幼儿智力的发展

语言既是幼儿学习的内容，又是向幼儿进行各种教育的重要工具，它在幼儿教育的全过程中起着极其重要的作用。乌申斯基说过："语言是智力发展的基础，也是所有知识的宝库。"心理学家也普遍认为，儿童早期语言能力的发展，是他们智力发展的重要标志。听说游戏是幼儿运用智力的活动，是发展幼儿智力的重要手段之一。在听说游戏进行过程中，各种学习任务是通过新奇、形象、生动、有趣的游戏形式向幼儿提出的，幼儿按教师的要求、游戏的规则读准语音、掌握词汇，把意思表达得正确、完整、连贯，这一过程本身就需要感知、记忆、思维、想象等智力因素的积极参与：语音需要感知，词汇需要记忆，语义需要理解，等等。因此，听说游戏是幼儿智力得到发展的良好手段和方式。

5. 增强幼儿的社会行为

听说游戏为幼儿提供了充分的社会交往的机会，能引导幼儿良好的社会行为。幼儿园里的听说游戏往往是在一定的集体范围内开展的，这就为幼儿社会性交往行为的发展提供了良好的时机。当前的幼儿多为独生子女，他们大多娇惯任性、随心所欲，以自我为中心，不懂得谦让、宽容、谅解别人，更不会主动关心、爱护他人，因此不能发展起良好的同伴关系。在听说游戏活动中，教师为幼儿创造了宽松、和谐的同伴氛围，幼儿在游戏中通过如何分配角色、如何分工合作，学会尊重他人等，使幼儿初步学会如何与人交往等社会性行为技能。

同时，听说游戏还可促进幼儿规则意识的形成。游戏都是有一定规则的。由于身心发展水平所限，幼儿的自制力差，规则意识比较淡薄。但是，游戏本身往往是幼儿比较喜爱的，对他们是有吸引力的，他们会表现出较之他们的年龄较高水平的意志行为，愿意服从游戏的要求。因此，在游戏中，教师要有意识地强化规则意识，要使幼儿逐步体会到活动规则对活动本身的保障作用，在活动中让幼儿知道应该学会克制自己的情绪，这样就会逐渐树立起他们的规则意识。

【案例二】

一个小朋友在"过家家"游戏中，独自抱着娃娃喂饭，一边喂一边说："好好吃饭！不要把饭含在嘴里，要一边嚼一边咽，快吃，要不，饭就凉了。"喂完饭，又把娃娃放在小床上，盖好小被子说："吃完饭要睡觉，不要乱动，乱动你会掉下来的。你呀，不要踢被子，要不会着凉生病的，还要上医院输液、打针，很痛很痛，你会哭的。好乖乖，快快把眼睛闭好，嘴巴也不要出声了，妈妈给你讲个故事，好好睡一觉吧。"

【分析】游戏对于幼儿来说是他们最早、最基本的交往活动，也是对于生活适应的演练。幼儿在游戏中，常常用口头语言表达自己的情感与愿望，边想、边玩、边说。幼儿在游戏中常常需要将自己看到的、听到的以及自己的主观愿望或要求、想法等转换成语言，有的时候是根据别人的意思做出口头语言上的反应。游戏就是他们自己的世界，在这个世界中他们有机会满足自己的要求和愿望，口头语言表达能力也得到了实际的练习，从而达到情感、语言与社会性发展的平衡。

二、听说游戏活动的教育目标

听说游戏是采用游戏方式开展的教学活动，语言教育目标主要有以下几个方面。

（一）在听说游戏中培养幼儿学习倾听

倾听能力的培养是听说游戏的重点。按照《指南》要求，循序渐进地培养幼儿掌握倾听技能，逐渐使幼儿能听懂教师讲解的游戏规则，听懂游戏指令，准确地把握和传递有细微差别的语言信息。

（二）帮助幼儿按照游戏规则进行口语表达练习

听说游戏规则即游戏重点内容，主要包括正确发音、排除方言干扰音等方面的巩固学习，即语音游戏；词汇方面主要有词汇组合、搭配、扩展运用的学习，即词汇游戏；尝试运用某些句式、句型等练习，即句子游戏；尝试运用完整、连贯、生动、形象的语言描述具体事物的描述性游戏。

（三）培养幼儿在语言交往中的机智性和灵活性

听说游戏具有真实的语言交往情境，在游戏中锻炼幼儿迅速领悟语言规则的能力，即听懂规则的速度；调动个人已有语言经验迅速编码的能力，即打腹稿的速度；迅速以符合规则的方式进行表达，即语言交往的机智性和灵活性。

【资料】　听说游戏活动的阶段目标

小　班	中　班	大　班
1. 乐意参加听说游戏活动，体验集体活动的乐趣	1. 有意识地倾听教师讲话，能听懂并理解多重游戏规则	1. 养成倾听的习惯，迅速理解游戏中较复杂的多重指令
2. 在教师的提示下能注意听教师讲话，能听懂并理解较简单的游戏规则	2. 学习较迅速地领悟游戏规则做出相应的反应	2. 不断提高幼儿倾听的精确程度，准确掌握和传递有细微差别的信息
3. 练习发音，发准某些难发的音初步掌握方位词及人称代词，学习正确运用动词	3. 在听说游戏中巩固练习发音，正确运用代词、方位词、副词、动词、连词和介词等	3. 按照规则迅速调动个人已有语言经验编码，并能迅速地进行语言表达
4. 在听说游戏中能基本按照规则运用简单句表达	4. 能运用比较连贯的、简单的、完整的合成句表达	4. 学习正确运用反义词、量词和一些关联词等，能说具有一定逻辑关系的、完整的合成句

三、听说游戏活动的特征

（一）听说游戏与游戏

从严谨的角度来说，听说游戏不是语言游戏，而是语言教学游戏。游戏与活动的区别主要表现在以下三个方面。

（1）控制。

活动的控制来自外部，既幼儿要按照教师的一些要求，在理解了教师的要求后再行动，不能按照自己的想法活动；而游戏则由内部控制，由游戏本身来掌控。例如听说游戏"开商店"中的"收银员"，要按教师的要求来扮演，不能按照生活中的收银员来扮演；而角色游戏"开商店"中的"收银员"，幼儿在扮演这个角色时，他的言语、行为只要与"收银员"的身份相符即可，不需要按照教师的要求扮演"收银员"。

（2）真实。

活动具有真实的特点，幼儿亲身参与听说活动，按照听说活动的玩法来听和说；而游戏是假想的现实，是把现实生活中幼儿熟悉、了解的某些人物、事件通过游戏模拟出来，游戏中的人、事、语言等均为假扮，孩子们常说"这不是真的，是假的，是假装的"，如硬纸板做的汽车、红绿灯为游戏道具，扮演不同角色——妈妈、警察、大灰狼、小白兔、树叶的角色等等。

（3）动机。

活动是由外部动机产生的，是教师用幼儿感兴趣的方式组织幼儿参加的，如游戏的口吻、新颖的教具或玩具，幼儿感兴趣的不是听说活动本身；而游戏则有明显的内部动机，游戏的内容和规则是幼儿了解、熟悉的，而且可以按照自己的意愿和想象自由地开展和参与。如听说游戏"落叶飘飘"开始时教师说"如果你是一片落叶，你会怎样飘落呢？请你们来学一学"，用听音乐做动作的方法引导幼儿进入活动。小朋友感兴趣的是模仿动作，后来又采用竞赛的方式，再用奖励的方式。可以说如果没有这些手段，幼儿也就没有描述落叶的积极性了。而游戏规则不同，一种游戏幼儿可以玩很长时间，反复玩，也不感到乏味，就是因为幼儿对游戏本身有强烈的喜爱和需要。

可以说听说游戏是一种教学与游戏相结合的教学活动。有一些幼儿感兴趣的听说游戏，在幼儿学会了玩法后，他们会在自由活动时自发地组织、开展，年龄稍大的幼儿还会在原来的玩法上有所创新。听说游戏的教学活动提供了由外部控制转向内部控制、由真实转向假想的情景条件，也提供了幼儿在活动中由外部动机激发转换为内部动机的机会。由此，我们将这种特殊的语言教育活动定义为"听说游戏活动"。

（二）语言教育目标内隐于游戏之中

听说游戏有明确的语言教育目标。每一个听说游戏都包含对儿童语言学习的具体要求，教师通过听说游戏的设计和实施，将近阶段儿童语言发展水平和语言学习需要作为听说游戏的目标提出，内隐于游戏内容和过程中，落实到能够被儿童理解和掌握的听说游戏过程中去。如相当一部分沈阳人在发音上"zhi、chi、shi、ri、z、c、s"不分，大班一些幼儿也存在"zhi、zi"不分的情况，听说游戏《开商店》目标之一就是要正确发出平舌音"子"。在游戏中买东西的"顾客"要正确发出"子"才能把东西买走，如果"收银员"没听出错误的发音把钱收下了，就要换别人当"收银员"。

（三）游戏规则即语言学习的重点

凡是听说游戏，都有一定的游戏规则。教师在设计听说游戏时，根据具体的教育目标，选择适当的语言学习内容，并将本次活动的语言学习重点转化为一定的游戏规则，规则可能是竞赛性质的，也可能是非竞赛性质的。当儿童参与听说游戏时，他们必须遵守游戏规则，按照规则进行游戏，这样才能在活动中锻炼幼儿某方面的听、说能力。如听说游戏"玩具博览会"，要想进入会场，必须得用"不但……而且……"句式说话，导购员要用这种句式介绍玩具，顾客要用这种句式买东西，售货员才能卖给你。通过这个听说游戏，帮助幼儿学会运用递进关系的句型，规则即学习重点。

（四）活动过程中逐步扩大游戏的成分

听说游戏活动兼有游戏和活动双重性质，从活动的组织形式看，具有从活动入手，逐步扩大游戏成分的特征。由于听说游戏活动带有明确的学习任务，活动开始时，教师需要帮助儿童理解活动内容，交代游戏规则，示范游戏玩法。然后带领儿童开展游戏，在儿童熟悉游戏玩法，逐步掌握游戏规则后，再放手让儿童独立游戏。应当说，听说游戏活动开始时，是以活动的方式切入，而最后是以游戏的方式结束，教师的主导作用在前半部分体现得最为明显，而后随着儿童游戏水平的提高而逐渐减少，直到儿童自主地进行游戏。如听说游戏"给妈妈送礼物"，开始要按照规则说量词，最后到"海洋馆"参观时，幼儿就能自然地运用"条"这个量词相互交流了。

四、听说游戏活动的主要类型

（一）语音练习游戏

这类游戏是以练习儿童正确发音，提高儿童辨音、发音能力为目的的一种活动。它的形式和结构都较简单。在听说游戏中，着重为儿童提供练习发音的机会，以利于儿童学习或巩固发音。可以让儿童着重练习他们感到困难的或容易发错的语音，如方言干扰音的练习、普通话声调的练习、发声用气的练习等。但每次练习的语音不要过多，以免难点不集中，影响儿童的学习效果。如小班儿童普通话发音的难点主要有zh、ch、sh、r、n、l几个声母，教师可以根据儿童的实际情况，选取这些声母与一定的韵母结合的音节，设计一些游戏活动，如小班听说游戏"山上有个木头人"，就较好地利用游戏形式帮助儿童掌握"山""三"难发的语音。

（二）词汇练习游戏

这类游戏是以丰富儿童的词汇和正确运用语汇为目的的。幼儿语言学习的一个重要方面是大量积累词汇，增加口语表达的内容。应该说，学前儿童的词汇是在日常生活过程中逐步积累、增长起来的，几乎没有一项研究能确切证明一个儿童每天究竟能习得多少词汇。用听说游戏的活动方式帮助儿童学习词汇，是专门培养儿童对词汇的敏感度，着重引导儿童练习词汇运用的经验。

【案例三】 游戏：××来

游戏目标：练习使用动词。

游戏玩法：教师说一句短语"××来"，然后幼儿在××后面加上一个合适的动词，如"汽车开过来"。例如，教师说"飞机来"，幼儿接"飞机飞过来"；教师说"太阳来"，幼儿接"太阳升起来"；教师说"雨点来"，幼儿接"雨点掉下来"；教师说"风儿来"，幼儿接"风儿吹起来"；教师说"我们来"，幼儿接"我们跑过来"。游戏可以采用抢答的方式进行，也可以让幼儿逐个回答。

游戏规则：以抢答的方式进行时，教师说完短语后说"开始"，幼儿才能往下接，否则算犯规。

【分析】 该游戏的形式和结构较简单，帮助儿童练习正确发言，有利于提高他们辨音、发音的能力。

【案例四】 游戏：词语接龙

游戏目标：丰富幼儿的词汇，培养幼儿思维的敏捷性。

游戏玩法：2～5人为宜。第一个幼儿说出任何一个词，然后第二个幼儿用第一个词的后一个字作为词头，再说出一个词，以此类推。例如，第一个人说"大树"，第二个人应以"树"为词头，可以说"树叶"，第三个人可以说"叶子"，等等，依次往下接。

游戏规则：（1）不能说重叠词；（2）允许想10秒钟左右，可以用数数计算时间；（3）接不上来的幼儿要表演节目，然后由他起头，再往下说。

【分析】 该游戏能够帮助儿童学习词汇，有利于培养儿童思维的敏捷性。

1. 同类词扩展的练习

在听说游戏过程中，按照一定的规则组织同一类词扩大，增加词汇的扩展练习。例如听说游戏"风"，要求儿童用不同的词语来描述风，儿童可以说"轻轻的风""暖暖的风""柔柔的风""冻人的风"（指导幼儿说"寒冷的风"）"发脾气的风""让人害怕的大风"等，还可以让幼儿边说边做动作、表情。再如《词语朋友》游戏，教师说出一个单音字的词，如草、树、花……让幼儿说出包括这个字的其他词来。教师说"花"，幼儿回答：红花、菊花、荷花、小花、开花、花朵、花蕊、花瓣……

2. 异类词搭配的练习

词汇的搭配通常与语言习惯有关，是一种社会约定俗成的表现，但也有一定的规则。例如，副词有明显的搭配规则，到中班阶段，儿童对副词开始产生一定的敏感性，在这个时期教师可以给他们提供听说副词的游戏机会，可以很好地帮助他们掌握一般副词的使用方法。此外还有介词（方位词）的学习等等，都可以通过听说游戏活动产生良好的教育效果。

（三）句子和语法练习游戏

学前阶段的儿童在语言学习过程中，大量的积累句型，按语法规则组词成句，这是他们语法习得和发展的重要阶段。一般来说，幼儿的言语是从简单句过渡到复合句水平的。学前阶段后期开始进入理解嵌入句的水平。无论是简单句还是复合句，都有多种类型的句式，要儿童理解、掌握、熟悉、运用都需要经过一定的练习。幼儿在日常生活中可能获得运用句法的机会，而听说游戏是有意识地帮助儿童练习，让他们通过专门的集中的学习，迅速地把握某一种句法的特点规律，并在尝试运用过程中提高熟练使用的水平。例如小班听说游戏"连连看，连连说"，儿童通过用"有……有……还有……"和"我送……给……吃"的句式学习句型。在游戏中学习句型，有一定的激励机制，儿童可以产生较高的积极性。

【案例五】 游戏：扩句游戏

游戏目标：能够使用修饰语。

游戏玩法：教师起头，说出一个词如"车"，然后进行击鼓传花，拿到花的幼儿进行扩展，如"自行车"，下一个拿到花的幼儿进一步扩展"我的自行车"，以此类推"车—自行车—我的自行车—我会骑我的自行车—我很早就会骑我的自行车了"。当下一个幼儿接不下去时，由他重新起头，继续扩展。

游戏规则：所说出的句子必须合理，例如"我会骑我的自行车"后面不能接"我会骑着我的自行车睡觉"。

【案例六】 游戏：圆圆歌

游戏目标：能说完整的句子，会添加相应的形容词。

游戏准备：太阳、气球的图片；实物小鼓、皮球。

游戏玩法：教师先示范句型"××圆圆×××"，然后请幼儿根据提供的图片展开联想，进行句式练习。例如，

什么圆圆红彤彤？太阳圆圆红彤彤。

什么圆圆响咚咚？小鼓圆圆响咚咚。

什么圆圆蹦蹦跳？皮球圆圆蹦蹦跳。

什么圆圆空中飘？气球圆圆空中飘。

游戏规则：必须按照示范的句式进行添加。

【分析】 以上游戏有利于帮助儿童学习语法，熟悉各种语言规则。

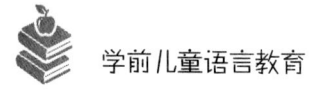

(四)描述练习游戏

这类游戏的目的是训练儿童用比较连贯的言语具体形象地描述事物,提高儿童的口语表达能力。它要求儿童言语完整、连贯,具有一定的描述能力。如大班听说游戏活动"可爱的小动物",让儿童正确运用已掌握的形容词来描述,并组成完整、连贯的一段话。教师出示"小鸡"图片,幼儿说形容词:小小的、团团的、毛茸茸的、眼睛黑亮亮的、嘴巴黄黄的、嘴巴尖尖的、脚像树杈似的、声音像小鸟一样好听……再用所说的词语组成完整连贯的一段话:小鸡长得小小的、团团的,它的毛是毛茸茸的,眼睛黑亮亮的,嘴巴黄黄的、尖尖的,脚像树杈似的,小鸡说话的声音像小鸟叫,非常好听,我喜欢可爱的小鸡!

【案例七】 游戏:猜猜他是谁

游戏目标:能认真观察,用语言描述出同伴的特征。

游戏准备:儿童围成圆圈在小椅子上坐好。

游戏玩法:游戏开始,每个幼儿都选定一名观察对象,记住他的性别、高矮、发型、衣着特征,然后面向全体幼儿描述该幼儿的特征。其他幼儿根据描述找出该幼儿。第一个猜对者,可以接着做游戏。

游戏规则:不允许边看边描述;不允许说出该幼儿的姓名。

【分析】 该游戏可训练儿童具体描述事物的能力。

思考与练习

1. 听说游戏的特征是什么?
2. 听说游戏有哪几种类型?

模块二 学前儿童听说游戏活动指导与案例分析

一、听说游戏活动的基本结构

(一)创设游戏情境,激发幼儿兴趣

活动一开始激发兴趣非常重要。教师需要调动一些手段和方法创设游戏情境。如利用物品、动作或语言等手段创设游戏情境,目的在于营造游戏氛围,向幼儿展示听说游戏内容,引发幼儿参与活动的兴趣。

1. 用实物创设游戏情境

使用一些与活动有关的物品,如废旧实物、日用品、玩具、玩偶、教具等,布置游戏的场景,制造游戏氛围,引发幼儿参与游戏的兴趣。

案例"开商店",先在活动室一角布置出商店的环境,摆放和游戏有关的物品;"给妈妈送礼物"就直接出示实物;"玩具博览会"也是先在班级进行布置。这样做的目的就是营造游戏氛围,激发幼儿参与活动的积极性。

2. 用动作创设游戏情境

结合听说游戏的内容,教师可以自己做或让幼儿做模仿动作、表演动作、滑稽动作等,让幼儿想象游戏的角色及其活动的场所,进而产生游戏的气氛。

案例"落叶飘飘"就采取让幼儿听歌曲然后用身体动作表现落叶的方法,引导幼儿进入活动。

3. 用语言创设游戏情境

教师通过小故事、儿歌、谜语、直接描述、指出游戏中角色以及所处的环境等语言方式创设游戏情境。比如小班听说游戏活动"水果在哪里",教师直接对小朋友说"秋天到了,水果丰收了,我们和小动物一起到果园里去摘果子吧!"用语言的方式引导儿童进入角色,营造游戏的气氛,达到创设游戏情境的作用。

在这一环节教师选择某种方法、手段,一是要考虑听说游戏的内容,二是要考虑本班幼儿对这一方法能否感兴趣,三是要用最短的时间来激发幼儿兴趣,然后过渡到下一个环节。

(二)交代游戏规则,明确游戏玩法

这一步骤的目的是让幼儿明确游戏的玩法,知道游戏怎么玩。教师通过讲解和示范相结合的方式,帮助幼儿理解游戏的规则和玩法。

教师在交代游戏规则时要注意以下三点。

1. 语言应简洁明了

幼儿的认知能力较差,对于冗长的话语难以记忆和理解,而且幼儿注意力集中的时间短,所以教师的语言必须简洁明了、通俗易懂,要尽量使用幼儿能听懂的词句和幼儿喜欢的简短句式进行讲解。在交代游戏规则时,切忌啰嗦、冗长的解释,以免幼儿抓不住要领,不能及时领悟、理解游戏规则,影响游戏的进程。

2. 要讲清楚听说游戏的规则、要点和游戏的开展顺序

听说游戏的规则一般都是游戏中幼儿要按照规范说出的话,教师应当让幼儿明白说什么和怎样说,以便他们能够在参与游戏时付诸实施。同时要帮助幼儿弄清楚游戏开展的顺序,先做什么,后做什么,什么角色做什么。听清楚、弄明白游戏玩法,他们才能顺利地开展活动。

3. 用较慢的语速讲解和示范

教师在交代游戏规则时使用的语言速度应当相对慢些。尤其是针对游戏规则回答问题或说一句话时,一定要保证让幼儿听清楚,因为这种语言带有示范的性质。

案例"落叶飘飘"在这个环节是怎么设计的?对了,先让拿同一种树叶的小朋友坐在一起交流树叶的颜色、形状、飘落的姿态,然后教师请每个组一名小朋友发言,

之后再让幼儿听音乐观察、模仿落叶的姿态,准备用语言完整、连贯的表达。游戏的要点清楚,程序安排得有序。

案例"打电话"这个环节是怎么设计的?请同学们分析一下。

(三)教师引导幼儿游戏

这是以教师为主导指导幼儿游戏的过程。在这段时间里,教师充当游戏中的重要角色,主导游戏的进程。此时,可以让一部分幼儿参与游戏过程,使另一部分幼儿有观察、熟悉游戏的机会,然后进行轮换。也可以是全体幼儿参加游戏的一部分,待幼儿熟悉游戏的规则和玩法后再进行完整游戏。

案例"给妈妈送礼物"在这个环节教师先扮演妈妈,便于指导小朋友按规则说量词,"开商店"中教师扮演经理,可以和"收银员""理货员""顾客"对话。"玩具博览会"中,教师是怎么做的呢?

教师指导幼儿游戏,有利于幼儿在活动过程中,熟悉游戏规则,进一步明确和掌握游戏的玩法,掌握在游戏中运用语言交往的基本思路,为顺利进入到独立开展听说游戏做好充分的准备。

(四)幼儿自主游戏

在幼儿自主游戏的阶段,教师可以放手让幼儿自己开展活动。此时,教师从游戏的领导者变成观察者。在观察幼儿游戏时,注意对个别不熟悉规则和玩法的幼儿及时点拨,帮助这些幼儿更快地加入游戏中去。教师还要注意及时解决游戏中可能出现的矛盾和纠纷,以免因角色分配不当或其他问题影响游戏顺利进行。教师对幼儿游戏行为的评价和态度能激发幼儿游戏的积极性,促使幼儿更加主动、积极地活动,圆满地完成听说游戏的教育任务。教师还可以是幼儿游戏的伙伴,平等地参与游戏,享受游戏过程,使幼儿对游戏的热情更加高涨。

幼儿自主游戏的开展形式,可以根据游戏的具体内容来决定,常见形式有以下几种。

1. 以集体活动的形式进行游戏,全班儿童均可参加

游戏常常以"教师一对多"的形式或"幼儿逐个参与"的形式进行。在这种集体活动的形式下,游戏的氛围会比较浓厚,但是效率却比较低,往往会造成部分儿童等待时间过长的现象。

2. 形式多样,自由结合

以小组的形式开展游戏,教师可以让幼儿自由结组,选择适当的场地进行活动。这种形式增加了幼儿参与游戏的机会,但是由于小组过于分散,教师观察、评价幼儿活动情况的难度会随之增大。

另外,在幼儿自主游戏的过程中,教师应注意以下事项:

如果说在"教师引导幼儿游戏"环节中,教师是整个游戏的领导者的话,那么在"幼儿自主游戏"环节,教师就应该从领导者身份退出,处于旁观地位,让幼儿真正成为游

戏的主角，让他们尽情游戏。只要游戏能够顺利进行，教师就不应进行过多指导和干涉。

教师要注意督促幼儿遵守游戏规则，如发现有不遵守规则的情况，应及时分析原因，分别处理。如果幼儿对规则还不了解，就应补充示范讲解；如果幼儿玩得兴奋，忘了规则，就应给予提醒；如果幼儿故意犯规，就用游戏的口吻，按规则处罚。总之，教师应及时解决游戏中出现的矛盾和纠纷，以免影响游戏顺利进行。

尤其是对幼儿在游戏中的良好表现，如发言积极、反应迅速、遵守规则等，应给予积极的肯定。因为教师的评价和态度能激发幼儿游戏的积极性，促使幼儿更加主动、积极的活动。

二、听说游戏活动设计与实施中应注意的问题

（一）教师可选择听说游戏，也可自己创编

为充分发挥听说游戏活动的教育作用，教师应有目的、有意识地去选择高质量的听说游戏，并设计成语言教育活动方案。此外，教师还可以根据本园或本班幼儿的语言发展水平，自己创编听说游戏，将语言教育的目标巧妙地渗透到游戏中。例如，当教师发现本班幼儿发音时"舌尖音"存在的问题较多，就可以设计一个语音游戏，将幼儿容易发错的舌尖音反复呈现在游戏中，让幼儿在游戏的情境下反复发音、不断练习。

（二）创设游戏情境应适时、适度

听说游戏活动一开始，教师就应创设游戏情境，迅速吸引幼儿的注意力，激发幼儿参与活动的兴趣。这一环节的时间不宜过长，以两三分钟为最佳。这是因为，一，如果导入环节过长会显得整个活动过程主次不分，重点不突出；二，幼儿的注意力容易分散，导入时间过长会影响儿童对后面游戏规则掌握的积极性和稳定性。

适度是指创设情境要针对幼儿的年龄特点，并非越新奇越好。如果是年龄较小的幼儿，其思维更加具体、形象，所以教师应利用巧妙的方式或者利用动作、实物直接激发儿童兴趣。而对于中大班幼儿，则可以使用语言的方式直接创设情境。例如大班听说游戏"接车厢"，教师在活动开始创设游戏情境时运用了这样的提问："小朋友们，你们见过火车吗？火车是什么样子的？它由什么组成？今天我们大家一起来玩一个游戏叫'接车厢'。"教师的引导语简洁、明了，利用幼儿的生活经验引出游戏名称，能够吸引幼儿的注意力，激发幼儿对游戏的兴趣。

（三）给幼儿充分的游戏时间，充分发挥幼儿的主动性

幼儿听说游戏活动设计与实施的基本步骤一共分四步：第一步，创设游戏情境，引发幼儿兴趣；第二步，交代游戏规则，明确游戏玩法；第三步，教师引导幼儿游戏；第四步，幼儿自主游戏。教师要认识到，第四步"幼儿自主游戏"是整个活动的重点和主体部分，前三个步骤只是为幼儿自主游戏奠定基础。教师应给幼儿充分的游戏时间，让他们真正进入游戏情境，反复练习，从而实现教育目标。切不可虎头蛇尾，让幼儿草草游戏一会儿就结束活动。

在自由游戏环节，为了增强游戏的趣味性，可以在原有游戏的基础上进行发展和创造。例如游戏"词语接龙"，游戏的基本玩法是幼儿 A 先说出一个词，如"大树"等，然后幼儿 B 以"树"字作为开头接"树林"等，以此类推。幼儿能够熟练进行游戏后，可以在接龙时将词语进行有节奏的重复并加上拍手动作，例如，以四二拍的节奏说"大树呀大树"同时拍手两下，然后下一个幼儿接"树木呀树木"同时拍手两下……

（四）游戏结束时可组织评议

在游戏活动结束之后，可以组织幼儿对活动进行评议。这一环节的目的在于引导儿童自发自愿地进行交流、讨论，积极表达情感、共享快乐、提升经验，同时激发儿童再次参与游戏活动的欲望。

教师要鼓励儿童把自己在游戏活动中的感受和体验表达出来，与同伴交流分享；也要抓住儿童的闪光点进行重点讲评，加以鼓励，或指出儿童应该努力的方向；还可以就游戏活动中出现的问题或困难提出讨论，让儿童大胆发表自己的见解，商量解决等。评价不仅能增强儿童对游戏的兴趣，同时也能使儿童在交流中共同提高。

总结评价可以多角度进行，既可以从儿童的游戏表现角度进行总结评价，还可以从遵守游戏规则的角度进行评价。评议可以由教师来评，教师进行评议时要有目的、有重点、时间不宜过长。此外，也可以由幼儿自评或同伴间互评。儿童评议时的发言也有利于发展儿童的口语表达能力。

三、听说游戏活动案例分析

【案例一】 中班听说游戏"开商店"

活动名称	开商店
活动类型	听说游戏——语音练习
活动目标	1. 注意听教师讲话，能够按照规则游戏。 2. 练习正确发出平舌音——"子"，说话口齿清楚。 3. 在活动中巩固对数含义的理解
活动准备	将活动室一角布置成商店，物品按不同类摆放，每种东西数量不等。 1. 实物——镜子、梳子、剪子、扇子、尺子、刷子、筷子、勺子、袜子、裙子、裤子、帽子、扣子。 2. 水（干）果——柿子、桃子、李子、果子。 3. 玩具——狮子、猴子、兔子、房子、桌子、椅子。 4. 1元、2元、5元、10元的卡片纸币若干。 5. 购物筐、购物袋若干。 6. 价签

活 动 过 程

		教师活动	幼儿活动	课后效果分析
创设游戏情境	时间 2分钟	小朋友，大家喜欢玩开商店的游戏吗？今天老师和你们一起玩。 走，我们现在就去逛商店。	坐在自己的小椅子上。 跟教师到"商店"	营造氛围

续表

		活 动 过 程		
		教师活动	幼儿活动	课后效果分析
交代游戏规则	时间6分钟	1. 小朋友，商店里的东西真多啊！看看都有什么？（教师拿3~4种东西，每拿一种东西让小朋友说物品的名称，强调"子"的发音，集体、个别幼儿重复练习。） 2. 开商店得有什么角色啊？对了，得有收银员、理货员，还有经理。收银员不但要收钱，还要听顾客说得对不对，说对了，才能让顾客买走东西。顾客说得不对还买走东西，那就换别人当收银员了。理货员得怎么为客人服务啊？对，理货员要知道每样东西是多少钱，问顾客要买什么，买多少，帮顾客挑选。经理做什么啊？对，经理要检查理货员、收银员的工作	看老师拿的东西，说出名称。（集体、个别练习） 收银员、理货员，还有经理。（听教师讲规则） 理货员要热情，帮顾客拿东西。 经理检查工作	明确规则
引导幼儿游戏	时间4分钟	1. 谁愿意当收银员啊？谁愿意当理货员？老师先来当经理，其他小朋友来当顾客好吗？我们一起来玩开商店的游戏吧。 2. 教师参与游戏进行指导，帮助发音不准确的幼儿，指导理货员、收银员与顾客说物品名称，练习说"子"的发音。 3. 小结幼儿遵守游戏规则情况	选三名幼儿当收银员。 选三名幼儿当理货员。 大多数幼儿当顾客，到教师那儿取卡片。 按自己选择的角色进行游戏。 听教师说话	激发幼儿兴趣，练习发音
幼儿自主游戏	时间8分钟	1. 刚才有的小朋友想当经理，还有的小朋友想当收银员和理货员，下面我们再来玩一次开商店的游戏。谁愿意当经理？谁愿意当收银员？谁愿意当理货员？老师也当顾客，和小朋友一起玩游戏。 2. 开始游戏。教师以平行角色重点指导几名幼儿练习正确发音	幼儿自选角色。 自主游戏	有针对性地指导幼儿发音

续表

	活 动 过 程		
	教师活动	幼儿活动	课后效果分析
活动延伸	自由活动时间，幼儿自主游戏		
分析	1. 创编此游戏的依据之一是《3～6岁儿童学习与发展指南》。《指南》明确指出"幼儿期是语言发展，特别是口语发展的重要时期。应为幼儿创设自由、宽松的语言交往环境，鼓励和支持幼儿与成人、同伴交流，让幼儿想说、敢说、喜欢说并能得到积极回应。"依据之二是本班幼儿喜欢玩开商店游戏，对当售货员、顾客买卖东西感兴趣，买卖东西时要花钱、收钱，和现实生活很贴近。有些幼儿在日常生活中说话口齿不太清楚，尤其是平舌音"子"的发音是错误的，因此创编了帮助幼儿正确发音的语音游戏。 2. 每一步的设计都考虑幼儿的兴趣、已有知识、经验、技能，运用不同的方式、方法，突出教学重点，达到每一步的目的，最终实现活动目标。 第一步，运用物品、语言的方法创设游戏情境，激发幼儿参与活动的兴趣。 第二步，先组织幼儿练习"子"的发音，突出教学重点，帮助个别幼儿解决发音难点。然后交代游戏规则，幼儿玩过开商店的角色游戏，容易理解游戏的玩法、规则。在选角色的时候，教师要把发音准确或不准确的幼儿安排好，以便达到活动目标。 第三步，教师扮演经理参与游戏进行指导，帮助发音不准确的幼儿，指导理货员、收银员与顾客说物品名称，幼儿在游戏过程中练习说"子"的发音。 第四步，幼儿自选角色进行游戏，教师以顾客身份参与游戏，用隐性指导法帮助幼儿正确发音，实现活动目标。 3. 活动准备既包括物质准备——场地、操作材料、物品等，又包括幼儿的知识、经验准备，他们学过10以内的数，认识10以内的数字，玩过角色游戏，为活动的进行打好了基础。准备过程调动幼儿参与，使他们成为活动主体		

【案例二】 大班听说游戏"给妈妈送礼物"

活动名称	给妈妈送礼物
活动类型	听说游戏——词汇练习
活动目标	1. 倾听教师和小朋友讲话，捕捉有用的信息。 2. 学习量词：束、顶、条、双。 3. 练习量词的运用，培养语言运用能力
活动准备	1. 实物：一束花、一顶帽子、一条围巾、一双手套。 2. 小图片（物品的量词是幼儿会运用的，其中有量词是条、双的物品）若干。 3. 活动室一角放图书和海洋馆图片

	活 动 过 程		
		教师活动	幼儿活动	课后效果分析
创设游戏情境	时间 4分钟	教师：母亲节就要到了，有几位小朋友给妈妈准备了礼物（出示实物）。 小朋友看看每种礼物有多少？ （幼儿在回答时如果量词错误，教师纠正，并让幼儿集体、个别重复。）	幼儿注意听教师说话、观察。 幼儿回答。 集体、个别练习说量词	学习量词，并表达对妈妈的爱

续表

活 动 过 程

		教师活动	幼儿活动	课后效果分析
交代游戏规则	时间6分钟	1. 我们在说每样东西有多少时，数字后面总有一个词，比如，一条围巾的"条"、一双手套的"双"……这些词就是量词。 2. 母亲节要到了，要是妈妈知道小朋友学会使用量词，一定会很高兴。咱们再来练习练习，看看咱班小朋友多能干。 （教师用小图片组织幼儿练习说量词。有错及时纠正，让幼儿集体、个别练习。） 3. 小朋友，你发现了吗，有些东西的量词是"双"，有些东西的量词是"条"。为什么呢？ 4. 下面我们就开始玩游戏了，请小朋友仔细听游戏的玩法： 我们先一起拍手说儿歌： 节日到，节日到， 幼儿园里真热闹， 花手套，清凉帽， 妈妈收到哈哈笑！ 5. 儿歌说完后，老师先扮演妈妈，你们拿出自己准备的礼物，对"妈妈"说：妈妈，祝您节日快乐！送您 "妈妈"接受礼物后说："谢谢宝贝！你送的 真漂亮！"然后妈妈带孩子去"海洋馆"玩	重复说：量词。 注意听教师说话。 看小图片集体、个别练习说量词。 发现成双的东西量词是"双"，细长条的东西量词为"条"。 练习说儿歌2～3遍。 安静地听教师介绍游戏玩法	幼儿按规则顺利、积极地玩游戏
引导幼儿游戏	时间7分钟	1. 给幼儿发放小图片。 2. 教师带领幼儿玩游戏。先说儿歌，然后按规则说话，之后一起到"海洋馆"，说说海洋馆里都有什么，有几个	跟教师一起玩一遍游戏	幼儿在游戏中学到了知识
幼儿自主游戏	时间8分钟	1. 小朋友，现在你们自己来玩游戏，两个或三个小朋友在一起商量谁扮演妈妈，谁扮演孩子。 2. 教师以同伴身份参与游戏，间接指导幼儿正确运用量词。 3. 大部分幼儿到"海洋馆"后，开始播放音乐，渲染气氛。 4. 和幼儿一起随音乐做模仿动作	自主游戏 到"海洋馆"后说看到的海洋生物，模仿它们的动作	幼儿能够自主游戏，享受游戏
活动延伸		制作小礼物。晚上妈妈来接的时候送给妈妈，提示幼儿说量词。提醒家长注意引导幼儿正确说量词		

续表

活动过程	
分析	1. 选编游戏的依据一是《指南》要求；二是本班幼儿对量词的运用感兴趣，他们在运用语言交流时喜欢尝试用量词，因此选择了生活中常用的"双、条、顶、束"这四个量词，如果幼儿学习起来感觉难度大，就以"双、条"这两个量词为主。活动时间由于接近"母亲节"，为了让活动价值最大化，确定了《给妈妈送礼物》题目，既让幼儿学习量词，又让他们学会一种表达爱妈妈的方式；三是最近孩子们对海洋生物感兴趣，大部分鱼类的量词也是"条"，所以把到海洋馆参观的情节也编排到了游戏中。 2. 活动准备在物质、知识、经验等方面做得要充分，以保证活动顺利进行，幼儿能获得正确、有益的经验。 3. 活动过程的设计在活动性、整合性方面突出了幼儿的主体地位，幼儿活动在先，教师指导在后，教师始终注意调动幼儿参与的积极性。 第一步，教师先说"母亲节就要到了，有几位小朋友给妈妈准备了礼物（出示实物）。"既让幼儿看到礼物，又暗含榜样的作用，接下来就进入学习阶段——说量词，先让小朋友说，然后教师纠正，再进行个别、集体练习，以保证幼儿认知正确。 第二步，先告诉幼儿概念，让小朋友明白刚才说的是"量词"，体验学习的快乐，接下来用小图片练习说量词，把小朋友会的和新学的量词进行集体、个别巩固，培养幼儿的语言运用能力，然后引导幼儿发现量词的特点，进行小结。这一环节之后再介绍游戏的玩法、规则。可以说各个环节的安排遵循了循序渐进的原则，让幼儿能较顺利地学习、开展游戏。 第三步，教师引导幼儿游戏，一是起示范、指导作用，让幼儿学会按照规则进行游戏；二是调动幼儿参与活动的积极性，幼儿喜欢和教师一起玩游戏。 第四步，让幼儿自主游戏，享受游戏的快乐。教师与幼儿平行游戏，让幼儿有游戏的感觉，在玩玩、乐乐中学习量词、运用量词

【案例三】 大班听说游戏"玩具博览会"

活动名称	玩具博览会
活动类型	听说游戏——句型练习
活动目标	1. 在活动过程中注意倾听老师和同伴讲话，理解游戏规则。 2. 学习正确运用关联词"不但……而且……"，说出连贯完整的递进句。 3. 与同伴友好合作开展游戏
活动准备	1. 请幼儿带来自己喜欢的玩具。 2. 组织几名幼儿协助教师将玩具按功能、材质分类，布置玩具博览会。 3. 导购员、售货员标志各4个，检票员标志1个，入场券若干

活动过程				
		教师活动	幼儿活动	课后效果分析
创设游戏情境	时间2分钟	小朋友，我们幼儿园的玩具博览会要开始了，你们高兴吗？为什么这么高兴呀？ 哦，在博览会上，我们不但能看到许多的新玩具，而且还能买到自己喜欢的玩具。所以小朋友特别开心是不是？ 今天，我们班里先开一场玩具博览会	积极应答，说出高兴的原因。 注意听教师说话	引入话题，营造氛围

续表

		活 动 过 程		
		教师活动	幼儿活动	课后效果分析
交代游戏规则	时间6分钟	1. 开博览会要有什么角色啊？对，有检票员、导购员、售货员、参观的人。我们班的博览会很特别，就是到了会场门口，要用"不但……而且……"说一句话才能进入。导购员要用"不但……而且……"句子向参观的人介绍玩具。买玩具的时候也要用"不但……而且……"说话，比如"这个玩具不但漂亮，而且很有意思。"售货员才会卖给你。 2. 下面请小朋友想一想，你要扮演谁？要怎样说？想好了以后，跟你旁边的小朋友说一说，或者跟老师说一说	积极应答。 注意听教师讲游戏规则。 两两练习或跟教师说	幼儿懂得遵守规则
引导幼儿游戏	时间8分钟	下面老师扮演检票员，请4名小朋友扮演售货员，4名小朋友扮演导购员，其他小朋友就来做参观的人吧。（教师指导幼儿说出递进关系的句子。）	佩戴标志，领取入场券。售货员、导购员先进入场地。参观的人排队，入场。在入口处按规则说话	幼儿懂得遵守秩序
幼儿自主游戏	时间9分钟	下面请小朋友换角色，你们自己商量谁扮演什么，咱们再玩一次。（教师扮演参观的人参与游戏，进行间接指导。）	游戏重新开始。	幼儿能够自主游戏
活动延伸		自由时间幼儿继续游戏		
分析		1. 听说游戏"玩具博览会"很适合大班幼儿，一是他们玩过、见过的玩具多，生活经验丰富；二是能满足大班幼儿口语水平提高的需要，在学习运用并列、因果、假设复句的基础上，他们尝试运用新的词语、句式的积极性很高，因此选择了学习用递进关系的关联词来表达的听说游戏。 2. 活动准备在场地、玩具收集、布置方面吸引幼儿参与，他们对此感到神秘，想知道为什么要收集这么多玩具，使他们对活动有盼望、有期待，为活动的开展做好心理、情感方面的准备。 3. 活动过程的设计注意突出教学重点、突破教学难点，同时兼顾幼儿的兴趣和已有知识、经验及能力，让不同水平的孩子在参与活动过程中获得发展。 第一步，教师用语言激发幼儿的兴趣，在用语言与幼儿交流的过程中做了隐性示范，让幼儿知道班里要开玩具博览会，满足他们玩游戏的需要。 第二步，教师利用角色讲游戏规则，显出这场博览会的特别之处，幼儿想玩游戏得按照规则去做，对幼儿来说也是一个新挑战。为了帮助幼儿能进行游戏，教师安排了先让小朋友练习的环节，跟小朋友说或跟教师说。 第三步，教师利用扮演检票员的角色来引导幼儿按照规则游戏，扮演售货员、导购员的小朋友也是按能力来安排的，使游戏目标能落到实处。 第四步，请小朋友自己商量谁扮演什么，教师扮演参观的人参与游戏，进行间接指导		

【案例四】 大班听说游戏"落叶飘飘"

活动名称	落叶飘飘
活动类型	听说游戏——描述练习
活动目标	1. 倾听教师及其他幼儿说话,迅速构思表达内容。 2. 用完整、优美、连贯的语言描述落叶的颜色、形状、飘落的姿态。 3. 积极参与活动,感受挑战与自我成长的快乐。
活动准备	1. 欣赏过散文《秋天的雨》。 2. 幼儿认识枫树、银杏树、杨树、柳树、榆树等,知道树叶的形状,采集回来。 3. 场地准备,四种形状、颜色的树叶若干(和幼儿人数相等)。 4. 分四组——枫树、银杏树、杨树、柳树,标志要漂亮,放到桌面上。 5. 计分表格一份,上面有分组标志。 6. 歌曲《小树叶》。 7. 奖品。

活 动 过 程

		教师活动	幼儿活动	课后效果分析
创设游戏情境	时间 4分钟	1. 小朋友,秋天到了,风儿一吹,树叶会怎么样? 你喜欢什么树叶呢?如果你是一片落叶,你会怎样飘落呢? 下面请小朋友听歌曲《小树叶》,小朋友一边听,一边做树叶飘落的姿态。 2. 播放歌曲音乐两遍。 3. 落叶飘呀飘,飘到小朋友的身边了。瞧,它们在那儿呢,每人去找一片你喜欢的树叶,喜欢同一种树叶的小朋友坐在一起。 (提供与幼儿人数相等的树叶,每种有标志。)	积极应答。 请2名小朋友用语言和动作来表达。 用动作表现落叶。 取树叶,按相同树叶分组坐	引导幼儿思考
交代游戏规则	时间 6分钟	1. 喜欢同样树叶的小朋友坐在了一起,我请小朋友说为什么喜欢这种树叶? 2. 现在我请每组的小朋友在一起交流交流,用完整、优美的话来说落叶的颜色、形状,它是怎样飘落下来的。 (倾听、指导) 3. 刚才我听到小朋友用完整、优美的语言自己喜欢的落叶,说得非常好。哪位小朋友愿意跟大家说说? (每一名幼儿表述后,教师给予具体的肯定、鼓励、指导。) 4. 下面我们再来和落叶一起玩玩,你们把树叶抛到空中,仔细观察落叶在飘落时的姿态,再学一学落叶飘落的样子,想一想用完整、优美的话说出来。	每组中找出一位小朋友回答。 组内交流。 请2~3名幼儿发言。 倾听小朋友发言和教师的点评。 注意听教师讲要求	幼儿投入游戏,积极性大涨
引导幼儿游戏	时间 7分钟	1. 播放音乐和散文《秋天的雨》,参与幼儿活动,引导幼儿完整描述。 (活动后引导幼儿把树叶集中放到一起。) 2. 小朋友和落叶玩得开心吗?下面我们要来个比赛,看看哪个组的小朋友说的人数多,说得完整、优美,哪个组就得冠军。好不好?	自由做动作,和组内的小朋友、教师交流。 把树叶放到指定地方,回座位坐好。 听教师讲比赛规则	用多种感官构思

第四单元 学前儿童听说游戏活动

续表

活动过程			
		教师活动	幼儿活动	课后效果分析
自主游戏	时间 8分钟	组织比赛，给予点评，计分。颁奖——冠军组奖励树叶书签，亚军组奖励小粘贴，季军组奖励教师摸头，第四组奖励教师拥抱	描述落叶。参加颁奖	幼儿受到鼓舞
活动延伸		采集的树叶可在美工区进行粘贴，图书区投放植物方面的绘本图书，幼儿自由选择		
分析		1.《指南》在语言表达方面对大班的要求是"讲述时能使用常见的形容词、同义词等，语言比较生动。"听说游戏"落叶飘飘"是根据本班幼儿已有的知识、经验、能力水平和近期目标而设计的。他们一是有秋游、采集落叶的经验；二是欣赏过散文《秋天的雨》，描述枫树、银杏树的句子非常生动、形象、优美，为他们在本次创造性语言运用、丰富自己的语言经验做好了准备；三是小朋友都认识环境中常见的树木。 2. 活动准备在物质、知识、经验等方面都较为充分。 3. 活动过程设计主要考虑幼儿的兴趣，根据他们现在所具有的听与说能力，运用他们的已有知识经验，经过努力、练习来实现活动目标。 第一步，教师先用语言设置游戏情境，接下来让小朋友听音乐用动作表现落叶，然后去找喜欢的树叶，拿同样树叶的小朋友坐在一起交流。这几个环节的安排让幼儿沉浸在游戏气氛中，充分调动起他们活动的积极性。 第二步，①先请小朋友说喜欢这种树叶的原因，这是自由表达。②再让同组的小朋友在一起交流，用完整、优美的话来说落叶的颜色、形状，它是怎样飘落下来的，这是游戏规则。③让个别幼儿在集体面前表达，教师给予具体的肯定、鼓励、指导，这是在做示范。④接下来让幼儿注意听活动要求，也就是下一步要做什么和怎么做，培养幼儿的倾听能力。 第三步，①播放音乐和散文《秋天的雨》，幼儿和落叶一起玩，边玩边构思如何表达。散文的播放是为幼儿提供隐性示范，教学方法是让多种感官——听觉、动作、观察、思维参与活动，目的是帮助幼儿构思，为后边的活动做好铺垫。教师参与到活动中，一是活跃气氛，二是便于个别指导，帮助有需要的幼儿，三是为幼儿增加了开口说的练习机会。②活动后引导幼儿把树叶集中放到一起，是培养幼儿整洁、有规律的生活习惯。③接下来教师讲竞赛规则。 第四步，进行比赛，教师引导幼儿给予点评、计分，让幼儿感受比赛的公平，同时进一步激发幼儿活动的积极性。奖励的形式多样，让幼儿受到鼓舞，体会"重在参与、重在过程"，体验活动的快乐		

【案例五】 小班听说游戏"打电话"

活动名称	打电话
活动类型	听说游戏——词汇，动词运用
活动目标	1. 能安静地听教师说话，懂得教师说话的意思。 2. 通过听歌曲、看图片、做动作，能大胆地说出动词，说话声音大一点。 3. 知道打电话要用"喂，你好！"礼貌用语，体验听说游戏的乐趣
活动准备	1. 歌曲"打电话"磁带。 2. 手机模型、废旧手机，与幼儿人数相当，一部座机。 3. 图片（小羊吃草、小猫洗脸、妈妈做饭、小兔搬椅子、宝宝看书、小狗打球）

续表

活动过程				
		教师活动	幼儿活动	课后效果分析
创设游戏情境	时间3分钟	1. 小朋友，老师这儿有一首歌非常好听，请你们听一听。（播放歌曲） 2. 歌曲听完了，歌曲里的两个小朋友在干什么？问了什么？怎么回答的？ 你们想玩打电话游戏吗？	听教师说话。 自由听歌曲。 打电话。 喂喂喂，你在做什么？ 我在学唱歌。 积极回答	培养幼儿倾听、理解技能
交代游戏规则	时间3分钟	1. 打电话要先说什么？好，小朋友练习一下。（教师做模仿动作，暗示幼儿也做模仿动作，鼓励：这才是有礼貌的好孩子。） 2. 然后要问"你在做什么？"接电话的人怎么回答呢？（出示小羊图片）小羊说："我在吃草。" 小羊再问："你在做什么？"小朋友怎么说？ 对，我在听歌曲	大胆回答。 边做动作边说。 重复"你在做什么" 安静听教师说话，看老师做动作。 重复小羊的话。 自由回答。 重复"我在听歌曲"	培养文明用语习惯
引导幼儿游戏	时间4分钟	1. 请小朋友看，他们在干什么？（出示图片，引导幼儿说动词。） 2. 下面老师先和王妮娜玩，小朋友看看我们怎么玩的。（让王妮娜做一个动作，小声说一遍。用座机示范。） 3. 老师说什么了？王妮娜说什么了？ 小朋友真聪明，下面我们先拿电话	集体、个别回答。 看教师和王妮娜做游戏示范。 个别回答	丰富词汇
幼儿自主游戏	时间5分钟	1. 发玩具电话。 2. 下面请小朋友先找到一个好朋友，两个人打电话。 3. 教师以平行身份参与游戏，个别指导	领玩具电话。 找伙伴。 开始游戏	投入游戏
活动延伸		活动结束后让幼儿把玩具电话送到活动区，自由活动时间幼儿再玩		
分析		1. 《指南》对小班幼儿倾听的要求：一是别人对自己说话时能注意听并做出回应，二是能听懂日常会话。"打电话"这个游戏根据小班幼儿的年龄特点和生活经验，在倾听、表达、文明习惯方面都能起到很好的教育作用。 2. 活动准备在教具、玩具、图片等物质方面很充分，经验方面幼儿也已具备。 3. 活动过程的设计注意激发幼儿的兴趣，运用他们已有的知识、经验和技能，学习运用新的动词，在玩游戏过程中培养幼儿的听、说能力和语言文明习惯。 第一步，先让幼儿听歌曲，听完后与幼儿交谈歌曲的内容，培养幼儿倾听、理解技能。然后问他们想玩打电话游戏吗？激发幼儿的活动兴趣。 第二步，学习、练习打电话，既让幼儿熟悉了游戏的玩法、规则，又锻炼了幼儿文明语言习惯。 第三步，用图片引导幼儿说出动词，丰富词汇。教师和小朋友一起玩，让幼儿进一步明确游戏规则，也帮助没听懂的幼儿掌握游戏玩法。 第四步，先发游戏道具，再让幼儿找朋友，之后再开始打电话，步骤清晰，安排合理。教师以平行身份参与游戏，进行个别指导，使幼儿更愿意玩游戏，在游戏过程中达到活动目标		

思考与练习

1. 听说游戏活动的设计和实施需要注意什么问题?
2. 设计一个听说游戏活动方案。
3. 几人一组,尝试根据试教情况进行现场分析、评价,锻炼应用能力。

第五单元　学前儿童讲述活动

学习目标

- ➤ 了解幼儿讲述活动的概念、作用和基本特征。
- ➤ 了解幼儿讲述活动的教育目标。
- ➤ 掌握幼儿讲述活动的基本结构。
- ➤ 能够对具体的讲述活动设计案例进行分析。

模块一　学前儿童讲述活动概述

一、幼儿园讲述活动概述

（一）讲述的基本含义

讲述是指一个人进行言语表达。讲述能力是指幼儿独白言语的发展，而这种言语比谈话这种对话言语更为复杂、更为周密，是一种独自的、个人的口头语言的表达形式，因此对幼儿的言语表达能力要求相对较高，即语言表达中的连贯性、独立性、准确性等都必须体现出来。在相关研究中，有专家提出，幼儿快到五岁时才会出现较为完整的独白言语。因此，在幼儿园的语言教育中，对于五岁前的幼儿讲述方面的教育要求要符合他们的发展水平。

幼儿园的讲述活动是以培养幼儿独立构思和完整、连贯表述一定内容的语言能力为基本目的，给幼儿提供积极参与命题性质的实践机会的一种语言教育活动。讲述活动是幼儿园语言教育的重要组织形式，讲述活动为幼儿提供不同于日常生活谈话的语言运用情境，要求教师创设相对正式的语言运用场合，引导幼儿积极参与到命题性质的语言表达实践中来，学会使用比较规范的语言来表达对事、对物、对人的认识。相关研究和实践表明，在发展幼儿独白言语的过程中，讲述活动是极为有效的一种方式，对幼儿言语表达的目的性、独立性、连贯性和创造性，对幼儿的记忆、思维和想象都有很好的促进作用。因此，在学前儿童的语言教育中，讲述活动具有重要的地位和作用，在过去、现在，讲述都是幼儿教育工作者极为关注和经常探讨的一种儿童语言发展形式。

（二）讲述活动的作用

讲述活动能够有效提高幼儿的语言水平，同时对幼儿的认知、社会化发展等方面也会产生良好的影响。具体来说，有以下作用。

1. 教给幼儿认识事物的方法

幼儿在讲述之前，要认识所讲的事物，通过讲述活动，幼儿能够学习认识事物的顺序和方法。以讲述活动"荷花"为例，幼儿自己先要认识荷花的特征，学习认识花的各个部分，认识的顺序，如名称——颜色——花瓣形状——味道——叶子——用途——开放时间——赞美的话，使自己的讲述给听的人一个完整清楚的印象。

2. 培养幼儿的一般性表达能力

谈话活动培养的是幼儿与他人交流的语言能力，而讲述活动重点在于培养幼儿独立表述的能力。在讲述活动中，幼儿需要独立构思所要讲述的内容，要讲些什么，讲的内容按照什么组织顺序，讲的时候什么是表达的重点和中心，同时也要考虑怎样让别人理解自己的话语，这一过程就是一个全方位锻炼一般性表述能力的过程。例如，在讲述活动"冬天里的快乐"中，幼儿讲述前需要思考讲述冬天这个季节的特点，冬天里可以做什么游戏，有哪些快乐的事，先讲述什么，再讲述什么，重点讲述什么，用什么样的词汇来表述。所以，讲述活动能够帮助幼儿掌握讲述的一般和特殊方法，使幼儿连贯、完整、清楚地讲述某一事物。

3. 锻炼幼儿的独白语言能力

幼儿园的语言教育主要针对幼儿的口头言语，口头言语可分为对话语和独白语两种言语形式，对话语对应语言教育活动中的谈话活动，独白语对应语言教育活动中的讲述活动。独白语是说给别人听的，或向别人传达自己的思想、感情，或讲述知识经验等，要求独自较长时间的口头语言表述，没有交谈者的应答来支持，因而语句要完整、连贯，讲述的内容不能太简化。

幼儿园语言教育的目标之一是培养幼儿的表述能力，讲述活动中着重培养的独白语言是幼儿语言表述能力的一部分。在讲述活动中，幼儿有机会逐渐学习在集体面前独立讲述自己的想法，把一事、一物、一个人物讲清楚，他们的语言表述能力在这个过程中逐步得到发展。在教师指导下，幼儿所讲的内容逐渐达到完整、清楚、符合逻辑等要求。

【资料】《3～6岁儿童学习与发展指南》对于讲述的要求在不同年龄段有不同的内容：4～5岁的幼儿，要求能基本完整地讲述自己的所见所闻和经历的事情，讲述比较连贯；而对于5～6岁的幼儿，则进一步要求能有序、连贯、清楚地讲述一件事情，讲述时语言要比较生动；同时，对于3～4的幼儿没有这种要求。

4. 培养幼儿的观察、理解、感知能力，发展幼儿的思维和想象能力

讲述活动中，幼儿需要观察分析事物的特征、事件的发生原因和顺序，领会人物

在不同状态下的思想感情。比如在看图讲述时，图片中的人、事、物都有一定的因果关系或者前后顺序存在。幼儿要经过一定的推理、判断、分析，才能认识自己所要讲述的内容，然后组织语言表述出来。此外，在看图讲述中，幼儿要对画面以外的事情展开丰富联想，这也有助于培养幼儿的想象力和创造性思维能力。

二、讲述活动的语言教育目标

根据讲述活动的特点和幼儿语言发展的需要，在讲述活动中着重培养幼儿三方面的能力。

（一）培养幼儿感知和理解讲述对象的能力

在儿童语言发展范畴中，有一部分是关于根据要求而表达的发展内容。幼儿不仅需要学会说自己的想法，也要学会按照主题要求去构思和说话。这就需要幼儿懂得积极地感知理解"要求说"的内容，讲述活动就是提高这方面能力的良好途径。

从语言学习的角度来看，感知和理解讲述对象、获得有关讲述内容要求，是一个综合信息的汲取过程。它不仅要求幼儿听懂指示，还要观察讲述对象——凭借物，然后通过运用概念、想象、判断、推理等多种思维形式的活动，获得一定的认识。这个过程并非简单地听和说，还有各种语言和语言之外的认知，如社会能力的参与、加工和协调工作。因此，将活动的目标之一放在培养幼儿感知理解讲述对象，把握获得有关讲述内容要求方面，将有益于幼儿不断增强这种综合信息汲取的能力，这对幼儿语言和其他方面发展都会产生极大的促进作用。

不同年龄的幼儿在感知、理解方面具有不同的发展水平，因此各年龄班在感知、理解方面的活动目标应有所区分：

小班幼儿：能听懂并按照教师指令的要求感知并理解内容较为简单的实物、图片和情景等。

中、大班幼儿：能够用比较分析的方法理解较为复杂的讲述对象，其一，能感知表面内容，如图片中的人物动作、事件、背景等；其二，能理解深层次的内容，包括人物的对话、内心的活动等。

（二）培养幼儿独立构思与清楚完整地表述的意识、情感和能力

讲述活动为幼儿提供了独立构思和清楚完整表述的好场所。通过这类活动，可以从三个方面提高幼儿的语言水平。

1. 在集体场合自然大方地讲话

幼儿在集体面前讲话的能力需要通过不断的学习才能得到提高。比如，许多幼儿在集体场合讲话音量很小，完全不像在游戏活动或个别交谈时那样大方。通过教师指导，幼儿可以在讲述活动中逐步学会如何在集体面前自然大方地讲话。在集体场合自然大方地讲话，包括这样几点要求：一是勇于在许多人面前说出自己的想法；二是乐于跟别人分享自己的观点，积极地说话；三是在集体面前说话不忸怩作态，不脸红害

羞，不胆怯退缩；四是用大于平时讲话的音量和正常的语调、节奏在集体面前说话。

2. 使用正确的语言内容和形式进行讲述

幼儿处于语言学习过程之中，他们的表达还会出现语音、语法、词汇方面的错误。但是通过尝试错误，错误可以不断得到修正，一步一步地向正确的方向靠拢。讲述活动要求幼儿使用规范化的语言，这就要引导幼儿不断地纠正错误，提高使用正确语言内容和形式的水平。

3. 有中心、有顺序、有重点地讲述

在讲述活动中要求幼儿使用独白语言，以发展幼儿有中心、有顺序、有重点地说话的意识和能力。有中心地讲述，要求幼儿敏锐地感觉说话范围，在讲述时不"跑"题，不说与中心内容无关的事；有顺序地讲述，教幼儿学习按照一定逻辑规律来组织表达自己的口语语言，增强他们说话的清晰度、条理性；有重点地讲述，要求幼儿抓住事件或物体的主要特征，传达最重要的信息，而不是讲话时漫无目的。幼儿在讲述活动中，独立进行构思和清楚完整表达的语言能力，可以提高他们的表述行为水平，促进语言发展。

（三）培养幼儿对语言交流的调节能力

心理语言学的有关研究成果告诉我们，儿童在学习运用语言与人交往的过程中，需要不断增长个体对交流信息清晰度的调节技能。从总体上说，这种调节技能是针对交往场合中各种主客观因素，以及这些因素与个人使用语言关系的敏感性而言。幼儿有必要通过讲述活动学习获得这种语言运用技能。在讲述活动中，幼儿可从以下三个方面提高对交流信息清晰度的调节技能。

1. 增强对听者特征的敏感性

根据听者的特征来调节说话的内容和形式，使听者能理解和接受，这是保证交流信息清晰度的一个方面。按照皮亚杰的观点，4岁之前儿童的语言主要是以自我为中心的，他们之间没有真正的相互交流，即使在一起游戏他们也常常各说各的话。每个儿童在讲到自己正在做或准备做的事情时，既不注意别人在说什么，也不关心别人是否在听自己说。因此，他们对听者的特征是不敏感的。但是幼儿在语言发展过程中，在教育的影响下，可以逐步提高语言交流清晰度的调节技能。

幼儿园的讲述活动，要求幼儿在所处的集体中说话、交流，并且这种说话有共同指向的内容。这样的活动可促使幼儿关注别人的言谈，以及自己所说与别人所说内容之间的关系，努力使听众对自己所讲内容产生兴趣，并能为他们所理解。于是，他们就可能渐渐学会去把握听者的特征，提高这方面的敏感性。

2. 增强对语境变化的敏感性

根据语言环境的变化来调节语言表达方式，也是保证交流信息的清晰度，促使听者理解的一个方面。幼儿园的讲述活动是一种不同于其他语言交往的环境场合，所以要求幼儿使用不同于其他场合的语言进行交流。即使在讲述活动范围内，每一次给幼儿提供的语言环境也不尽相同，例如，讲述"下雨了"与讲述"下雪了"不一样，看图讲述和情境表演讲述也有差异。可以说，每一次具体的讲述活动，都对幼儿提出了感知语境变化的具体要求，幼儿在学习讲述的过程中，逐步锻炼自己对语言变化的敏感性，培养能随语言环境变化而调节自己表述方式的能力。

例如，在秋天，可以开展"小树叶找妈妈"的讲述活动，引导幼儿讲述小树叶被秋风吹落，离开了树妈妈是什么样的心情，带领幼儿到户外了解几种大树的树叶"孩子"是什么样的，而看图讲述类的活动往往由相关图片的出示开始，教师精心选择的图片为引发幼儿兴趣、引导幼儿进行观察和感知创造了良好的语境。

3. 增强对听者反馈的敏感性

在运用语言进行交往时，幼儿需要学习根据听者所做出的反馈，及时调整自己说话的内容和方式，这是保持语言清晰度和交流效果的又一种语用技能。掌握这一种语用技能，需要幼儿获得两方面的能力。一是及时发现听者的信号。讲话人在说话时，要及时地捕捉听者听懂与否，表现出哪些困惑的、同意的、不赞成的等反馈信息，并做出相应的反应。二是讲话人要能够根据听者反馈的信息对所说内容进行修正。有关研究认为，幼儿修正自己的讲话，以适应听者的能力尚处在初级阶段。当听者发出不理解的反馈信息时，幼儿多半是沉默或多次重复最初的话语。如果讲述的内容是他们熟悉的事情，幼儿能根据听者反馈的信息进行再编码，情况会显得好一些。通过修正和解释，幼儿说的为听者接受的水平也就相对地高一些。

幼儿可以并且应当在讲述活动中学习敏锐发觉听者的反馈，从而及时调整交流内容和方式。在讲述活动中，幼儿要在集体面前讲述一段较长、较完整的话。就听和说双方而言，关注的是同一内容，均处于高度注意的过程，再通过教师的提示、插话，幼儿可以觉察自己所说的是否有遗漏和信息被接受的状态，并能按照要求进行修补，最终培养起根据听者所发生的反馈而及时调整交流内容和方式的能力。

【资料】 幼儿园讲述活动的阶段目标

小班	中班	大班
1. 能有兴趣地运用各种感官，按照要求去感知讲述内容	1. 养成先仔细观察、后表达讲述的习惯	1. 通过观察，理解图片、情境中蕴含的主要人物关系和思想感情倾向
2. 理解内容简单、特征鲜明的实物、图片或情境	2. 逐步学会理解图片和情境中展示的事件顺序	2. 能有重点地讲述实物、图片和情境，突出讲述内容
3. 愿意在集体面前讲述	3. 能主动在集体面前讲述，声音响亮，句式完整	3. 在集体面前讲述态度自然大方，能根据场合的需要调节自己讲述的音量和语速
4. 能正确说出讲述内容的主要特征或主要事件	4. 学习按照一定的顺序讲述实物、图片和情境的内容	4. 讲述时语言表达流畅，不打顿，用词、用句较为准确
5. 能安静地听教师或同伴讲述，并用眼睛注视讲述者	5. 能积极倾听别人的讲述内容，发现异同，并从中学习好的讲述方法	

三、讲述活动的基本特征

讲述活动以培养幼儿独立构思和表述一定内容的语言能力为基本目的，因此，讲述活动具有以下几个主要特征。

（一）讲述活动有一定的凭借物

与主要围绕已有经验进行交谈的谈话活动不同，讲述活动需要针对一些凭借物来开展活动。幼儿园的讲述活动，一般有一定的凭借物。这里所说的凭借物，指讲述活动中教师为幼儿准备的或幼儿自己参与准备的图片、实物、情境等。教师通过提供讲述活动的凭借物，给幼儿划定讲述的中心内容，使他们的讲述语言具有明显的指向性。例如，教师提供图片，让幼儿讲述"快乐的周末"，幼儿则按照图片所展示的内容叙述周末所发生的事情，以及主人公如何做的、怎样感到快乐的等等。

讲述有一定的凭借物，是幼儿园讲述活动的独特之处。在讲述活动中出现凭借物，基于以下两个方面的需要。

1. 符合幼儿讲述学习的需要

我们知道，成人讲述一件事或一个物体，可以凭借当时出现在眼前的实物、情境，也可以凭借脑海中存留的记忆进行。由于受已有经验和表象积累不足等实际情况的限制，在讲述活动中，幼儿不可能完全凭借记忆进行讲述。否则有可能出现两种情况：或者幼儿因记忆中材料不够而无法按照要求讲述，或者幼儿因集中注意搜索记忆中的经验，而忽视讲述内容的组织以及正确表达方式的使用。因此，幼儿在讲述活动中需要有一定的凭借物。

2. 幼儿园讲述活动是一种集体参与的活动

无论这个活动参与人数是多是少，幼儿都要在集体面前进行讲述。因此，我们组织的讲述活动需要有一种集体的指向，要求幼儿就相同的内容构思表述个人的见解。讲述活动出现的一定凭借物，就为幼儿指出了讲述的中心内容。幼儿可以从每个人具体的认识角度去讲述相同或相似的内容，并且产生相互交流和相互影响的作用。

在讲述活动中，一定的凭借物往往成为幼儿讲述的客体，对幼儿的讲述起着重要的作用。不同年龄幼儿讲述活动的凭借物有所区别。

（1）小班幼儿由于其语言能力和认知能力的局限，因此主要针对实物讲述或简单的图片讲述，他们能将实物和图片的主要特征描绘得清楚、完整即可达到要求。

（2）对中班、大班的幼儿来说，不但要针对实物、图片和情境进行充分讲述，还要学习如何利用凭借物进行创造性的讲述，即运用思维、想象等自己编创超越原有的内容，将凭借物本身所没有反映出来的内容，如人物的心理状态、心情、对话、内在行为动机等表述出来。

（二）讲述活动有相对正式的语境

与其他几类语言教育活动相比较，讲述活动为幼儿提供的是一种学习和运用比较正式的语言场合。要幼儿既能在宽松的气氛中与别人交谈，又能够经过比较严密的组织、使用比较正规的语言来表达个人对某物、某人或某事的认识，就需要培养幼儿在不同的语言环境中运用不同的方式来表达自己的能力。

有关语境的问题，当代应用语言学已有较多的研究。从交际场合的角度来看，言语交际的实质是利用语言传递信息、交流思想感情。当语言被用来表达某种特定的意义时，离不开具体的语言环境。反过来说，不同的语言环境也要求人们使用不同的语言。由此我们可以得到这样的认识：在一定场合中说话，说什么和怎样说，既与这个场合下所说的内容有关，也与这个场合参与说话的人有关，还与这个场合里其他人说话的方式、方法有关。人们在这些因素的影响下，不由自主地调节自己的说话范围、说话方式和说话风格，以期适应这一特定场合的要求。如果这是一个相当严肃的交际场合，参与说话的人就应当感受到这一语境的特点，以相对严肃的内容、方式和风格说话。

总之，讲述活动为幼儿提供的是一种学习运用较正式的语言进行说话的场合，它不仅要求幼儿能在小组中发表自己的见解和观点，还要求幼儿能在集体面前用规范的语言大胆地表达自己的认识。这种规范主要表现在：语言规范，即幼儿需要使用较为完整、连贯、清楚的语言进行表述；环境规范，即一般是在专门的教育活动中和正式的语言学习环境中开展活动。幼儿在讲述活动中不能像谈话活动中那么宽松自由地交谈，要慎重考虑后才能发表个人见解；幼儿说话不能有很大的随意性，应该经过较完善的构思，有头有尾地说出一段完整的话来；在用词造句方面，要尽量注意正确性、准确性，合乎规则。讲述活动正是通过这种精心设计和准备的语言环境，鼓励幼儿运用已有的经验，使用较为规范的语言来表达自己对某人、某事、某物的认识，进而培养清楚、连贯地在集体场合表达自己见解的能力。

【案例一】

同样是说与春天有关的内容，在谈话活动中幼儿可以随便地谈论"我看到小草发芽了，很小，才露出一点点绿的颜色，嫩嫩的，有一点好闻。"而在讲述活动时，幼儿则要根据图片内容说："春天来了，冰雪融化了。小草从大地妈妈的怀抱里苏醒过来，悄悄地从土里冒出了头，柳树发出了新芽，柳树枝条快乐地摇摆，迎春花张开了笑脸，春风轻轻地吹过，小燕子也从南方飞回来了……"

【分析】 谈话活动中的表达发展的是对白语言，重在充分表达个人对春天的感受，只要幼儿能交流，不强求正式规范的语言，即使是幼儿的语句表达不完整，甚至语法存在一些错误，教师也可以不做过多干预。而在讲述活动中，我们则要求幼儿独白语言的发展，个人连贯、清楚、完整的说出对春天的印象。讲述活动必须根据语言环境要求，针对具体的言语凭借物的实际，组织口语表达的内容和方式，运用正规的语言风格说话，这是讲述活动的一个重要特点。讲述能力比谈话能力更为贴近较为正规的书面语言，可为儿童以后书面语言的发展奠定好的基础。

（三）讲述活动的语言是独白语言

讲述活动是幼儿语言交际的一个场合，讲述活动的语言交流有别于其他类型的语言活动，它要求幼儿使用的是独白语言。独白，顾名思义，需要说话的人独自构思和表达对某一内容的完整认识。在谈话活动中，幼儿的语言交流是双向或多向的，交谈的对象是明确的，交谈的话语是简短并相互紧扣连接的。而在讲述活动中，幼儿的语言交流对象是不明确的，往往由一个人讲给多人听，说话的话语相对较长，彼此所说的一段话并不需要上下紧扣，而是相对独立、各成篇章的。

讲述的独白语言特性，要求幼儿的口头语言表述经历这样一个过程：从独立完整编码到独立完整发码。所谓独立完整编码，即幼儿按照所要表达的内容选择词语，组成话语。讲述活动的独白是要求幼儿独自完成一段完整话语的过程。

【案例二】 讲述活动"讲讲旅游的事"

活动目标：
1. 能够有序地观察图片，会由整体到局部，由远及近地观察。
2. 能够清楚地讲述自己经历过的事情，会围绕一个主题进行讲述。
3. 愿意用语言表达自己的经历。

活动准备：
图片一张，展示的是海边旅游的情景：近景，爸爸在海边游泳，妈妈在海边晒太阳，孩子在沙滩上玩沙子城堡；远景，一些人在海边的沙滩上游玩的情景。

【分析】 在讲述活动中，幼儿要依据图片确定先说什么、后说什么，大致要打一个"腹稿"。同时幼儿还要在活动中独立完整地发码，即通过自己的发音器官，以口头语言的方式将自己构思的讲述内容说出来。以现代信息论看待讲述的言语交际过程，完整编码在于把认知的信息变换成一连串有意义地联系在一起的语言符号，发码又是将这些成串成段的符号准确无误地发送传递出去。这个过程对于幼儿来说是有一定难度的。因此，讲述的语言要求比谈话的语言要求高，并且建立在一般交谈的语言基础之上。在幼儿园里，幼儿要在谈话活动和日常交谈中发展自己运用语言与人交往的能力，也要逐步具备一定水平的讲述能力。讲述活动是培养、锻炼幼儿独白语言的特别途径，它有别于其他各类语言教育活动，有它存在的独特价值。

（四）讲述活动中需要调动幼儿的多种能力

幼儿在讲述时，需要感知和理解一定的凭借物，借助对这一凭借物的认识和已有的生活经验，构思自己的独白语言，从独立编码到独立完整地发码，而且不同的讲述内容有不同的思维方式，也有不同的逻辑顺序，这对幼儿的观察力、记忆力、想象力和思维能力的要求都是很高的。如果缺乏这些能力，那么讲述的水平也不会高。

【案例三】 看图讲述活动"堆雪人"

活动目标：
1. 能够仔细认真地观察图片，有主有次地观察图片中的内容。
2. 能够用准确、完整、连贯的语言把图中的内容讲述出来。

【分析】幼儿要将图片中的内容清楚、有条理地描述出来，首先要完整仔细地观察图中，了解图片的人物、事件（主要人物：姐姐和弟弟在堆雪人，次要人物：还有其他小朋友在打雪仗），这需要幼儿引用观察、分析和综合的能力；然后要理解画面的主要内容，要描述动作和事件的主要内容（怎么堆雪人的，堆成了什么样的雪人，如何打雪仗的等），这需要幼儿凭借已有的生活经验并加以联想、综合，然后做出判断；最后，要深入地反映画面的本质及深刻的意义，幼儿还要思考人物的内心世界和对话（小朋友的心情如何，对话的语言是什么），他们必须对画面进行综合性的推想，涉及画面的人物、事件、背景等诸多因素之间的联系，反映了思维的深刻性和间接性。可见，只有多种综合能力的参与，才能保证讲述活动顺利、有效地开展下去。

四、讲述活动的类型

讲述活动可以按照多种方式进行类型划分，可以按照讲述的语言内容分类，也可以按照讲述的凭借物分类。

（一）按照讲述的语言内容分类

1. 叙事性讲述

叙事性讲述是幼儿用口头语言把人物的经历、行为或事情的发生、发展、变化讲述出来。叙事性讲述要求说清楚人物、事件、时间、地点和缘由，并且要求说明白事情发生、发展、结束的先后顺序。

在幼儿阶段，幼儿的叙事性讲述能力可以得到迅速的发展，但总体水平仍不太高。一般要求幼儿能简洁清楚地按顺序讲述事件即可。叙事性讲述有两种形式：一种是按照第一人称"我"的口气，把事情经历和个人见闻讲给别人听，另一种是以第三人称叙事，讲述"他""她"或"他们"经历的事情。

2. 描述性讲述

描述性讲述是幼儿用生动形象的语言，把人物的状态、动作或物体以及景物的性质、特征具体描述出来。在学前阶段，幼儿学习描述性讲述的重点在于能够使用具体、生动、形象的词语说话，而且能够抓住最主要的特征进行描述。

3. 说明性讲述

说明性讲述是用简单明了的语言，把事物的形状、特征、功用等解说清楚的讲述形式。说明性讲述时表达的语句要求简明、正确，内容要有一定的科学性。

4. 议论性讲述

议论是讲道理或论是非，议论性讲述通过摆观点、摆事实来说明自己赞成什么或者反对什么。在幼儿阶段，尽管幼儿的逻辑思维水平不高，议论能力还不强，但是仍然可以进行初步的议论性讲述。

比如讲述"我喜欢的季节"，有的幼儿喜欢夏天，因为夏天可以游泳，可以吃冰激凌；有的幼儿喜欢冬天，因为冬天下雪后可以堆雪人、打雪仗，幼儿可以通过摆观点、举例子来说一说，自己到底喜欢什么季节及其原因。这种讲述对于培养幼儿语言逻辑水平，发展他们的逻辑思维能力极为有益。

（二）按照讲述的凭借物分类

1. 看图讲述

在讲述活动中使用图片来帮助幼儿讲述，是人们所熟知的看图讲述。图片利用色彩和一定的构图，把人或事表现出来，是幼儿喜爱的一种艺术形式。在学前儿童的语言教育中，利用图片对儿童进行教育，符合学前儿童的发展特点，看图讲述活动是最常用的一种讲述活动形式。学前儿童的语言发展总是和认识周围的环境和事物紧密联系在一起，幼儿的认识发展特点要求教育内容和形式的直观性，而具体的事物等不可能都在教育过程中为幼儿呈现，因此图片的应用就具有重要的意义。

在这类活动中教师提供的图片，可以是印刷出版的图画；可以由教师自己构图制作；可以是半成品的边讲边画的图画；可以由幼儿画成图来讲述；也可以用教师提供的几张图来做自选拼图讲述。无论用什么方式、提供什么样的图，看图讲述的凭借物都是图片，即平面的具象画面。同其他的模型等直观教具相比，图片具有应用方便、经济适用、包含内容广、形式多样等特点，能在语言教育过程中起到连接现实的感觉和过去经验的作用。这类凭借物表现静止瞬间的暂停形象，在指导幼儿观察、理解和进行讲述时，需要帮助他们联想静止之外活动的形象和连接的情节。在观察和讲述图片时，幼儿需要从已经掌握的词语中，找到最准确的、最有表现力的方式来讲述，或者根据图片线索，进行创造性的讲述，可以有力推动幼儿的想象、思维和口头言语的发展。因此，看图讲述是幼儿园进行语言教育很重要的一种形式。

根据图片内容进行的看图讲述活动，从图片数量看包括单幅图讲述、多幅图讲述。

单幅图讲述可用于小班幼儿，多幅图讲述可用于中班和大班的幼儿。

从图片构成看包括排图讲述、拼图讲述或构图讲述、绘图讲述、粘贴图讲述等多种变化形式。

（1）排图讲述。

排图讲述是训练幼儿判断和推理等思维能力的一种看图讲述形式。它主要是通过给幼儿提供一套无序号的图片，让幼儿根据画面的内容，结合自己的理解和想象，按照画面中所呈现出来的简单情节可能发生的顺序，将无序的图片排出一定的顺序，构成一个完整、连贯的情节，并将故事的内容讲述出来。同样的图片由于幼儿理解与思维的结果不同，可能会排出不同的序列，所编构的故事也就千差万别，出现了平铺直叙、倒叙、插叙等多种讲述方法。这种讲述方式对幼儿的语言能力、思维能力的要求较高，比较适合大班幼儿。

【案例四】 大班排图讲述活动"贪吃的小老鼠"

"贪吃的小老鼠"讲述的是一只小老鼠吃西瓜皮沉入河底的经过，本课配合故事内容安排了四幅图片，幼儿可以按情节发展顺序排图并用连贯的语言，讲述一个完整的故事，教育幼儿遇事要先动脑筋想一想，想清结果后再做，不要向小老鼠学习。

【分析】在讲述活动过程中，一般幼儿通常是按正常顺序拼图讲述的，教师可以引导幼儿，先说出故事的结果，再寻找产生这个结果的原因，学习利用倒叙的方法讲述。

【提示】坐在西瓜皮船里神气的小老鼠为什么沉入河底了呢？原来呀……

（2）拼图讲述。

拼图讲述也叫构图讲述，是看图讲述的拓展，教师不直接提供讲述的凭借物，而是向幼儿提供各种构图材料，如积塑玩具、贴绒图片、磁铁图片、积木、七巧板、利益图片等，其中有人物、动物、花草树木、天气状况及不同的地点等，以及一个大的背景图，让幼儿根据一定的主题自由构思，将这些图片摆放在背景图上，拼出各种各样的画面，展开丰富的想象，构成一个个完整的、有情节的故事，并将它们清楚地表达出来。

拼图讲述不仅能培养幼儿的连贯性言语表达，而且在拼构的过程中，幼儿可以动手、动脑，有利于提高幼儿参与的兴趣。在拼构活动完成后，幼儿有一定的成功感，讲述的兴趣自然浓厚，自己决定讲述的顺序，独自介绍讲述的内容，或描述介绍，或创造性编构，学习中的主动性和创造性都能得到有效体现，不仅锻炼了口语表达能力，也促进了创造性思维能力的发展。这种讲述形式适用于大、中、小每个年龄班的幼儿。

【案例五】 中班拼图讲述活动"小动物的家"

教师出示大背景图和小背景图，上面有小河、森林、房子、花草树木等场景，教师引导幼儿有条理地观察，并说："美丽的大森林里，住着一些小动物，老师一放音乐，它们就纷纷回家了。小朋友们跟着音乐想象，把这些小动物找出来放在背景图上。"教师播放音乐，乐曲中有轻快活泼的乐段，也有恐怖可怕、平稳舒缓的乐段，幼儿每二人一组，根据想象将小动物放在自己面前的小背景图上。

教师提问："这些小动物的家在哪儿？家的旁边有什么？它们的邻居是谁？"请小朋友自己先讲讲。幼儿自由地讲述自己摆放的"小动物的家"，如："小鸭子生活在池塘里，它们的邻居有大白鹅，池塘里有小鱼、小虾，小鸭子和大白鹅在池塘里自由自在地游着……"又如："小兔子住在美丽的草丛里，那儿开着五颜六色的花朵。小兔子的邻居小鹦鹉住在高高的大树上，它每天都要准时将小兔子叫醒。""大灰狼住在茂密的森林里……"

【分析】幼儿以前已认识了不少小动物，了解了一些关于小动物的生活习性。但这些知识都是零碎的。幼儿的语言表达缺乏完整性、连贯性，为了对已有知识进一步加深了解。通过幼儿动手拼图并把拼图内容讲述出来，使幼儿在做中玩，在玩中学，激起幼儿动口的兴趣，从而达到对幼儿进行语言训练的目的。

（3）绘图讲述。

狭义的绘图讲述指的是幼儿在教师指导下针对一定主题进行绘画，然后再进行讲述，广义上讲则是将绘图、泥工、折纸等手工活动与讲述结合起来，然后将自己的作品讲述出来的一种活动。

与拼图讲述不同的是，绘画讲述时幼儿自己制作讲述的材料，然后将这些材料组合成一个有情节的内容并讲述出来。拼图讲述则注重"拼"，幼儿把教师提供的各种材料拼成一个完整的画面再讲述，幼儿的讲述材料仍然有一定的参照物，结合自己掌握的有关知识，独立绘画，独立构思，对幼儿想象力、创造力、绘图能力、编构故事的能力都有一定的要求。它既保留了拼图讲述"动手、动口、动脑"的优点，又发展了幼儿独立思考、创造性思维的能力，使幼儿在动手操作和讲述中体验到自由创造的乐趣。

由于绘图讲述是幼儿自己制作，因此可分两次进行活动。第一次活动进行绘画、捏泥等，第二次活动组织讲述。绘画或手工制作过程中，教师提供相应的主题，但在具体画或做什么、怎么做的过程中，不做具体的要求，让幼儿依自己的意愿随意构思表现，最好能够编构出一定情节，也可针对动画形象等自己感兴趣的情节或角色进行描绘，以保证讲述有可凭借的内容。

需要注意的是，教师要注意不要对幼儿绘画做很高的要求。由于不同年龄幼儿的认识能力、绘画能力以及言语表达能力存在差异，因此可在具体实施中差别对待，小班的幼儿可以先画后讲，中班的幼儿可以边画边讲，大班的幼儿可以先讲述后绘画，教无定法，教师可根据幼儿情况灵活处理。

【案例六】 大班绘图讲述活动"热闹的新年"

该活动鼓励幼儿用绘画的形式表现过年时热闹、开心的情景,并用连贯、完整的语言表述自己的作品,感受新年给人们带来的快乐。教师指导的要点是引导幼儿通过回忆,用恰当的词汇完整、连贯地讲述。该活动过程为:

1. 谈话导入

老师:"小朋友们喜欢过年吗?过年的时候你和爸爸妈妈都到过什么地方?你们做了些什么事呢?那时你心里有什么样的感觉?"(幼儿自由表达)

2. 绘画:热闹的新年

教师:"新年可真热闹!你们在新年里都做了好多开心的事情。下面就请你们将这些事情先画出来,再用一段好听的话告诉你身边的朋友,让大家和你共同分享快乐热闹的新年吧。"

幼儿作画(简笔画)时播放新年的喜庆音乐,为幼儿营造一个热闹喜庆的氛围。绘画时提醒幼儿注意将主要的角色、事件画在突出的位置;不会画的事物自己先想想,然后用某一种符号方式进行记录。

3. 讲述

(1)分组讲述:画好的孩子可以三五成群地聚在一起轮流讲述,教师巡回指导,倾听幼儿的发言,提醒幼儿讲述时要紧扣主题,用恰当的词语连贯、完整地讲述。

(2)个别讲述:教师请出画面主题内容突出、讲述有代表性的幼儿在全班幼儿面前进行个别讲述。

(3)评价:教师引导幼儿初步学习从画面表现力和讲述能力两方面进行评价。如,某个小朋友的画画出了快乐、热闹的新年主题;某个小朋友画面布局挺合理;某个小朋友讲述时用了恰当的词语,言语表达流畅;等等。

(4)教师结合事先画好的简笔画进行示范讲述。

4. 活动延伸

将幼儿的绘画作品粘贴出来,并请家长将幼儿的讲述内容用文字记录下来展示在主题墙上,与同伴共同分享新年的热闹和开心。

5. 活动拓展建议

请家长将新年期间带领孩子一起去参与的各种庆祝活动,以图画和照片等图文并茂的形式展现出来,布置成主题墙饰:热闹的新年。主题结束后可将这些资料收集整理,制作成幼儿自制小书《热闹的新年》。

【分析】 该活动能够帮助幼儿完整而连贯地讲述一件事情。

2. 生活经验讲述

生活经验讲述指的是幼儿将自己在生活中对人、对事、对物的感知讲出来,即针对自己经历过的、见到的、听到的,将最清楚的、最感兴趣的部分,有条理地表述出来。

这种讲述活动不仅能够锻炼幼儿独立的、连贯的讲述能力，而且可以促进幼儿观察、了解日常生活和社会生活，激发幼儿的求知欲和观察力，扩展幼儿的知识领域。特别是在教师的引导下，将那些有意义的事件说出来，对幼儿的品德、情感等都会产生潜移默化的影响。在讲述过程中，幼儿需对自己亲身感知和经历的过程进行再组织，而不是一点也不变地呈现出来，有的幼儿还习惯把多次的经历或多种印象组织在一起，通过口头语言再次呈现，这对于幼儿的分析、概括和语言的组织能力能起到锻炼作用。

【案例七】　大班生活经验讲述活动"超市购物"

一、活动目标

1. 引导幼儿按照时间、人物、地点及事件经过的线索，完整地讲述家乐福超市购物的经历。

2. 愿意积极与同伴进行语言交流，并能做到轮流讲述。

3. 能主动在集体面前讲述，声音洪亮、语句流畅。

二、活动准备

1. 幼儿有事先购物的经验，并拍有照片、录像。

2. PPT课件，讲述线索图（时间、人物、地点、事情经过、结果），画板和画笔。

三、活动过程

1. 引导幼儿运用已有经验开展谈话，激发讲述兴趣

出示家乐福标志、提问引导幼儿回忆购物经历。

教师："这是什么地方的标志？家乐福是个什么地方？你们去过家乐福吗？和谁一起去的？"

2. 运用已有经验讲述

（1）幼儿组内自由结伴讲述，做到认真倾听别人讲述，并能够做到轮流讲述。

（2）教师巡视并倾听幼儿讲述，幼儿需要时给予帮助。

3. 示范新经验讲述

过渡语："前几天，老师也带小朋友去了家乐福超市，还在里面买了东西。下面我来说说我的购物经历。"

"星期天的早晨，我和弟弟一起去家乐福超市购物。我们从入口进入超市，首先来到了食品区，我和弟弟每人挑选了一个自己最喜欢吃的零食，就离开了食品区。然后，我们又到了蔬菜区，我们帮妈妈买了土豆和豆芽，就准备到收银台付钱。可是经过玩具区的时候，弟弟看上了一个遥控小汽车，特别想买，我数了数手里的钱，只够买零食和蔬菜，我就想办法说服了弟弟，于是我们一起到收银台付钱，我们拿着买来的蔬菜和零食开开心心地回家了，妈妈还表演了我和弟弟。"

4. 幼儿运用新经验讲述

（1）出示讲述线索，提出讲述要求。

——引导按照讲述线索如实讲述自己的购物经历。
——你和谁一起去超市购物？
——什么时间，去了哪个超市，超市的名字是什么？
——逛超市的具体经过，在哪个区买了什么？
——逛超市过程中发生了什么事？你是怎么解决的？
——描述一下你当时逛完超市的心情。
（2）幼儿结伴讲述，并做到轮流讲述。
（3）推荐一名幼儿面向集体讲述。
5. 幼儿和教师一起在画板上画出超市购物流程图，并向同伴展示。

四、活动延伸

给爸爸妈妈讲讲自己最开心的一件事。

【分析】 该活动能够引导幼儿按照一定顺序完整地讲述一件事情。

3. 实物讲述

实物讲述是以实物作为凭借物，使用具体的物体来帮助幼儿讲述，有真实可感的特点。实物包含真实的物品（如文具盒、铅笔、书包、台灯等）、玩具（活泼的小兔子、可爱的小熊、幼儿喜欢的喜羊羊等）、教具和外在自然景物等等。指导幼儿感知和理解实物并进行讲述时，最重要的是帮助幼儿把握实物的特征。在观察中或观察后，要求幼儿将实物的基本特征、用途、使用方法等多方面的内容清楚地描述出来。

实物讲述的内容可有所侧重，不必一次讲全所有方面，可侧重某一方面，如实物的外形特征、用途、制作材料、使用方法等。实物讲述的形式很灵活，可以在游戏中，也可以在科学观察活动时或美术活动中，因此是一种可以单独开展，也可以和其他领域活动渗透开展的语言教育形式。

4. 情境讲述

情境表演讲述是要求幼儿凭借对情境表演的观察和理解来进行讲述的一种活动。情境表演由扮演的角色来实地演出一系列动作、发展情节，表现连续性的事件。情境表演讲述可以包括真人表演的情境和用木偶表演的情境，或是真人与木偶共同表演的情境。放录像展示一段情境事件，也应属于这类活动，因为这些方式均体现出"角色表演"和"连续活动"的特点，向幼儿展示可供讲述的内容。

幼儿在观看完表演后，要马上把内容讲述出来，要求幼儿要集中注意力，观察人物的动作、表情，记住人物的对话和事件的发展过程，这对锻炼幼儿的有意注意能力、观察力具有很好的促进作用；观看具体的情境表演的浓厚兴趣，可促使幼儿尽力回忆所获得的相关印象，想象、思考情境中事件等的表达意思，感受人物的内心情感和心理动态，并按照一定的线索或者顺序来组织口头言语并准确地讲述出来，这对于培养幼儿的记忆、思维、想象及口语表达都有积极的作用。由于这种讲述的难度较大，因此一般在小班后期或中班早起开始进行。

【案例八】 小班情境讲述活动"熊先生生病了"

一．活动目标

1. 通过观看情境表演，理解故事内容，并能用情境性的语言进行讲述。
2. 知道生病要去医院看病，并懂得关心、问候病人的情感。

二．活动准备熊先生头饰、小兔子头饰、护士帽、白大褂、针筒、药瓶、药、号码牌、医生用具（听诊器、压舌板、手电筒等）。

三．活动过程

（一）感知和理解讲述对象

1. 角色导入，激起幼儿听故事的兴趣

（教师扮演感冒的熊先生出场）师："小朋友，你们看谁来了？今天熊先生没有去上班，我们看看他怎么了？"

提问一：熊先生怎么了？（熊先生在不停地咳嗽和流鼻涕。）提问二：熊先生应该找谁帮忙呢？（熊先生感到身体不舒服，与幼儿讨论熊先生应该找谁帮忙。）引导幼儿知道生病了找谁来帮忙。

2. 教师进行完整的情境表演讲述

一个教师扮演熊先生，一个教师扮演医生，一个教师扮演护士。

（二）围绕讲述内容自由交谈，教师逐个进行指导

引导幼儿回忆并且讲述故事内容。

提问一：熊先生到医院做的第一件事情是什么？（熊先生先去挂号。）

提问二：熊先生看到兔医生，医生是怎么问他的？（熊先生，请问您哪里感到不舒服啊？）

提问三：熊先生是怎么回答医生的？（我不停地咳嗽和流鼻涕，觉得全身乏力。）

提问四：医生是怎么给熊先生看病的？（首先用听诊器听了熊先生的呼吸和心跳，接着又请熊先生张开嘴巴，用压舌板和手电筒看了熊先生的喉咙。）

提问五：医生给熊先生看好了病，又对他说了什么？（你感冒了，要按时吃药，多休息、多喝水，很快就会好的。）

提问六：最后，熊先生看好了病对医生说了一句什么话？（谢谢医生。）

提问七：熊先生拿到了药，对护士又说了一句什么话？（谢谢护士。）

（三）引进新的讲述经验，学习情景中的对话

邀请幼儿讲述故事，幼儿再次欣赏故事，教师完整地讲述故事内容。

（四）巩固迁移新的讲述经验

教师指导幼儿用故事中的对话进行角色表演。

四、教师小结

我们生病了,就要到医院找医生看病。如果小朋友身边有人生病了,我们应该怎么做呢?应该怎样去关心他们呢?

附:熊先生生病了

今天,熊先生没有去上班,他感冒了,在不停地咳嗽和流鼻涕。

他来到了家附近的医院,并挂了号。接着,他来到了兔医生的办公室。

兔医生:"熊先生,请问您哪里感到不舒服啊?"熊先生:"我不停地咳嗽和流鼻涕,觉得全身乏力。"兔医生用听诊器听了熊先生的呼吸和心跳,接着又请熊先生张开嘴巴,用压舌板和手电筒看了熊先生的喉咙。

兔医生:"你感冒了,要按时吃药,多休息、多喝水,很快就会好的。"熊先生:"谢谢医生!"兔医生:"不用谢!"熊先生在药房拿到了药,并对护士说:"谢谢护士!"护士:"不用谢!再见!"熊先生:"再见!"

【分析】该活动能够引导幼儿用情境性语言讲述事情,并从中学到生活常识。

思考与练习

1. 幼儿讲述活动的作用是什么?
2. 幼儿讲述活动的类型有哪些?

模块二 学前儿童讲述活动指导与案例分析

一、讲述活动的基本结构

讲述活动的类型多种多样,但由于其拥有共同的特点,因此在活动的设计和组织中有相对固定的结构,遵循着一个稳定的规律,它是讲述活动设计和组织实施的基本步骤和展开的顺序。

(一)感知、理解讲述对象

感知、理解讲述对象,主要是通过观察的途径进行。教师要调动儿童各种感官对讲述对象进行多角度的观察,以获得充分的感知印象,达到对感知物的理解,为讲述打好基础。观察主要是通过感觉通道中的视觉来获取信息,如看图讲述中的看图片,实物讲述中的看实物,情境讲述中的看表演等,都需要引导幼儿仔细观察。当然观察也可结合其他的感觉途径进行,各种感官获得的感觉形成整体才能全方位感知讲述对象,即通过听觉、触觉、嗅觉或味觉等感觉获得关于事物的表象,充分调动幼儿的各种感官,在看得见、摸得着、听得清的情境中,更好地理解、感知对象。

例如，通过听录音讲述"夏天的池塘"，教师先给幼儿听录音，让其分辨各种声音，树上的知了叫、池塘里的青蛙鸣叫、草丛里的蟋蟀声等等，这是从听觉途径去感知、想象夏天池塘里的景象和发生的事情，并讲述出来。再如，通过触摸感觉来组织描述性讲述活动"神气的口袋"，要求幼儿闭上眼睛，把手伸进口袋里，让其以手触摸具体实物，从口袋里摸出一样实物，要求根据触觉物体的外形等基本特征，猜出物体的名称，并讲述物体的形状、质地、用途等。

【案例一】 中班讲述活动"夏天的夜晚"

一、活动目标
1. 让幼儿感受文中优美的意境，体会世界因为小动物的存在而更加美丽。
2. 让幼儿有感情的朗诵诗歌。

二、活动准备
萤火虫夜晚出来活动的课件，教学挂图，录音机、磁带、彩笔、作业纸。

三、活动过程
（一）开始部分
谈话：小朋友，现在是什么季节？（夏天。），那夏天的晚上你会做些什么呢？（看电视、看书、和爸爸妈妈出去散步、看星星……）是呀，夏天的夜晚是很美的，经常会有很多的小虫子在晚上出来玩耍，你见过有哪些小动物在晚上出来玩耍吗？（蟋蟀、鲜蛱、蚂蚱、蚊子……）哎，还有一种小动物也是晚上出来活动的，会是什么呢？好，请小朋友们猜一猜，它是什么？

谜面：远看是颗星，近看像灯笼，到底是什么，原来是只虫。——引出课题。

（二）基本部分
1. 播放录音
播放散文诗《闪闪发光的话》，让幼儿欣赏散文后提问：
（1）夜晚，萤火虫在天上飞着，有的闪着翠绿的光，有的闪着什么样的光？（有的闪着幽蓝的光，有的闪着橙黄的光。）
（2）它们好像在用发光的"话"干什么？（互祝晚安。）
（3）听了散文诗后，小朋友们有什么感受？
让孩子们体会世界因为这些小动物们的存在而变得更美丽，教育孩子们要保护它们，爱护它们，不捕捉它们，要和它们交朋友，要从心底里去爱它们。

2. 出示教学挂图
（1）幼儿边听录音边看着画面小声跟着讲述。
（2）自由讲述。

3. 出示课件
出示萤火虫夜间活动的课件，请幼儿观察萤火虫的外形特征。让孩子们跟着学萤火虫飞来飞去的动作。

4. 学习诗歌

萤火虫，萤火虫，提着一盏一盏小灯笼。

飞呀飞到天上去，变成一颗一颗小星星。

陪着月亮姐姐，做个甜甜的梦。

（1）让全体幼儿背诵诗歌。

（2）自由创编动作并进行表演。

5. 让幼儿在作业纸上画萤火虫

边画边朗诵诗歌，教师来回巡视，检查孩子们对萤火虫的掌握情况。

（三）活动结束

放轻音乐，集体朗诵散文诗，并为孩子们进行录音。

四、活动延伸

离园时，把录音播放给家长听。

让家长回家后陪同孩子一起观看动物世界，让孩子们了解更多的有关动物的知识。

【分析】该活动有利于使幼儿感受到热爱大自然，保护动物的意义。

教师在这一步骤中重点指导幼儿观察、感知、理解讲述对象，以便为讲述增加认识上的基础。教师在引导幼儿时，要注意以下问题。

1. 教师要依据讲述类型的特点引导幼儿感知、理解讲述对象

如叙事性讲述，应重点引导幼儿感知、理解事件发生的过程、顺序以及人物在其中的作用。描述性讲述，应重点引导幼儿观察物体或人物的状态、动作、特征、表情等。只有从这样的角度把握住讲述对象，才能做好讲述的准备。

2. 教师依据凭借物的特点引导幼儿感知、理解讲述对象

讲述活动的凭借物具有多样性，有单幅的图片，有多幅的相互联系的图片，有具体的实物，有情境化的表演等等，教师在指导幼儿感知时，要抓住每一类讲述对象的特点，合理组织观察活动。如在看图讲述中，指导幼儿从观察表面的内容到内在的心理活动或事物之间的联系，从画面上直观的内容到画面外想象的内容。

3. 教师依据具体活动要求引导幼儿感知、理解讲述对象

每一次活动的目标要求是不一样的，有时要求儿童有中心、有重点地讲，有时要求儿童有顺序地讲。教师应根据活动的具体要求指导儿童观察。比如，同样是看图讲述，对幼儿在语言上的不同要求，可以设计和组织不同性质的看图讲述，在感知讲述对象时也有不同的表现。如果组织描述性的看图讲述，要求幼儿能够观察到图片上主要的描绘对象及主要的特征，同时还要对细节部分或事物之间的关系有所感知，在讲述时讲清楚有什么人，在干什么，怎么做等；如果组织创造性的看图讲述，要求幼儿根据自己的想象进行创造，要超出画面内容，不仅要讲出画面内容，还要讲出与画面

内容有关的、没有表现出来的内容，比如发生之前或之后的情节，为什么，怎么想的，什么心情，怎么办等等。

（二）运用已有经验讲述

在幼儿感知、理解讲述对象的基础上，幼儿运用已有的经验进行讲述。这一步骤的组织，要求教师放手让幼儿自由讲述，给幼儿充分的时间，运用已有的经验讲述。这是幼儿自由发挥的阶段，教师要改变过去讲述活动只有几个孩子讲，多数孩子听的局面。幼儿自由讲述对活跃气氛，帮助教师了解每个幼儿的讲述水平，提高幼儿参与活动的积极性都能起到重要的作用。

教师组织幼儿运用已有经验自由讲述的方式很多，主要有集体讲述、分组讲述、个别讲述等。

1．集体讲述

集体活动的状态可以提高幼儿对讲述的语言环境的认识，也能促进对个人言语表达形式的感知，知道用适合的音量、语调讲话。在集体讲述中，让每位幼儿都能围绕感知对象发表个人见解。如讲述"我最喜欢的玩具"，让每个幼儿都介绍自己最喜欢的玩具。这种讲述方式适合幼儿人数较少的年龄班。

2．分组讲述

分成小组能够让幼儿有更多机会进行轮流讲述，而且能够保证每个幼儿都有发言的机会，和其他小伙伴进行直接交流。分组的时候，注意小组人数不能太多，三四人最好，最多不能超过五人，因幼儿的合作意识和自控能力差，人数较多的小组方式不利于活动的开展。

3．个别讲述

通常教师会让幼儿在自由讲述时一对一地进行，这就是个别交流的方式。在组织活动中，这一方式容易操作，幼儿就近与相邻的小伙伴结成对子即可。

在讲述的自由发挥阶段，教师要注意以下方面的问题：

（1）因为此环节最容易出现混乱，所以在这个环节活动前，教师一定要注意交代清楚讲述的要求，提醒幼儿围绕感知、理解的对象进行讲述。

（2）在讲述活动过程中，教师进行巡回指导，要求幼儿尽量用规范的言语表达。教师要注意倾听幼儿的讲述内容，及时发现幼儿讲述的"闪光点"以及存在的问题。在活动中，教师不要过多地指点幼儿讲述，不要急于告诉幼儿什么，而是要注意倾听。既要听讲得精彩的部分，又要倾听能力较弱和能力中等的幼儿的讲述，这样的倾听有助于教师了解儿童对讲述对象的感知，为下一个步骤地顺利开展奠定了良好的基础。如果需要指导，可以通过插话、简单提问的方式，引导幼儿讲述，以免干扰幼儿正常讲述，降低幼儿讲述的积极性。在设计和组织实施讲述活动中，这一步骤不可缺少，否则会影响讲述活动的效果。

（三）引进新的讲述经验

新的讲述经验，是每次讲述活动的重点。通过前两个层次的铺垫，教师可以根据本次活动的要求，帮助幼儿学习新的经验。新的讲述经验主要是指讲述的思路和讲述的方式。教师在引进、示范新的讲述经验时，很重要的一点就是帮助儿童理清讲述的思路，使整个讲述顺序性、条理性强，让幼儿在模仿中学习，提高其讲述水平。如，哪些部分是重点内容，要多讲；哪些部分是次要内容，可以少讲；按照一定的顺序讲述，包括从上到下，从左到右，从大到小、从近到远，从表面到本质的描述等等。

在引进新的讲述经验时，教师可通过多种方式进行，要注意以下几个问题。

1. 教师示范新的讲述经验

教师提出新的讲述思路，发表自己的见解，为幼儿做示范。在示范时，很重要的一点就是要帮助幼儿理清讲述的思路，使得讲述内容有较强的顺序性和条理性。这种清晰的思路可以帮助幼儿关注基本的表述内容，以免重要方面被忽略，或者顺序颠倒。

讲述中，教师应帮助幼儿认识到讲述的基本要素：时间、地点、人物、事件、结果。讲述人物，主要是动作、表情、对话和内心活动及感受；讲述事件，主要是起始、过程和结果。掌握这些基本要素，准确地表达出来，讲述的完整性和连贯性就能达到。需要注意的是，教师的示范不能成为幼儿复述的模本，讲述的思路有多种，如果要求幼儿按照教师讲述的内容模仿，就成了复述活动，会降低幼儿讲述的积极性和创造性。

2. 教师通过提示引进新的讲述经验

教师可以用提问或者插话的方式引导幼儿对新的讲述经验的认识和学习。在讲述过程中，教师并没有明显的示范，而是表面上顺承幼儿的讲述，实际上则通过提问等方式改变幼儿的讲述思路。

幼儿在看图讲述的发展中，有不同的表现，针对不同的具体情况，教师在讲述活动中进行提示。

3. 与幼儿一起讨论新的讲述思路

共同讨论新的讲述经验可以从某一个幼儿的讲述内容入手，与幼儿一起进行归纳。幼儿的讲述不一定有很清晰的条理性，教师和幼儿进行共同性的讲述，意在通过引导，调整幼儿讲述的思路，遵循一定的讲述顺序或规律，以此来为幼儿引进新的讲述经验。

（四）巩固、迁移新的讲述经验

讲述活动中，仅仅引进新的讲述经验是不够的，还需要为幼儿提供操练新经验的机会，以利于他们更好地获得这些经验，这是讲述活动的最后一个步骤。在巩固和迁移新的讲述经验时，可以采取如下做法。

1. 示范和小结

幼儿学会新的讲述经验，并不意味着他们完全达到了熟练正确的程度，他们还可能会存在语音错误、错用词语或语法等方面的问题，教师可以进行总结性示范，让幼儿再次感知规范正确的表述方式，或者选择言语表达较强的幼儿进行示范讲述。注意示范者无论是教师还是幼儿，示范讲述的内容都要完整。

如果幼儿讲述能力较低，如针对小班幼儿，教师要进行小结性的示范讲述。中班的幼儿可以理解事物间的关系，讲述要求要逐步提高，如看图讲述时，要求幼儿自己进行总结性地讲述，从单幅图片过渡到对多幅图片的连贯讲述。对于大班的幼儿，要求其自己进行概括总结，用简单明了的句子讲清楚讲述的对象、内容，教师可不做示范总结。

2. 多种形式结合进行练习

讲述活动可以和游戏、绘画、情境表演等多种形式结合，以调动幼儿的积极性，巩固迁移新的讲述经验。具体方式有以下几种。

（1）由此及彼式的练习。

幼儿学会了一种新的讲述经验后，教师可以提供同类不同内容的机会，让幼儿练习用同样的讲述思路对另一件事情或事物进行讲述。例如，幼儿学会了对自己最喜欢的玩具进行描述性讲述后，可以让他用同样的思路讲述另一件玩具，从而帮助幼儿掌握所学的新讲述经验。再如，幼儿学习了人物的讲述活动后，教师提供不同的角色，引导幼儿更换角色，按照前者的思路扩展讲述后者。如，学会了讲述"我爱我的妈妈"，可以再迁移讲述"我爱我的爸爸""我爱我的老师"等。

（2）重复式的练习。

教师帮助幼儿学会了一种讲述经验，可以更换场景，让其运用这种讲述方式再次讲述，进行练习。例如，学会对一些图片内容的连贯讲述，可以让幼儿放学回家后根据这些图片给家长讲述，也可以展示给其他班的小朋友，虽然主要内容未变，但是讲述的听众、场景变了，幼儿也会有一定的兴趣。注意，这种讲述的迁移不是单纯的重复，鼓励幼儿再次呈现讲述内容的时候加上自己的创造，真正实现举一反三、灵活运用。

（3）扩展、补充式的练习。

引导幼儿对讲述的对象进行再创作或情节的补充，如拼图的顺序打乱重排，绘图活动中进行画面添加，构图活动中拼构对象的增删等，在原有讲述的基础上，讲述的对象通过教师或幼儿的活动有了变化，如何将这种变化讲述出来，其依据就是学会新的讲述思路，即用所学会的思路进行扩展讲述。例如，关于伞的讲述活动后，教师引导幼儿根据伞的多种用途进行扩展，迁移讲述经验，讲出新的情节，如伞可以给老爷爷当拐杖，可以倒过来放到河里作小船，等等。

总之，在以上四个步骤的讲述活动组织中，有一个内在的、完整的组织程序。可以说，每一次幼儿学习新的讲述经验，都在讲述活动中得到操练、实践、巩固、迁移，并且在下一次讲述中再次尝试运用。通过这种"滚雪球"的日积月累，幼儿的讲述能力会不断得到提高和发展。新的讲述经验只有经过实际的操练，达到熟练化，才能产生迁移，语言经验才能不断积累创新，从而促进幼儿总体语言水平的发展。

二、讲述活动应注意的问题

（一）创设幼儿敢说、想说的语言环境

要给幼儿创造良好的语言环境，必须丰富幼儿的生活。因为生活是语言的源泉，只有丰富的生活，才能为丰富的语言提供良好的环境。因此，在教育工作中，要给幼儿创设丰富多彩的生活环境，增长幼儿的知识，开阔幼儿的视野，扩大、加深幼儿对周围事物的认识和理解，促进幼儿思维发展，培养幼儿良好的口语表达能力。幼儿学习语言，都要与周围的现实的人、物、大自然及社会现象紧密相连。通过各种感官直接感知，听、看、触、摸、尝、闻，等等，获得周围的一切知识，继而发展幼儿的语言。语言的发展提高了幼儿的认识能力，而认识范围的扩大、内容的加深又丰富了幼儿的语言。因此，要注意发展语言交往能力紧密与发展认知能力相结合。根据幼儿直观感知的特点，给幼儿创设条件，丰富幼儿的生活内容，使幼儿在实践中认识世界，以发展幼儿语言。

（二）目标的确立要合理

确定活动的目标是任何类型的活动设计组织的第一步。就讲述活动而言，在制订一次具体的活动目标时，应注意以下几点。

1. 所确立的目标要具体、明确、详细

在讲述活动中，教师所制订的目标应依据讲述活动的总体目标，考虑不同年龄段幼儿的语言发展特点，与本次活动的主要内容紧密相连，在活动目标的表述上要尽量具体、详细。一次讲述活动的目标应该能够说明幼儿通过活动后能够达到的具体的讲述能力水平，能够说什么，怎么说。

2. 所确立的目标要重点突出

讲述活动主要的目标是要重点突出，重点目标要放在前面。在讲述活动开展过程中，活动的目标不能过多，而且要有主次，重要的目标要保证充足的时间和充分的实践练习机会，要和活动的重点内容对应起来，决不能出现喧宾夺主的局面。

3. 所确立的目标要全面

目标不但要重点突出，还要全面地反映本次活动的内容，在讲述活动中，不仅要考虑言语能力发展方面的目标，还要顾及其他方面的目标。全面的讲述语言活动目标既要包括能力和技能方面的目标，又要包括讲述的意识、情感、态度方面的变化。只有这样才能正确地指导活动过程，使活动目标真正落到实处。

（三）讲述内容的选择要恰当

讲述活动具有一定的讲述主题，通过看图、拼图、绘图或是具体的情境等展开。依据讲述的相关主题内容进行讲述活动内容的选择，是活动开展前教师的准备工作之

一,要注意合理恰当地选择讲述的内容。

1. 注意内容的多样化

讲述活动内容选择具有多样化的特点,从生活中、从儿童喜闻乐见的事情中吸取对他们的语言发展有促进作用的内容,其涵盖面非常广泛。如幼儿观察过的具体实物,个人经历的事件,自己身边熟悉的人、生活,幼儿喜欢的文学作品,等等,都可以作为讲述活动开展的素材,而且可针对性地开展不同的讲述活动。如,可根据熟知的儿童文学作品培养幼儿连贯地复述能力,根据对图片内容的观察可进行描述性的看图讲述活动等。总之。教师要努力拓展内容选择的范围,促进讲述活动开展的多样性和灵活性。

例如,某幼儿园的讲述活动有了解自然现象的"月亮姑娘做衣裳""小树叶找妈妈",认识科学的"动物的蛋",关心爱护小动物的"谈谈我喜欢的小动物",了解动物生长特性等方面知识的"小壁虎借尾巴""小蝌蚪找妈妈",激发孩子科学探索热情的"太空船飞来了",了解培养幼儿良好习惯的"洗洗小手讲卫生""认识书",培养孩子良好情感,规范孩子社会行为的"世界上最好的爸爸""我会关心人",体会祖国的美好,激发幼儿热爱祖国情感的"祖国到处有欢乐"等。所选择的讲述内容全面,可以使孩子受到多方面的教育。

2. 把握内容的合理性

讲述内容的选择要符合讲述活动的特点,也要符合幼儿讲述能力发展的特点。讲述活动的语言是独白语言,是比对话周密、复杂的口头语言表达形式,对幼儿语言的目的性、独立性、连贯性和创造性的要求较高。心理学家认为幼儿快到五岁才有较正式的独白言语。因此在讲述内容选择上要注意把握,既要求比较正式的语境,又要考虑幼儿的独白语言刚刚开始形成,发展水平普遍较低的特点。依据这种特点,教师所选择的讲述内容篇幅不能过长,情节不能过于复杂,例如,在看图讲述时,可以选择单幅或多幅图片,但不能用内容较多、篇幅较长的图书作为儿童讲述的内容。再如,选择情境讲述的内容时,要注意主题突出,情节简单,角色不宜过多,两三人即可,情境表演的对话不要太多,有时也可以用动作、表情等来辅助表现具体内容。

(四)凭借物的选择要适宜

讲述活动的一个主要特征是依据一定的凭借物进行讲述。因此,在凭借物选择时要注意以下两点。

1. 要符合幼儿身心发展特点

讲述凭借物的选择要符合学前儿童的身心发展特点,尤其要考虑到他们知识经验和语言经验的局限性。

以看图讲述活动的图片选择为例。

形式要求:选择的图片篇幅要大,色彩要鲜明、协调,能够吸引幼儿的注意力;图片中的人物等形象要鲜明、突出,背景情节不宜过于复杂,以免对无关内容有过多关注。不能把握主要内容,而对次要内容注意较多的现象,在学前期的每个年龄

阶段都有相当的比例,尤其是四到五岁的幼儿,表现更加突出,因此对图片一定要精选把关。

内容要求:图片的内容要积极、健康,有助于对儿童进行品德等方面的教育。图片的数量最多不超过五张,以免过于复杂,不利于幼儿的感知和理解。图片内容表现的应是儿童生活范围内熟悉、感兴趣的,如果幼儿对讲述内容比较生疏,做出正确判断和讲述的正确率则会较低,或无话好讲,沉默较多。每次讲述只涉及一个特定的问题,题目应具体、贴近儿童生活。

不同年龄班,可参照以下内容:

小班:主题明确,线索简单,角色少;画面背景简单,色彩鲜艳,角色的动作、神态及表情明显;画面大,篇幅少,一两幅即可。

中班:画面线索较为复杂,角色略微增多,形象突出,能从图片中了解角色的心理活动;可以运用多幅图,但最多不宜超过四幅,前后图片间应有联系。

大班:主题鲜明、生动;画面内容较复杂,角色的心理活动可以反映出来,并有想象的空间;画面各个事物间有相互关系,图片之间有衔接;图画不宜超过六幅。

2. 要有一定的讲述空间

在进行凭借物的选择时,要注意给幼儿留下讲述的合理空间,有发挥的余地。在一种讲述活动中,幼儿讲述活动的凭借物虽然相同,但是由于是以集体活动为主要教学形式,幼儿面对同一种凭借物,却因为生活背景、生活经验的差异或性格的不同,几乎每个幼儿讲述语言内容、讲述语言运用形式等方面都会表现出不同的讲述特点。这就需要教师注意,合理认识这种客观教育事实,首先是关注幼儿的个别差异性,其次是允许多样性的表述,最后就是进行合理引导,考虑怎么给这些在表达内容和形式上不成熟的幼儿提供帮助,让幼儿有讲述能力发展的空间,帮助幼儿得到发展。

(五)对幼儿讲述活动的指导要合理

1. 教师示范要适宜

讲述活动要求幼儿运用独白言语,连贯、清楚地进行讲述,这对幼儿来讲具有一定的难度,就需要教师的合理引导。因此,教师需要为幼儿进行范讲,用示范的方法,一步步地引导、规范幼儿的语言表述。教师的示范性讲述贯穿于讲述活动的始终,不仅仅是在引进新的讲述经验时用到,在幼儿刚开始学习讲述时,对幼儿提出讲述要求时,教师都要进行示范性讲述;在巩固新的讲述经验时,教师也要做示范性的活动小结。在活动开展中,如果有不善于表达或是表述水平较差的幼儿,在进行针对性的指导时,教师也要进行示范,所以教师的示范一定要适宜。

2. 教师提问要得当

提问是组织幼儿讲述的基本方法,提问作为一种教学手段,它的作用是非常明显的,教师提问可引导幼儿有序地观察、理解讲述对象,也可帮助幼儿选择恰当词句进行表述。但教师在实际活动过程中并不能盲目地、一味地提问,一些无关紧要的问题或是指向性不太明确的问题反而会影响到活动的效果。所以教师提问要做到以下几点。

（1）提问要具有针对性和有效性。

提什么问题要依据具体活动的对象和讲述的主题，不提和主题无关的内容，提问时要突出重点。教师的提问应紧紧围绕活动内容进行，尽量少问或不问与活动无关的问题。在提问时应考虑到：这个问题是和哪些内容有关的？通过这个问题可以实现哪一个活动目标？这些都是教师在设计问题时应该注意的。在整个幼儿阶段都会出现关注无关内容的现象，因此，教师在活动开展时要有重点地提问，针对重点内容提问，引导幼儿分清讲述的主次。

（2）提问要注意顺序性和层次性。

提问的顺序性可能帮助幼儿理清思路，组织好故事结构，进行完整讲述。如，"图片上有谁？在什么地方？发生了什么事？后来是怎样解决的？"这样的问题便于幼儿按照"人物—地点—事件—结果"这一顺序，较清楚、完整地讲述。提问的层次性指的是逐步增加问题的难度。

描述性问题（针对画面的人、景、动态）：有什么？有谁？是什么样的？在做什么？什么表情？

判断性问题：是什么关系？在什么地方？什么时候？什么一样？什么不一样？怎么样？

推理性问题：在说什么？会想些什么？

分析性问题：为什么？怎么知道的？

（3）提问要具有一定的启发性和差异性。

提出的问题要能引导幼儿的思维步步深入。不管是在讲述前还是活动展开中，均可提出启发性问题，引导幼儿根据一定的线索积极思考，而且提的问题要有一定的难度。教师提问不能只是在低层次上提问，而是要各种水平的问题相互结合，注重启发、引导的作用。要根据幼儿年龄和语言的发展，提问难度适中的问题，尽量少提那些包含答案在内的选择性问题、暗示性问题，如果幼儿不假思索就能回答"是"或"好"，这样的问题对思维和语言没有任何促进作用。

提问应符合幼儿的年龄特点和能力特点，应具有差异性。不同年龄的幼儿由于受其年龄特点的影响，对教师的提问有着不同的理解能力，回答起来也就会有不同的答案。教师应根据每个幼儿的情况，以不同的形式提出不同的问题，使每个幼儿都有表现和发展的机会。让平时不善言谈、语言能力发展慢的幼儿回答最简单的问题，甚至重复一个词；让能力一般的幼儿讲述稍容易一些的句子；让能力强的幼儿进行完整地讲述。这样，使每位幼儿都积极参与活动，在原有水平上都得以提高。所以，教师的提问要面向全体，尽量适合不同发展水平的幼儿，让每个幼儿都有回答的机会。

如在活动"小蝌蚪找妈妈"中，对能力较差的幼儿可提出："小蝌蚪的妈妈是谁？"这个问题很简单，只要听了故事就能回答；对能力中等的幼儿可提出："小蝌蚪和青蛙妈妈长得一样吗？"这个问题也很简单，但需要幼儿进行比较；对能力强的幼儿可提出："小蝌蚪和青蛙妈妈有哪些不同？小蝌蚪是怎样变成青蛙的？"这就需要幼儿认真听故事，仔细观察，还要有较强的语言表达能力。

（4）提问应具有开放性。

开放性的问题是一个问题可以有多种答案，可以给幼儿更多积极思考的机会。如在活动"下雨啦"中，我们首先安排的是生活经验讲述，可提问："下雨时我们可以做哪些事情？"在活动"春天在哪里"中，首先也可提问："你能说一说春天在哪里吗？"这些大的、开放性的问题，可以使幼儿根据自己已有的经验，说出不同的答案，能够引导幼儿主动挖掘作品内涵，引起幼儿的深入思考。既能充分发挥幼儿的想象能力、思维能力，也有助于幼儿语言表达能力的发展。当然，封闭性的问题也是必不可少的，但教师还是应该多提开放性的问题，充分调动幼儿的学习积极性，激发幼儿的求知欲和探究欲。

（5）提问应能调动幼儿的兴趣。

幼儿心理发展的一个突出特点就是情绪性，凡是他们感兴趣、觉得稀奇的事物，都能留下深刻的印象，并且在活动中也会注意力集中。幼儿学习积极性的高低往往跟他们是否感兴趣有很大关系。所以教师的提问要充分调动起幼儿的兴趣。这种方法通常用在活动开始时效果比较好。如讲述活动"帽子的秘密"，这是一则篇幅很长的诗歌，诗歌中的语言幼儿不容易理解，如何让幼儿保持较高的积极性来学习呢？在活动开始时，教师出示一顶大盖帽，用神秘的口吻问幼儿："这顶帽子有一个秘密，你知道是什么秘密吗？你想知道是什么秘密吗？"让幼儿积极地猜一猜，讲一讲，充分调动起他们的兴趣。

3. 多给幼儿说话的机会

讲述是幼儿自己口头言语的表达，有的孩子因为性格内向、怕羞等各种原因，不敢说、不愿说，也有的孩子怕说不好而产生退缩。教师要在了解本班幼儿性格特点和语言发展水平的基础上，适时鼓励，并给他们创造各种说话的机会，让每个孩子都有走到前面去展示自己、锻炼自己的机会，无论是说还是学，只要他们敢于开口，大声地在大家面前说出来，就应得到赞赏。孩子们因此就可以克服胆怯等心理，语言表达能力就会在日积月累中得到不断的提高。对于性格内向、胆小、自卑，不善于跟人交流的孩子，教师要无"原则"地鼓励，尽力在他们的讲述中找到可以进行鼓励和夸赞的亮点。对于讲述中口齿不清、发音不标准或不正确，但又有表达愿望，想要积极表现的孩子，教师要有足够的耐心和宽容，鼓励他们把话说完，不要急于进行纠正，而是看具体时机适时地进行引导。对于有交流愿望但说话语无伦次、词不达意、表述不完整的幼儿，教师要耐心倾听，他人的倾听态度是幼儿将自己的讲述进行下去的关键。

4. 多给幼儿鼓励的赞赏

正在学习语言的孩子不可能说得十全十美，如果孩子说错了，教师就加以指责，这样孩子们说话的意念立即被抑制了，所以说，与其指责孩子的过错，不如鼓励孩子进行新的尝试。孩子们有广阔的想象空间，他们所说的话很多是合情合理的，教师不可以武断地、轻易地予以否定，而是应该创建民主气氛，尊重孩子们的看法，以鼓励的、亲切的态度，让孩子们尝试成功的喜悦。这样，不但可以增强他们的自信心，而且能激发孩子们的想象力和讲述欲望。当然，孩子的讲述也有不合情理、逻辑的，甚至是荒谬的。此时，教师不应只作简单的否定，而应在向孩子讲清道理的基础上，鼓励他们积极思考，进行合理的讲述。这样，可以使孩子对讲述活动产生极大的兴趣，使孩子在良好和谐的师生氛围中茁壮成长。

5．注意讲述活动和谈话活动的区别

讲述活动和谈话活动是学前儿童语言教育中常见的活动类型，在实施中也极易混淆。

要认识到，两类活动都能促进幼儿表述能力的发展，但在目标、内容等方面也存在着明显的区别。

（1）活动的目标不同。

谈话活动旨在为幼儿创造良好的语境，帮助幼儿学会倾听他人谈话，知道围绕一个中心话题进行交谈，学会和他人交谈的规则，如感知彼此角色的适应性、轮流性等，其核心在于发展幼儿与人交往的对白言语能力。而讲述活动则是围绕一定的图片或实物等凭借物，帮助幼儿逐步获得独立构思、完整连贯表达的语言发展经验，其核心目标是发展幼儿的独白言语能力。

如果不能把握二者的不同，就会产生活动目标混淆的现象，在具体活动开展中就难以达到促进幼儿某方面语言能力发展的目标。如在一次关于汽车的谈话活动中，教师设置的活动目标为"学会用完整、连贯的口头语言对汽车进行描述"；在一次讲述活动中，活动的目标则为"在谈论汽车的基础上展开想象，说说未来的汽车是什么样的"。其中，"完整、连贯"是对讲述的要求，而"展开想象谈论"则是对谈话的要求，二者的活动目标完全混淆。

（2）活动内容不同。

讲述活动和谈话活动的内容不同。谈话活动围绕话题进行交谈，是在幼儿已有的经验基础上，要求交谈的双方要有角色的转换，能轮流表达，活动的内容注重的是不同幼儿间的言语交际活动，至于幼儿表达得是否规范、连贯等，则不做具体要求。讲述活动则是围绕凭借物进行独立构思和独立表达的活动，注重的是表达的清楚、连贯性，虽然在活动中也有不同幼儿间的交流，但不侧重对话交往，而是侧重独立表达的规范性。

在实践中，如果不能清楚地意识到这些区别，就极易把二者混淆。如谈话活动开展中，教师鼓励幼儿分组或个别讲述，要求把话说完整，说清楚和连贯，却忽略了幼儿之间的彼此的言语交流，只是组织幼儿进行讲述，也就失去了谈话的特色。

（3）凭借物的作用不同。

在谈话和讲述活动过程中，都有一定的凭借物，但是凭借物的作用大相径庭。谈话活动对凭借物的应用，主要是引入话题，用作创设情境，幼儿可根据这些实物或图片等凭借物进行谈话，只要不离题，谈什么都可以，因此它发挥的是引导的功能。而讲述活动则是针对凭借物进行讲述，要对凭借物的内容进行再现，可以进行想象、创造，凭借物起到的是限制讲述内容的作用。

对凭借物的作用有了清楚的认识，才能在活动开展时更好地应用。如同一幅图片，既可以用来开展谈话活动，也可以用来组织讲述活动。如果是谈话，则以此限制话题，但是幼儿可以把自己所看、所想等相关的内容都表达出来；如果是讲述，则幼儿必须对图片进行连贯、有条理的描述，关注图片的主要内容。

（4）具体的语言要求和语境不同。

谈话活动旨在促成幼儿之间宽松、自由的交流，有相对自由、畅所欲言的语境。正如人们在日常生活中的交谈那样，不需要正式的场合，不需要使用规范严谨的语言，而是使用自由、不拘形式的语言，以说明白想法为准。而讲述活动则要求场景正式，语言运用准确、规范，内容清晰、有条理，表达相对完整的观点，不强调幼儿与教师、幼儿之间的多方的信息交流。幼儿在讲述中需要调动多种能力，如进行对讲述对象的观察、语言的组织等，不仅能为将来的书面语言发展打下基础，而且能够为辩论、正式发言等做好前期的准备。

【资料】 3~6岁儿童图画讲述能力的发展特点

（1）儿童图画讲述经历了由零散罗列、把握主要关系到围绕画面的主要内容和事件进行整体讲述的发展过程。其中，零散罗列和片断联系是低水平的两种讲述形式。拓展事件和整体讲述是较高水平的讲述形式。抓住画面形象之间的主要关系是图画讲述发展中由低水平讲述向高水平讲述发展的过渡形态。

（2）4~5岁是儿童图画讲述能力发展的重要转折时期。

（3）画面形象的特点与图画意义的隐含性和深刻性均对儿童的图画讲述有影响。这种影响表现在三个方面：第一，儿童讲述呈现型图画表现出较多高水平的讲述类型和较少低水平的讲述类型；第二，儿童对程序性图画内容进行拓展还存在一定困难；第三，程序性图画和蕴含性图画在幼儿阶段均未出现讲述发展过程中的典型过渡阶段。

三、一日活动和其他领域中渗透的讲述活动

根据《纲要》精神，发展幼儿语言的重要途径之一是通过互相渗透的各领域教育，在丰富多彩的活动中扩展幼儿的语言经验，以促进其语言发展。讲述能力的发展除了组织实施专门的讲述教育活动，也可在一日生活和其他领域活动中渗透进行，充分发

挥语言作为交际工具的特性,并在应用中促进幼儿表达能力的提高。

(一) 一日生活中的讲述活动

生活是语言的源泉,有丰富的生活环境,就会有丰富的生活经验,基于此幼儿才会有话可说。在语言发展的最佳时期,学前儿童的语言教育,应充分利用一日生活的各个环节,将可能的积极因素和机会把握好,灵活、随机地引导幼儿的语言表达,促使他们积累丰富的语言经验并锻炼语言运用的技能。

1. 常规性专题讲述活动

日常教育生活中的讲述活动比谈话活动有更高的要求,它尽量使幼儿能够自己进行一段话语的表述,而不仅仅是和教师进行较为简单的对谈。为了锻炼这种独白言语能力,教师可以在一日活动环节组织一些常规性的语言专题活动,如"周末趣事""天气预报""早餐、午餐解说员"等,这些小解说员可以每天由不同的幼儿轮流担任,以让所有孩子都有锻炼的机会。

在这些专题讲述活动中,幼儿被赋予一定的责任,充当临时的播报员或解说员,自己独立地进行趣闻的讲述,或对当日的天气情况进行播报,对明日的天气进行预报,或者对早餐、午餐的餐点名称、口味以及营养等进行介绍。这种讲述活动既锻炼了幼儿的胆量,使幼儿敢于主动在集体面前开口讲话,又促进了幼儿独立言语表达能力的提高,同时也会促使他们注意表述的内容,增加知识或生活经验,可谓一举多得。

教师要注意,在这些常规性讲述活动中,对幼儿的引导不要超过幼儿自己的表述,即要让幼儿讲述得更多一些。另外,这些活动开展时,刚开始可以要求低一些,幼儿能说出三两句话即可,慢慢提高要求,让幼儿尝试自己进行较长语段的表达,这样幼儿独白言语的讲述能力就会逐渐得到提升。

【案例二】 幼儿园的"焦点访谈"活动

一、访谈时间的确定

利用晨间活动、餐前20分钟开展"焦点访谈"活动,因为孩子们一早到幼儿园,总有很多话想告诉同伴和老师,比如昨天回家路上的见闻、妈妈给买的新玩具、电视上看到的新鲜事等等,而且这个时间又不占用正式教学活动,短短的20分钟,非常适合孩子们的思维和行为特征。

二、访谈内容的设置

访谈内容涉及幼儿生活的方方面面,从家庭到幼儿园,从动物到植物,从季节变化到地球火星,常常是广泛而且富有童趣,充满幼儿的智慧和爱心,话题诸如"爸爸老爱吸烟怎么办?""为什么妈妈老管这么紧?""家里没伙伴怎么玩?""三八节我们为妈妈做什么?""饭后剧烈运动好吗?""乌龟过冬会不会饿死?""兔子的眼睛为什么不是蓝色的?""小鱼睡觉闭上眼睛吗?"我们还适时地将幼儿话题引到社会、国家大事上,比如奥运会、抗震救灾等,引导幼儿关注他人,热爱集体,关注社会,热爱国家。讨论中教师还必须充分考虑到幼儿的认知能力，及时进行道德意识和行为教育，可谓广泛而又细致入微。

三、访谈活动的开展

首先明确访与被访的对象。每次让一名或数名幼儿学当小记者，再由小记者邀请在场的小朋友作为被访者，其他幼儿作为观众参加讨论。访谈对象从班级同伴扩展到园里工作人员甚至家长、超市服务员、菜场工作人员等。采用整体与小组、群体和个体相结合的对话式访谈形式。

四、访谈活动的成效

"焦点访谈"为幼儿创设了宽松自由的语言环境，让孩子想说、敢说、爱说，同时为幼儿提供了语言学习的机会。幼儿在这种平等、轻松的访谈环境中畅所欲言，尽情表达心中的各种感受；在讨论中学会听与说，学会表达自己的观点，使他人理解和接受自己的观点；在争执中学习围绕话题使用辩论性语言，感受说的乐趣。

【分析】"焦点访谈"活动进一步激发了幼儿对社会的关注，对周围生活观察的兴趣和敏锐性，同时孩子们的品行和道德是非观念也得到了提高和增强。

2. 自由活动中的讲述

幼儿园的自由活动看似随意，实际教师往往可以有效利用，精心设计，促进幼儿的发展。如，教师有意在区域活动角准备并放置丰富的材料，幼儿自由选择开展游戏。游戏活动中和结束后，幼儿一般都会愿意跑过来告诉教师，今天玩了什么，发现了什么，或者遇到了什么问题等。或者在教室中布置自然角，放上一些花草，养些小鱼等水生动物，还可让幼儿带来几颗黄豆等的种子，亲手栽种，观察它的变化，伴随着其发芽长高进行观察和讨论，发表见解。这些看似不经意的布置，让幼儿在自由活动中丰富生活经验和语言体验，锻炼幼儿观察和讲述的能力。

自由活动很多时候在户外进行。在户外活动的过程中，教师可引导幼儿对所见所闻进行讲述。这种讲述一般由教师引导的谈话开始，让幼儿去观察，知道看什么，找什么，在观察的基础上集中讲述。如，在户外散步时，教师将幼儿带到大树下，观察大树笔直的树干、茂密的枝叶，听风吹过大树时树叶沙沙的响声。幼儿有了这些对大树的感知，再引导其进行"大树"这样的主题性讲述就会比较容易。

教师要注意，在户外的活动中，幼儿注意力极容易分散，要抓住幼儿的兴奋点和注意力，提出一定的要求，引导他们进行观察，将看到的和说到的统一起来，避免幼儿无目的地随意看的现象。

【资料】依据幼儿的水平和所选的户外情境内容采取随机分组、水平分组、问题分组等形式组织活动。如我们采取随机分组形式，下雨时每次带几个幼儿外出观察下雨的情境，听雨声、看雨影，在雨中讲述感受，对幼儿发音、运用词汇、表达等方面给予有针对性的个别指导。又如，户外情境讲述"大街真热闹"活动中，我们根据大街两旁不同的景物,让能力强的幼儿带着能力弱的幼儿并分成两组,由两位教师分组引导。最后,幼儿将各自所见的街道中热闹的景象互相交流,幼儿讲述起来内容丰富。以上这种小组讲述的形式加强了师生间的联系,有利于教师细致地观察引导,让每个幼儿都有充分的体验、表现和学习的机会。

(二)渗透在其他领域活动中的讲述活动

连贯流利地讲述是口语表达的基本要求,仅靠在专门的语言活动中进行讲述能力的培养是远远不够的,除了渗透到一日生活的各个环节,在幼儿园各领域活动的开展中,教师也要注意有意识地促进幼儿口头语言讲述能力的发展。数学、科学、音乐、美术等活动中都可进行幼儿讲述的练习。

在美术活动中,幼儿通过自己动手完成一件作品,头脑中会孕育各种各样的情节,也会有各式各样的想法。任何美的用意、美的感受都需要语言的表达。幼儿画的是什么,如何布局安排的,用了什么颜色,这些都可以在幼儿作画后教师与其交流中表达出来,这时,教师就要给他们创设表述的情境,让幼儿向大家介绍自己的作品。以美术活动渗透看图讲述为例。

【案例三】 美术活动"夏天找凉快"

此例活动主要是利用幼儿自己绘制的图片进行讲述,培养幼儿的语言能力。活动一开始,教师就提出问题:"现在是什么季节了?夏天有哪些有趣的事呢?你在夏天会做什么?"用这些问题直接导入主题,和孩子已有的生活经验联系起来。孩子本身最喜欢夏季,因此对教师的提问反应相当强烈,马上回忆起了自己已有的生活经验,很自然投入地画了起来。画完讲述时幼儿都能根据自己的画发挥想象。如,李宇翔说:"我画的是这样的,今天天气真热,可是我要出去玩,我就找到一棵大树。因为大树下有阴凉的地方,我到那里去不会很热的。我在大树下玩拍皮球的游戏。"崔笑杰说:"今天我画了游泳,天气热了,我去游泳,旁边还有我爸爸,因为小孩不能一个人去游泳。"这无疑给孩子提供了机会,让他们轻松地运用了已有的经验进行讲述,表达能力也得到更多的提升。

在音乐作品学习和欣赏中,教师可引导幼儿理解歌词或乐曲所表达的含义,让他们尝试用自己的语言将所理解的内容表达出来。这不仅能锻炼幼儿的讲述能力,而且能发挥其想象力。

学前幼儿的科学领域活动在于让幼儿认识基本的科学现象和规律,在科学教育活动开展中,教师通过语言引导幼儿进行简单的实践操作,在感知科学乐趣的同时,用语言将观察到和获得的科学认识用语言表达出来。因此,在此类活动中渗透讲述能力是必要而且可行的。教师要引导幼儿用比较规范的话语表达,必要时进行活动内容的总结,为幼儿树立规范、连贯、完整言语表达的示范。

【案例四】

  科学活动"沉与浮"中，给幼儿提供了十几种操作材料，有乒乓球、积木、橡皮泥、空瓶子、小石子、回形针、铅笔、树叶、磁铁、纸等。刚开始让孩子们猜测"把这些物体放入水中会发生什么现象？"有的说乒乓球、积木、树叶、纸会浮在水面上，有的说树叶会沉下去，有的说纸也会沉下去，孩子们开始争论起来。于是我说"请小朋友亲自将这些材料放在水里，观察什么东西是浮在水面上的？什么东西是沉在水底的？"通过实验验证，孩子们对各种材料的沉浮现象统一了认识。最后，我又设计了两个问题情境："怎样让浮着的物体沉下去？让沉下去的物体浮上来？"尝试试验后，有的孩子说："往空瓶子里装水，把积木拴在石头上，可以让浮在水面的空瓶子和积木沉下去。"有的说："把回形针别在铅笔上，可以让沉入水底的回形针浮上来。"

  【分析】 孩子们通过探究、思考、尝试，在活动中有了深入了解和深刻体验，也产生了强烈的表达和交流的欲望，他们各抒己见，互相争论，并在教师启发下把探究过程和发现进行梳理，用连贯、完整的语句表达出来，思维清晰，逻辑性也较强。

  总之，只有丰富幼儿的生活环境和生活经验，幼儿才会有话说、想说、可说，也才能使其语言表达能力得到锻炼和提高。在日常教育活动中，我们教师应注意充分挖掘幼儿生活中可以利用的一切因素，让幼儿在充分感受、理解的基础上获得感性经验，在日常生活与环境的互动中自然获得语言，使得专门的语言教育活动和渗透的语言教育活动相得益彰，促进幼儿语言能力的发展。

四、幼儿园讲述活动案例分析

  幼儿园经常采用讲述活动培养幼儿口头语言表达能力，即幼儿要能够完整、连贯、清楚地进行讲述。讲述活动的组织实施和开展受到幼儿年龄阶段、讲述凭借物、具体活动形式等多种因素的影响制约，每一个相应的语言活动设计和实施方案都有自己的特点，教师在进行讲述活动设计和组织实施时，要密切联系幼儿身心发展实际和语言发展特点，因人制宜、因时制宜、因地制宜，不能盲目照搬，刻意模仿。

  下面选取几个幼儿园讲述活动案例，并给以分析。

【案例一】 大班讲述活动"小老鼠找房子"

活动名称	小老鼠找房子（描述性讲述）
活动目标	1. 仔细观察画面，根据小老鼠的表情、房子的状况进行判断、想象，描述小老鼠的心理活动。 2. 学习用"因为……所以……"的句式，完整、连贯地表达自己的想法。 3. 能大胆讲述，愿意与同伴分享交流。

活动准备	1. 图片5幅（1号房没有门和窗，2号房没有瓦片，3号房倾斜有裂缝，4号房隔壁有小猫，5号房外形完美）。 2. 小老鼠图片一张（正面为不高兴的表情，反面为高兴的表情）。 3. 各种小图片若干，如树、草、花、商店等。 4. 四张桌子，每张桌子上放四座房子。		
		活 动 过 程	
		教师活动	幼儿活动	课后效果分析
感知理解图片内容	时间4分钟	1.（出示表情不高兴的小老鼠）小朋友看，这是谁？ 这是一只怎样的小老鼠？ 它为什么会哭呢？ 2.（出示1～4号的房子） 小朋友看看，这几座房子怎么样？如果你是小老鼠，你喜欢哪座房子呢？ 3. 老师在每张桌子上放了四座房子，请你们仔细观察	观察图片。 自由谈论。 请2名幼儿发言。 观察图片。 自由谈论。 请2名幼儿发言。 四人一组，分组观察	幼儿完整、连贯地表达想法
运用已有经验讲述	时间5分钟	1. 请你想好以后，跟小朋友讲一讲小老鼠不满意的原因。 (教师倾听幼儿的讲述) 2. 下面哪位小朋友愿意给大家讲讲小老鼠不高兴的原因，它为什么不喜欢这些房子？	四人一组，在组内交流讨论小老鼠不满意的原因。 请2名幼儿在集体面前讲述	构思、表达能力提高
引进学习新经验	时间10分钟	1. 小朋友仔细看，1号房子是什么样的房子？如果你是小老鼠，看到1号房子，心里会怎么想呢？能用"因为……所以……"来说吗？ （对2名幼儿的描述给予鼓励和具体的肯定。） 2. 哦，因为1号房子没有门，也没有窗，小老鼠心想，这样的房子我自己住还可以，可我的朋友们就不能来我家做客了，没有门他们进不来，没有窗见不到阳光，朋友们不喜欢到黑乎乎的屋子里做客。没有朋友多孤独啊，所以小老鼠对1号房子不满意。老师用"因为"来讲小老鼠对房子不满意的原因，用"所以"讲小老鼠不满意的结果。 小朋友，你们还会用"因为……所以……"的句式来讲述小老鼠对2号、3号、4号房子不满意的原因和结果吗？ （到幼儿中间倾听讲述情况，适度指导。）	观察图片。 联想小老鼠的心理活动，用"因为……所以……"的句式描述。 在练习的基础上，请2名幼儿讲述。 听老师示范讲述。 练习使用"因为……所以……"句式描述小老鼠对房子不满意的心理活动	幼儿敢于在集体面前表现
巩固迁移新经验	时间6分钟	1.（出示5号房子） 这里还有一座房子——5号房。 (1) 你觉得小老鼠会喜欢5号房子吗？为什么？ (2) 小老鼠看了看房子觉得不错，但看看房子周围又叹气了，为什么呢？它还有什么不满意的吗？	仔细观察5号房子，联想小老鼠的心理，按照讲述顺序进行连贯讲述。 动手布置。	学会因果句型，巩固经验

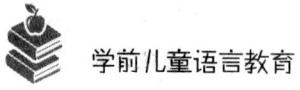

续表

		活动过程		
		教师活动	幼儿活动	课后效果分析
巩固迁移新经验	时间6分钟	2. 为幼儿提供树、草、花、商店等小图片，让幼儿为小老鼠美化5号房的环境。布置好以后，再讲一讲小老鼠看到新家的心理活动	描述讲述	学会因果句型，巩固经验
分析		1. 看图讲述"小老鼠找房子"是让幼儿根据画面小老鼠的表情、房子的状况进行分析、想象，用语言描述小老鼠的心理活动，在描述的时候用"因为……所以……"的句式，完整、连贯地表达自己的想法。教学重点是描述小老鼠的心理活动，难点是运用"因为……所以……"句型描述。 2. 活动准备，图片特征明显，让孩子容易看出来，利于他们构思、表述。 3. 活动过程的设计突出讲述活动特点，让每个步骤都向目标靠近。 第一步，引导幼儿感知、理解图片内容。先出示表情不高兴的小老鼠，让小朋友猜它不高兴的原因，然后再出示1~4号的房子，看这几座房子怎么样？如果你是小老鼠，你喜欢哪座房子呢？这几个问题都会让幼儿积极观察、思考，为后边的活动做好铺垫。 第二步，运用已有经验自由讲述。教师让幼儿先构思，想好以后再跟小朋友讲一讲小老鼠不满意的原因。教师深入到幼儿中间倾听他们的讲述，了解他们的讲述情况。在幼儿普遍练习之后，请个别小朋友给大家讲讲小老鼠不高兴的原因，为幼儿创设在集体面前讲述的机会。 第三步，引进学习新的讲述经验。教师让小朋友设身处地，幼儿进入角色容易体会小老鼠的心理过程，用"因为……所以……"来说就有一定的挑战性。学习任务下达后，先让幼儿自己练习说，然后再请2名幼儿说，教师对幼儿的描述给予鼓励和具体的肯定，使幼儿敢于在集体面前表述。然后教师做示范讲述，让小朋友知道"因为……所以……"怎么用。之后让他们用"因为……所以……"讲述小老鼠对2号、3号、4号房子不满意的原因和结果，使幼儿学习到新的讲述经验。 第四步，巩固迁移新的讲述经验。教师出示5号房子，让小朋友想小老鼠会不会喜欢。这时孩子们已经掌握因果句型开始大胆运用了。但是，教师话锋一转，说小老鼠看了看房子觉得不错，但看房子周围又叹气了，为什么呢？它还有什么不满意的吗？让幼儿运用新句型来描述小老鼠的心理活动，进一步巩固新经验。然后教师为幼儿提供动手的机会，布置小老鼠的新家，布置好之后再讲小老鼠的心理活动。这样使练习的机会增加，形式富于变化，让孩子的活动兴趣始终保持较好的状态		

【案例二】 中班讲述活动"小河马的大口罩"

活动名称	小河马的大口罩
活动目标	1. 仔细观察图片，能用较连贯的语言讲述图片内容。 2. 学会把图片串联起来，构成一个完整的故事。 3. 通过编构故事，巩固预防感冒知识
活动准备	1. 课件"小河马的大口罩" 2. 大、小口罩各一个 3. 歌曲《健康歌》

		活动过程		
		教师活动	幼儿活动	课后效果分析
感知理解讲述对象	时间3分钟	1. 出示口罩。 提问： 你见过谁戴口罩？ 他们为什么要戴口罩？ 小结：口罩是为了防寒、保暖。环卫工人戴口罩是防止细菌、灰尘进入口中。	自由回答。	提取经验

续表

		活 动 过 程		
		教师活动	幼儿活动	课后效果分析
感知理解讲述对象	时间3分钟	2. 出示"大"口罩。 你们猜，这是谁戴的口罩？ （播放课件：大河马） 河马为什么要戴口罩？ 河马和它的口罩发生了什么事？	自由回答	激发兴趣
运用已有经验自由讲述	时间7分钟	1. 引导幼儿观察图一。 提问： 小河马怎么了？ 你怎么发现它生病了？ 医生给它什么了？ 河马为什么要戴口罩？ 2. 引导幼儿观察图二。 提问： 又发生了什么事情？ 口罩又被谁捡到了？ 它把大口罩当成什么了？ 3. 引导幼儿观察图三。 提问： 大风又把大口罩吹走了，看看谁又捡到了？ 想一想，松鼠会把它当作什么呢？ 4. 引导幼儿观察图四～六。 提问： 风又把口罩吹走了，谁还会捡到这个口罩？ 又会把它当作什么呢？ 5. 六幅图片看完了，小朋友能把这个故事完整地讲下来吗？两个人一组，互相讲给对方听。 6. 谁愿意给大家讲，请到前边来，声音大一点讲	观察图一，构思。 集体自由讲述后，请一个小朋友回答。 观察图二，构思。 集体自由讲述后，可请1～2名幼儿讲述。 观察图三，构思。 集体自由讲述后，请1～2位幼儿讲述。 观察图四，构思。 集体自由讲述后，请1～2位幼儿讲述。 两个人一组，互相讲给对方听。 请一位幼儿在集体面前讲述。	发展幼儿连贯讲述的能力
引进学习新经验	时间8分钟	1. 对幼儿的讲述给予具体的评价、鼓励。（如故事讲得很好听，讲第几幅图片时用了一个好听的词等。） 2. 听小朋友讲完，老师也想讲一遍，你们想听吗？ （教师示范讲述。） 3. 老师的故事讲得好吗？ 什么地方讲得好？ 你们学一学。 4. 故事里边说，第二天早上有很多小动物来找熊医生，为什么呀？ 小朋友真聪明，感冒会传染的，通过空气和唾液传染。 那小朋友该怎样预防感冒呢？ 对，要多吃蔬菜，不挑食；还要多喝温水、勤洗手、多睡觉、多锻炼。 5. 这个故事还没有名字呢，起个什么名字呀？ （根据幼儿起的名字引导。） 嗯，这个故事主要是小河马感冒了，它戴的大口罩被别的小动物捡到戴上以后，别的小动物也生病了。那我们给故事起的名字里要有小河马，还要有大口罩，那就叫——小河马的大口罩	听教师点评。 听教师示范讲述。 根据听到的内容回答。 模仿教师的讲述。 自由回答。 自由讨论、发言。 给故事起名字。（大河马、小河马、小河马感冒……） 小河马的大口罩	学习新经验，强化积极意识

续表

活 动 过 程

		教师活动	幼儿活动	课后效果分析
巩固迁移新经验	时间 6分钟	1. 下面我们来表演这个故事好吗？ 谁愿意扮演大河马？（请4名幼儿） 谁愿意扮演小河马？（请4名幼儿） 谁愿意扮演医生？（请1名幼儿） 谁愿意扮演小松鼠？（请4名幼儿） …… 2. 老师给你们念旁白。咱们先来练习一下。 （集体练习一遍） 3. 请一个小组表演	根据意愿选择角色。 集体表演一遍。 7名幼儿表演一遍	主动练习，巩固积极性
活动延伸		1. 大家一起唱《健康歌》。 2. 带领幼儿参加户外体育活动。 3. 在语言区域设立"还有哪些人戴口罩？"的图片		活跃气氛，使幼儿期待活动
分析		1. 看图讲述"小河马的大口罩"内容来自儿童的生活和经验，对于中班幼儿来说，他们具有相关方面的知识和经验，看懂图片并能较完整地讲述符合他们的年龄特点，也符合《指南》的要求，教学难点是将图片串联起来较连贯地讲述故事。 2. 为了激发幼儿的观察、构思、讲述的兴趣和积极性，完成活动目标，教师准备了两个口罩，一个小的，一个大的，以及PPT课件。 3. 活动过程的设计突出了讲述活动的特点，以幼儿为讲述主体，在他们原有基础上，使他们的讲述水平进一步提升。 第一步，感知、理解讲述对象。 讲述对象：口罩、河马。出示实物口罩，提取幼儿的已有生活经验，再出示大口罩，激发孩子的兴趣，猜是谁的口罩，之后再出示河马的图片，激发幼儿进一步联想河马和口罩之间有什么关系，为构思故事做好准备。 第二步，运用已有经验自由讲述。逐幅出示图片，引导幼儿观察、理解、完整讲述每一幅图片的内容，讲述时先在集体中练习，也就是幼儿自己讲给自己听，然后请个别幼儿讲述，为幼儿创设集体讲述条件，发展幼儿的讲述能力。 逐幅图片讲述之后，引导幼儿把六幅图片连起来讲述，先让幼儿自己练习，给他们一定的时间，然后再请个别幼儿集体讲述。这种安排使大多数幼儿有机会练习口语表述，而不是只听能力强的幼儿讲述。但在一次活动中，在集体面前讲述的机会不是人人都有，需要教师心中有数，把握运用好"面向全体幼儿"的原则。 第三步，引进学习新的讲述经验。教师在备课的时候，就要明确本次活动中幼儿要学习的讲述新经验。在进行到这一步骤的时候，教师还要根据幼儿在前一步骤的实际表现再做调整和明确，所谓"教无定法"。教师先对幼儿的讲述给予具体的评价、鼓励。这一环节对于大多数会倾听的幼儿来说，就是一次学习，因为别人讲的与自己讲的不同，自己也会比较，人家什么地方讲得好，学习别人好的地方就是幼儿在学习新的讲述经验。下一环节教师示范讲述，目的是为幼儿提供一种讲述思路和方法，绝不是让幼儿一字不差地复述范本。然后让幼儿分析、评价，教师哪里讲得好，再让幼儿学一学，只要幼儿认为好的地方，幼儿掌握选择的主动权，而不是被动地跟着教师全部复述，这又是幼儿新的讲述经验的学习。接下来进行巩固健康知识，强化健康意识。最后，给故事起名字，培养幼儿的概括能力，这也是新经验的学习。在这一环节，教师的启发、引导很重要，很能看出教师的专业素养和智慧，既要让孩子受到鼓舞、肯定，又要把他们引导到位。那种孩子有各种想法，最后教师均不采纳的做法，会大大伤害孩子的主动性和积极性。所以，保留他们合理的那部分，巧妙糅合教师的意图，让幼儿体验成就感、成功感，对活动的积极性只增不减。 第四步，巩固迁移新的讲述经验。虽然是表演的形式，但是它是重复式的练习，是把在上一步骤学到的新经验做进一步巩固。先让全体幼儿参加表演练习，一个角色可以由几个人同时扮演，增加幼儿主动练习的机会，然后再请7名幼儿表演，这7名幼儿的选择教师应有策略，既要激发幼儿巩固练习的积极性，又要让大多数幼儿有学习的机会。 活动延伸，教师安排大家一起唱《健康歌》、到户外活动，再回到活动室，语言区域中设立"还有哪些人戴口罩？"的图片。可以说一次活动形式多样，气氛活跃，满足孩子的多种需要，这样的活动怎能不让幼儿对教师组织的活动充满喜爱、期待呢？		

思考与练习

1. 讲述活动的基本结构是什么?
2. 幼儿园开展讲述活动应注意什么?
3. 五人一组,任选一个讲述活动主题,试教一个讲述活动,试教后修改、完善教案。

第六单元　学前儿童谈话活动

学习目标

- 了解幼儿谈话活动的概念、作用和基本特征。
- 了解幼儿谈话活动的教育目标。
- 掌握幼儿谈话活动的基本结构。
- 能够对具体的谈话活动设计案例进行分析。

模块一　学前儿童谈话活动概述

一、幼儿谈话活动概述

（一）谈话活动的概念

幼儿园的谈话活动，是一种有目的、有计划地组织幼儿学习的语言教育活动，这种活动旨在创造一个良好的语言环境，帮助幼儿学会倾听别人谈话，围绕一定话题进行谈话，习得与别人交流的方式、规则，培养与人交往的能力。

（二）谈话活动的作用

谈话活动是一种向幼儿进行语言教育的特殊方式，在幼儿园各种类型的语言教育活动中，谈话对幼儿的语言发展具有独特的作用。与幼儿园其他语言教育活动相比，在形式、内容、方法以及实施途径等方面，具有自身独有的特征，其作用是其他语言教育活动所不能替代的。

1. 促进幼儿口头语言发展

谈话活动是和他人交谈中获得语言发展的语言教育活动。有计划、有目的地组织的谈话活动，有情境的创设，有幼儿感兴趣的话题，还有教师的专门指导和同伴的轻松交流，能够使幼儿集中注意力，激发谈话的兴趣，调动起参与的积极性和主动性，能达到谈话目标中的乐意交谈、积极与他人交谈、主动倾听等方面的目标，从而促进幼儿口头言语的发展。

2. 引导幼儿关注周围生活

谈话活动前，教师可引导幼儿多角度、多方面地关注周围生活，对生活及身边人、事、物进行观察、了解，形成对某些事或物的丰富感知，以丰富、完善谈话素材。如引导幼儿观察四季变化和季节特征，对不同季节进行感受和认识，然后进行谈话，还可以引导幼儿关注身边的树、花、草等自然界。谈话活动可以培养和引导幼儿关注周围生活并用口语表达出来的能力。

3. 帮助幼儿习得谈话的基本规则

人们的言语交往有一定的社会规则，即礼貌，谈话活动是习得这些交谈规则的最好途径。有些孩子在与人谈话中表现得不礼貌，比如在别人说话时随便插话，随便打断别人，放任情绪大喊大叫，或者总是自己一个人在说而不管别人，不懂得认真听别人说话等等。幼儿在谈话中应逐渐领悟、逐渐掌握交谈规则，以促进社会交往能力的提高。

4. 增加幼儿获得的信息量

谈话是相互交流的活动，彼此之间的信息流动。也就是说，和别人交谈的过程，实际也是幼儿的认识水平和各种生活或社会经验提升的过程。特别是幼儿园组织的各种谈话活动，可以让幼儿了解以前不知道的很多东西。而且，谈话活动还可以和科学活动、社会活动等其他领域的活动结合，增加幼儿知识信息的积累。

5. 促进幼儿建立良好的同伴关系

谈话是需要双方以上的对白交往而不是个人的独白，因此必有两人或两人以上的交流语境，幼儿间的谈话特别看重同伴间的交流，需要双方的合作，而且要相互尊重，懂得交谈是需要你我之间的听说轮换的。在这种谈话活动中，幼儿之间相互学习、交流的良好同伴关系会得到有效促进。

【资料】《纲要》明确指出"乐意与人交谈，讲话礼貌；能清楚说出自己想说的事"。要"创造一个自由、宽松的语言交往环境，支持、鼓励幼儿与教师、同伴或其他人交谈，体验语言交流的乐趣"。

【分析】前一句话是对幼儿谈话的明确要求，后一句话为如何开展谈话活动指明了方向。

（三）谈话活动与日常谈话

谈话活动是有目的、有计划地为幼儿创造交谈的机会，日常谈话是幼儿在生活中随机进行的谈话，是无预期目标和计划的谈话，具有自发性和随机性；前者明显体现出教师的指导作用，而后者则更多的是发挥幼儿的主动性。

在形式上，前者是在集体场合下进行的，而后者往往是在两名或两名以上幼儿中发生的；从话题来说，前者是固定的，是教师根据教育目标、计划而精心设计的，后者是非固定的，是儿童随意产生的；从时间上来说，前者是利用正式活动时间专门进行的，后者则一般发生在自由活动中。

（四）谈话活动与科学活动中的总结性谈话

谈话活动侧重于培养幼儿的语言能力，不特别考虑话题内容的认识范畴；而"总结性谈话"目的在于帮助幼儿巩固加深有关科学内容的认识。需要注意的是，科学性教育的总结性谈话活动渗透语言教育内容，而语言教育的谈话活动也有可能综合科学教育的内容。

（五）谈话活动与讲述活动

共同点：都属于语言教育范畴，都是对提高幼儿表述能力极有益处的活动。

异同点：（1）从活动目标看，谈话活动注重幼儿运用语言与他人进行交流，而讲述活动则侧重幼儿清楚连贯地表述某一事、某一物的能力。

（2）从活动内容看，谈话活动往往围绕幼儿已有经验的话题进行交谈，而讲述活动则针对某一幼儿需认识的凭借物（图片、玩具等）进行讲述。

（3）从活动中幼儿运用语言的方式来看，谈话的语言属于对话范畴，是一种宽松、自由、不拘形式的语言，而讲述是一种独白，要求规范、清晰且有条理地表达相对完整的观点。

二、谈话活动的教育目标

（一）语言方面

幼儿园谈话活动的目的在于着重培养幼儿运用口头语言与他人交往的意识、情感和能力。具体体现在以下三个方面。

1. 帮助幼儿学会倾听他人的谈话，培养有意识的、辨析性的和理解性的倾听能力

倾听是儿童感知和理解语言的行为表现。只有懂得倾听、乐于倾听、善于倾听的人，才能知道别人表达的主要内容和倾向，才能更好地和别人进行语言交流。有目的、有计划组织的谈话活动最重要的一点就是要让幼儿学会倾听他人的谈话，从中捕捉到有价值的语言信息，从而能够顺利地进行谈话。

（1）有意识的倾听能力。

有意识的倾听是指主动培养倾听别人谈话的愿望、态度和习惯。当别人说话时要集中注意力耐心地听，积极去感知、捕捉别人谈话的信息。

（2）辨析性的倾听能力。

辨析性倾听是指学习从仔细的倾听中分辨出不同的言语声音，包括说话人声音的不同特点、声音所表现的不同情绪等。

（3）理解性的倾听能力。

理解性倾听是指能够在倾听时迅速掌握别人所说的主要内容，把握一段话的关键信息，连接谈话上下文的意思，从而能够获得谈话的中心内容，以便做出反应，交流见解。

这三种倾听技能的培养，在设计谈话活动时应置于重要的地位。同样是听，在不同年龄阶段侧重点不一样。谈话活动的组织应体现出听的意识、态度和听的技能等不同方面的内容，而且要随着年龄的增长逐步提高对幼儿听的要求：

小班幼儿：乐意听别人说话；知道听别人说话时要保持安静，不打断别人；能理解教师的简单指令并执行。

中班幼儿：能耐心地、集中注意听他人说话；知道别人说完后自己再说；能理解并执行多重指令；会分辨普通话和方言发音的区别。

大班幼儿：认真、有礼貌地听别人说话；能根据谈话主题做出相应的反应；能理解复杂的多重指令。

2. 帮助幼儿学会围绕一定的话题谈话，充分表达个人见解

帮助幼儿学会谈话，有两点要求。

（1）要求幼儿学会围绕中心话题谈话，避免跑题。

谈话者在中心话题的范围内交流，这是谈话最基本的思路及方式，有目的、有计划组织的谈话活动可以避免交谈跑题、天马行空的现象。

（2）要求幼儿围绕中心话题不断拓展谈话内容，层层深入表达见解。

学会围绕中心话题不断扩展谈话内容，幼儿才能在谈话中充分发表自己的意见，才能使谈话活动不断延续深入。有计划、有目的地组织的谈话活动，可以通过教师的引导逐步帮助幼儿形成这些谈话的意识，掌握谈话技能。

3. 帮助幼儿学会运用语言进行交谈的基本规则，提高语言交往水平

在组织谈话活动中，应注意培养幼儿以下几方面的谈话规则。

（1）用适合角色的语言进行交谈。

同一个幼儿可能会在不同的场合与不同的人谈话，因此幼儿应当学会适应个人角色身份的变化，知道采用不同的方式、适合的角色来交谈。如，集体交谈的场合和个别自由交谈场景不同，和教师交谈与和小伙伴谈话时所承担的角色也不同，幼儿在谈话活动中要据此调整自己的谈话方式，使用不同的语音、语调，不同的音量，说话口吻和方式与不同的人交谈，以符合当前说话语境的特点。

（2）用轮流的方式进行交谈。

谈话往往是两人以上的，在一对一的交谈中，幼儿需要按照一定的顺序轮换着听和说；而多人交谈中，便要求按顺序逐个说话。幼儿头脑中并没有这种明显的意识，所以在和人交谈时，常常会有抢着讲、乱插嘴，或光说不听的情况，这就使得本来双方或多方交流的谈话继续不下去。谈话活动的组织中，教师要对孩子们提出明确要求，告诉他们要"认真听别人说话""别人说完你再说"，逐渐培养他们在谈话活动中要轮流交谈的意识和习惯。

（3）用修补的方法延续谈话。

所谓修补方法，就是在谈话活动中出现听错或理解错时，为保证谈话信息传递的准确性，进行及时的修正补充。修补的方法分为自我修补和他人修补。自我修补是指在谈话时发现别人没有理解自己的意思，于是进行自我重复或自我确认，从而让别人明白自己真正的意思。他人修补是指谈话时如有不理解的情况，听话人用重复、提问

来进一步了解信息。

（二）其他方面

（1）品德方面：如"知道有玩具大家一起分享"等。

（2）常规方面：如"知道物品应放在固定的地方，保持活动室的整洁"等。

（3）环境教育方面：如"知道不能浪费水资源，要节约用水"等。

（4）思维方面：主要用于讨论活动中。

【资料】 幼儿园谈话活动阶段目标

小班	中班	大班
1. 学会安静地听同伴说话，不随便插话	1. 能集中注意力，耐心地倾听别人的谈话，不打断别人的话	1. 能主动、积极、专注地倾听别人谈话，迅速掌握别人谈话的主要内容，并从中获取有用的信息
2. 喜欢与同伴交谈，愿意在集体面前讲话	2. 乐意与同伴交流，能大方地在集体面前说话	2. 能主动地用普通话与同伴交流，并能较完整地表达自己的看法和见解，态度自然大方
3. 能听懂并愿意说普通话	3. 能说普通话，较连贯地表达自己的意思	3. 能围绕话题谈话，会用轮流的方式交谈，并能用适当的语言表达自己的情感，与同伴分享自己的感受
4. 在教师的引导下，学习围绕主题谈话，能用短句表达自己的意思	4. 学会围绕一定的话题谈话，不跑题学会用轮流的方式谈话，不抢着讲，不乱插嘴	4. 熟悉各种交往词语的内容、类别和用途
5. 初步学习常见的交往语言和礼貌用语	5. 继续学习交往语言，提高语言交往能力	5. 逐步学会用修补的方法延续谈话，对他人的意见表示赞同或提出疑问和批评

三、谈话活动的基本特征

（一）谈话活动有一个有趣的中心话题

一般来说，谈话活动应该围绕一个具体、有趣、贴切幼儿生活经验的话题而进行，即谈话的主题。主题从客观上主导幼儿谈话的方向，限定幼儿交谈的范围。在幼儿园谈话活动中，有趣的主题应具有以下特点。

1. 主题应是幼儿已有的生活经验

幼儿要对主题具有一定的熟悉度。主题应是幼儿日常生活中熟悉的喜闻乐见的内容，在他们的生活视野中不是陌生的，不能超出其认识范围，即话题一定要符合幼儿的认知水平，不能理解的、完全陌生的话题不可能使幼儿产生谈话的兴趣，谈话活动也难以进行。

一般来说，下列内容是幼儿相对熟悉的，贴近幼儿的生活，幼儿往往比较感兴趣，具有一定的经验和认识，可作为谈话主题：我最喜欢的人（爸爸、妈妈、爷爷、奶奶、老师、小伙伴等），我最喜欢的小动物（狗、猫、小鱼、小鸟、小乌龟等），我最喜欢的植物（某种花、草、竹子、向日葵等）等。

【案例一】 幼儿园大班谈话活动"各种各样的绳子"

一、活动目标

1. 要求幼儿用连贯的语言围绕"有用的绳子"这一话题进行谈话。
2. 引导幼儿认真倾听别人谈话，能迅速掌握别人的谈话内容，向同伴学习谈话经验。
3. 在小组活动中发展幼儿的交往技能，鼓励幼儿大胆与别人交往。

二、活动准备

1. 布置"绳子商店"，里面有各种绳子和绳子做的东西。
2. 录像：小朋友在跳床中游戏的情景；建筑工人在安全网中用吊车吊建筑材料；杨浦大桥。
3. 每位幼儿自带一根绳子。
4. 教师和幼儿共同收集的拉圆卡、棉纱绳、毛线绳、纸绳等各种游戏材料，分组准备好。

三、活动过程

（一）参观导入谈话话题。

（1）教师："老师带小朋友参观'绳子商店'，看看这个商店里有些什么东西？有什么特别的地方？参观好了回到小组讨论一下。"

幼儿参观后讨论，回答。

（2）教师："'绳子商店'里有各种绳子和绳子做的东西。你带来了什么绳子？它有什么用？"

（二）引导幼儿围绕话题自由交谈、集体谈话

（1）教师引导幼儿交谈并提出要求："向你同组的朋友介绍你带来的绳子。别的小朋友在讲的时候，要认真听、不插嘴，等别人讲完了再讲。"

幼儿分组自由交谈。教师注意倾听幼儿的谈话，引导幼儿注意围绕话题，用轮流的方式交谈。

（2）集体谈话"我带来的是什么绳子，有什么用？"

教师请几位幼儿向全班小朋友介绍自己带来的绳子。教师及时帮助幼儿用连贯的语句表达，提醒幼儿讲话声音响亮。

（三）丰富相关经验，拓展谈话范围

（1）教师："你还见过哪些绳子？它们有什么用？"

引导幼儿讲述生活中看见的绳子及其用途。

（2）请幼儿分别观看三段录像，丰富幼儿谈话经验。

①跳床四周围了尼龙绳编的网，小朋友玩得又安全又开心。

②建筑工地上，有了安全网很安全，用粗麻绳吊东西很牢固。

③杨浦大桥是座斜拉桥，它用很粗的钢索绳拉住桥面，很雄伟。

(3) 教师小结。

绳子的种类很多，有着各自的用处。毛线绳可以编织、做工艺品；麻绳可以捆绑东西、吊货物；尼龙绳可以编安全网、尼龙袋，拉起来可以晾衣物、晒被子；棉线绳可以缝鞋子、缝货物袋口；纸绳可以做手工、做工艺品；草绳可以捆绑各种易碎品……还有一种特殊的绳子——钢索绳，可以拉住桥面。我们把这些叫作"有用的绳子"。

(4) 教师提问继续拓展话题："如果你有一根绳子，你可以用它做什么？"

幼儿小组讨论后个别回答。

（四）绳子游戏

(1) 教师："绳子除了在我们生活中有各种不同的用处，也是我们游戏时的好伙伴。你会用你手中的绳子做哪些游戏呢？"

(2) 幼儿分组自选游戏：翻绳游戏、拉圆卡游戏、纸绳贴画、玩绳游戏。教师提出游戏要求："玩游戏时小组里的小朋友相互谦让、相互帮助，比比哪组玩得好。如果有困难，可以请小组里的小朋友帮忙，也可以请老师帮忙，好吗？"

(3) 教师巡视，鼓励幼儿除了同小组里的小朋友玩外，还可以请教师一同游戏。

四、活动延伸

1. 继续引导幼儿观察绳子在日常生活中的各种用途。

2. 利用绳子开展各类游戏。

3. 让幼儿观看录像：绳子的发展史。

【分析】幼儿能够用连贯的语言围绕固定话题进行谈话，提高了交往技能。

2. 主题应具有一定的新鲜感

要使幼儿对中心话题具有一定的新鲜感，主题要能调动幼儿参与谈话的积极性，对幼儿具有一定的新鲜感和刺激性，如大班谈话活动"恐龙乐园"，对幼儿就具有一定的新鲜感和刺激性，能调动其参与谈话的积极性，但如果反复提起和谈论，就不会引起幼儿强烈的关注。如"元宵节"的话题，在寒假结束后，幼儿刚过完节的时候谈，会有浓厚的兴趣，如果反复进行这个话题，或者在节后很多天仍提起这个话题，就不会引起幼儿的交谈兴致了。

3. 主题应是幼儿生活中共同关心的内容

要在一个幼儿班里组织谈话这样的活动，把孩子们集中在一个话题上，让他们都能表达交流，是有相当难度的，必须要有让大多数幼儿共同感兴趣的谈话主题，使他们能产生谈话的兴趣和愿望。比如现在孩子们喜欢的动画片《喜羊羊与灰太狼》等，能使孩子们产生与他人分享的愿望。

（二）谈话活动拥有较丰富的谈话素材

谈话所涉及的素材必须是幼儿知识经验范围以内的，取材于幼儿参观、游览、日常生活中的观察、教育活动、游戏、电影或电视中所获得的知识经验。幼儿的知识越丰富，谈话的素材积累得越多，谈话的内容便越丰富。如果对某个地方或某个事物只观察了一次，所获得的印象只是初步的、粗浅的，幼儿在谈话活动中便无话可说。只有当幼儿对某种事物或某种现象进行了多次观察，从不同角度比较细致地了解以后，才会有话可谈，谈话素材才能较完整、丰富，才能触及事物的本质特征。

话题素材来源，可以按照月份变换选取谈话素材，设计谈话活动的话题：

3月"我爱妈妈"，4月"美丽的春天"，5月"花开的季节"，6月"快乐的儿童节"，9月"丰收的秋季""秋天的水果"，10月"秋天的落叶"，11月"快乐的冬天""下雪了"，12月"过新年"等。

（三）谈话活动注重多方面的信息交流

这可以说是谈话活动和讲述活动最主要的区别之一。讲述活动是发展幼儿的独白语言，而谈话活动则更注重于幼儿的交往语言或对白语言，侧重于师幼间、同伴间的信息交流与补充。谈话具有交谈的信息来源多样化、交谈对象多样化、交谈方式多样化等特点。

1. 谈话活动的语言信息量较大

当幼儿围绕中心话题进行交谈时，他们的思路相对开阔，是呈辐射状向外发散，而不同个体间的经验也多种多样，因此在谈话中的每个幼儿获取的信息量都比较大。

2. 幼儿交流的对象范围也相对较大

幼儿有时在全班面前谈论自己的见解，有时在小组内交谈，有时与邻座和教师个别交谈，所以幼儿交流的对象较多，有教师、全班幼儿、小组里的幼儿，以及邻座或个别幼儿，交流的对象范围大，在交谈的活动中，师幼之间、幼儿同伴之间可以进行言语信息内容以及交流方式的补充。因此，谈话活动是一种多方位的语言交流，可以促使幼儿进行充分的语言运用的练习。

3. 谈话中的交流方式多样化

每个幼儿在参与谈话活动时，都可和他人发生集体的交流或是个别的交流，也会有个人见解的发表，如在全班面前谈个人想法，与其他幼儿个别的交流，在小组里或班里的多方相互交流，有时也和教师交谈，等等，因此有幼儿个别交谈、集体交谈、师幼交谈等方式。

（四）谈话活动拥有宽松自由的交谈气氛

在谈话活动中，谈话的语境是比较宽松自由的。无论原有经验如何，儿童都可以在活动中畅所欲言。主要表现在以下几个方面。

1. 话题的扩展和见解自由

谈话活动中没有统一的答案和看法，也没有什么一致的讲述经验和思路。幼儿完全可以根据自己的意愿和内心感受，将自己的想法直截了当地表达出来，与大家共享。比如谈论喜欢动画片《喜羊羊与灰太狼》里面的哪个形象的活动中，幼儿可以根据自己的经验和感受，自由发挥，有的小朋友喜欢喜羊羊，有的喜欢美羊羊，有的喜欢懒羊羊，不管喜欢谁，只要说出一定的理由，话题不离开这部动画片就可以。

2. 语言自由，不强求规范

自由交谈时的表达是口头语言，和规范化的书面语言不同，往往具有随意性的特点。谈话活动主要目的是鼓励幼儿大胆地与他人交谈，用语言表达自己的意见和看法，但同时它不要求幼儿一定要使用准确无误的句式、完整连贯的语言来表达。如果在说的时候教师不断纠正其表达内容的对错、句式的规范化、词汇的正确与否、表达的连贯完整等，会大大影响到说话者的兴趣和积极性，而这也和谈话活动的目的和要求不符。谈话活动就是要利用活动的各个环节，为幼儿提供众多的开口说话和与人交谈的机会，从而使幼儿能经常地练习和巩固已有的语言经验，提高对语言的敏感程度，不断发展幼儿的表达能力。

【案例二】 幼儿园大班谈话活动"我的进步"

一、活动目标

1. 能用清楚的语言围绕"我的进步积极"、有序地进行交谈。
2. 学习用修补的方式保持和丰富话题。
3. 感受到自己和他人的进步，分享进步的喜悦。

二、活动准备

1. 小红花每人一朵，大红花一朵。
2. PPT《幸运大搜索》（将孩子的照片循环播放，教师听音乐随意点击停止，画面就会停在某个孩子的照片上）。
3. 幼儿展示进步需要的相关材料（照片、作品等）。

三、指导要点

运用语言引导，通过同伴评价、作品呈现、照片辅助三种修补方式引导谈话，丰富话题。

四、活动过程

1. 出示照片，激发谈话兴趣

教师："今天老师带来了一些照片，看看是哪位小朋友？他们都有哪些进步？"

教师小结：他们都有了进步、××学习方面有了进步，××现在能帮忙妈妈扫地等。

2. 请幼儿轮流说说自己有哪些进步
3. 集中谈论"我最大的进步"

（1）讨论：什么是"最大的进步"？

提问："你最大的进步是什么？'最大'是什么意思？"

教师小结：最大的进步就是变化比较明显的，自己可以感受到的，或别人可以感受到的进步。

(2) 自由交谈：我最大的进步（请和旁边的小朋友说一说自己最大的进步）

4. 游戏"幸运大搜索"

教师："咱们一起玩'幸运大搜索'的游戏，搜到谁，谁就来说，好吗？"

要求：幼儿谈论自己进步时，不光要说有什么进步，还要告诉别人开始你怎样，后来又怎样了，这样别人对你的进步就能了解得更清楚。

当幼儿表述不够丰富或不知如何表述时可请同伴根据生活经验直接用语言对该幼儿的谈话进行补充。如，你认为他变化最明显的地方在哪里？也可以呈现幼儿的作品或照片，帮助幼儿回忆，使话题得以继续和丰富。

5. 想办法记住别人的进步，欣赏别人

教师："我们都说出了自己的进步。现在，我们来比一比，看谁能记住朋友的进步？"（这里是为了让幼儿关注自己的同伴，更重要的是引导幼儿有意倾听、有意注意。）

6. 谈谈别人的进步

每位幼儿拿一朵小红花，送给另一位小朋友，并告诉大家为什么要把这朵小红花送给他。教师要注意启发幼儿发现个别幼儿的进步和优点并表达出来。

五、活动总结

教师从幼儿在园期间，一日活动的各方面所取得的进步进行总结，也可举某些幼儿具体的进步事例或者班级参加幼儿园组织的活动时取得的好成绩进行说明。把大家的进步归结到集体的进步，大家为集体争得了荣誉，把一朵大红花挂在教室的门口，激励幼儿不断进步，树立幼儿初步的集体荣誉感。

评价要素：活动中幼儿是否能大胆、连贯得讲述，是否感受到自己和他人的进步。

六、活动建议

(1) 美工活动：组织幼儿制作四种不同的"小奖杯"分别送给班上学习好、身体好、团结好、劳动好的孩子。

(2) 请家长以表扬信的形式将幼儿一年来取得的进步写出来，公布在班级的"夸宝宝"专栏里。

(3) 引导幼儿围绕"我的进步"，学习用多种方法修补谈话内容，积极有序地进行交谈。

【分析】幼儿学会了用清晰的语言进行交谈，并能够修补、丰富话题。

(五) 教师在谈话活动中起间接引导的作用

教师是幼儿谈话活动的设计组织者。但是在谈话活动中，教师的指导作用是以间接的方式呈现的。他们往往以参与者的身份参加谈话，给幼儿以平等的感觉，这也是创造谈话活动宽松自由氛围的一个重要因素。教师在谈话活动中以参与者的身份出现，并不表明谈话可以成为任意地无计划地交谈。教师在设计实施谈话时，仍然需要按照预定的目标内容，紧扣谈话的中心话题，有效地影响谈话活动的进程。教师的间

接指导主要体现在:

(1) 用提问的方式引出话题或转换话题,引导幼儿谈话的思路,把握谈话活动的方式。

(2) 教师用平行谈话的方式为儿童做隐形示范。如教师可以谈论自己的生活经验,自己的感受等,从而向幼儿暗示谈话的内容和方式。所谓"平行谈话",就是教师自问自答,或者从自己经验出发去谈,给幼儿进行范讲。不是教师高高在上地对幼儿发出指令,而是潜移默化地向幼儿进行暗示,这也是谈话活动不同于其他语言活动的一个独特之处。

【案例三】 谈话活动"我最喜欢的人"

教师在活动伊始,谈自己最喜欢的人:"我最喜欢的人,是×××,因为×××非常可爱,他给我带来很多快乐,我们在一起很开心,所以我最喜欢×××。"幼儿依据教师的这种隐性示范,纷纷表述自己的想法,如一幼儿谈道:我最喜欢奶奶,因为奶奶最喜欢我了,给我讲故事,总给我做好吃的饭菜……有的幼儿谈道:我最喜欢爸爸,因为我的爸爸是个警察,他教我要勇敢,还教我打拳,我要是遇到坏人,一定会像爸爸那样勇敢地抓住他……

【分析】教师通过隐性示范的方式为幼儿谈话提供了范本:我最喜欢谁——讲明自己的观点,我为什么喜欢他——说明原因,列出事实。幼儿依据教师的这种表达思路,纷纷表达自己的想法,开始了自己的谈话。

四、谈话活动的主要类型

1. 日常生活中的谈话(适用于三个年龄班)

日常生活中的谈话是发展幼儿口语的重要途径,可以在一天的任何生活环节开始或结束,带有极大的情境性和感情色彩,交谈话题丰富,交谈对象经常变化,不受时间、地点的限制,这种谈话在三个年龄班都适用,包括日常个别谈话和日常集体交谈。

(1) 日常个别谈话。

日常个别谈话,在一日生活的各个环节,如早晨来园、晨间活动、盥洗时间、游戏活动、离园等时间,都可利用,这些看似零散的时间蕴藏着随时进行教育的时机,教师提前做好准备,抓住这些"空隙",可达到良好的效果。

日常个别谈话主要目的在于增强部分幼儿的自信心,调动幼儿参与活动的兴趣和积极性。如,在早晨入园时,教师有目的地和内向、言语表达能力弱的孩子交谈,话题很简单"来幼儿园的路上都看到了什么?"通过简单交流,培养幼儿大胆、主动和他人交往的能力和主动表达的积极性,增强其自信心。

个别交谈包括教师和个别幼儿进行谈话,也包括幼儿之间进行谈话,个别谈话最大的好处是交流的充分性。要求幼儿在个别交谈中,注意不仅有言语上的回应,还要有表情、姿势等的回应;要懂得听说轮换,认真倾听对方说的话,听懂对方的意思,不抢话,在对方说完后再针对对方说的话表述自己的意思,并使对方听懂;要有主动意识,能主动发起和他人的交谈,并有耐心把对话延续下去。

(2)日常集体谈话。

日常集体谈话,在集体范围内进行,幼儿自由参加,也可随时撤出。与前者相比,其话题更自由,可以同时有多个话题。形式更活泼,可以是师生间的谈话,也可以是幼儿间的谈话或是师生、幼儿间的讨论等。

例如在每日散步时,教师可以就园内花草树木或其他的环境变化与幼儿进行交谈和讨论,教师可以问幼儿"滑梯旁新添的轮胎秋千可以怎么玩,你们猜猜是谁把它放到这儿来的?我们要怎样爱护轮胎秋千?"等,既锻炼幼儿的言语表达,又能培养幼儿的观察力。

2. 有计划的谈话活动(小班下学期开始)

有计划的谈话活动是指教师制订一定的计划和教育活动方案,依据事先确定的话题,有目的地组织儿童进行谈话活动谈话的话题可以丰富多样,凡是儿童熟悉的或是与他们的生活紧密相关的,都可以加以选择。

我们可以拟定以下一些话题:

(1)我最喜欢的……(人物、动物、玩具、图书、衣服等)。

(2)我和周围的人(如爸爸妈妈、爷爷奶奶、老师及小朋友等)。

(3)我和节日(如六一儿童节、国庆节、新年、春节、元宵节、圣诞节等)。

(4)我参加的一些活动(如春游、探亲访友、玩水、参观、假期里最有意义的事等)。

(5)周围环境的变化(春天的玉兰花、火炬树怎么枯萎了等)。

有计划的谈话活动需要事先进行精心的准备和策划,而且对幼儿的有意注意、有意记忆及言语能力有一定的要求,因此,这种活动一般从小班下学期开始。

3. 开放性的讨论活动(中班以后)

讨论活动是一种特殊的谈话活动形式。说其特殊,是由于它在话题形式、语言交往和教师的指导上都有其开放性的特点。

首先,讨论活动的话题一般是开放性的话题,同时讨论所涉及的事物应是与幼儿已有的知识经验相符合但对幼儿来讲又有一定难度的。例如,话题可以是"假如你是老师,你最想做的事是什么",又如"小鸟会飞,人为什么不会飞"等,这些话题可以让幼儿自由发挥,没有固定的答案。

其次,讨论活动是一种开放性的言语交往活动,在讨论中,幼儿既要清晰地向对方表达自己的看法,又要善于倾听他人的见解并进行分析、驳斥或接纳,从而使言语交往延续下去。

交往对象可以是一对一，也可以是一对多。

讨论活动对幼儿言语能力、思维能力都提出了很高的要求，因此一般在中班以后才适合开展这种活动。

最后，教师的指导态度要开放，不要一味地从成人的角度去评判幼儿的某些看法"行不行得通"，教师要将指导的重点转向幼儿的言语交往能力，而对幼儿的某些富有想象力和创造力的看法采取包容和接纳的态度。

4. 回忆性谈话和概括性谈话

根据谈话活动的指向和基本性质，可分为回忆性谈话和概括性谈话。回忆性谈话指的是进行参观或观察之后进行的谈话；概括性谈话指的是具有总结、概括特点的谈话活动。回忆性谈话适用于各年龄段幼儿，但最好从小班下学期开始。概括性谈话最好在大班和中班开展，由于涉及幼儿思维能力发展，对小班幼儿来说有一定难度，不太适合。

（1）回忆性谈话。

幼儿通过日常生活和各种教育活动，可以获得各种各样的知识经验，特别是在幼儿园中，教师经常组织幼儿进行参观或观察等活动，丰富幼儿对自然和社会生活的感知。但是，幼儿的思维水平和认知水平比较低，分析和综合能力差，他们所获得的认识和经验往往是零碎的、片面的、肤浅的、不完整的，有时还可能是错误的理解，这就需要经过某些教育活动将幼儿的知识和印象明确、系统起来，语言教育中的谈话活动能较好地完成这一任务。

在谈话中，幼儿在教师的组织下，彼此进行一定主题的交流和补充，将自己在参观或观察中的印象进一步扩大、丰富。在观察过程中，每个人所关注的方面不太一样，幼儿注意的角度也有限，因此，观察后的谈话活动可以对其有限的认识进行补充、完善。而且，在参观或观察时，幼儿不可能将各方面内容都记得清清楚楚，这就需要大家一起回忆，相互补充，在关键的地方，还需要教师进行合理的引导。在巩固这些所观、所感的印象时，教师要帮助幼儿分析提高，培养幼儿合理地、正确地对事、对物的态度。如在参观动物园后的谈话活动中，要求幼儿按照参观的次序，谈自己的印象、动物的特征，教师对幼儿的提问和引导就需要按照参观的顺序，要求幼儿既要谈参观的过程，又要谈自己最喜欢的动物的特征、习性。教师可以提这样的问题：参观动物园那天是怎么去的？到动物园后你看见了什么动物？还有什么？你最喜欢哪种动物？它长什么样子？爱吃什么？

（2）概括性谈话。

概括性谈话指的是对谈话活动进行总结，一般在谈话结束时，教师进行简短小结。在总结时，尽量简短，不要占用太长时间，否则幼儿注意力会分散。除了总评一下幼儿的谈话情况，还要对谈话的内容做一个小结，帮助幼儿规整通过谈话获得的知识经验，使得他们对谈话的主题有明确完整的印象。小结的形式不限，一般是教师言语的表达，有时也可用儿童诗或儿歌的形式来概括谈话活动的内容。

【案例四】

在谈话活动"秋天的印象"结束时，教师用一首《秋天好》的儿歌对秋天做了一个总结：

秋天好，秋天好，秋天什么好？秋天天气好，不冷不热真凉爽，遍地菊花都开放。秋天好，秋天好，秋天什么好？秋天收成好，棉花、稻子堆成山，蔬菜、水果吃不了。

【分析】概括性谈话主要针对对教育内容的概括、总结和提升，因此不仅语言教育活动中有，其他领域的活动中也有，特别是学前儿童科学活动。

科学教育活动的概括、总结谈话的目的在于帮助幼儿巩固、加深对有关科学内容的认识，和主题谈话活动的目的一致的地方在于，对幼儿认识起到促进和发展的作用。而且，各领域活动之间在内容上存在着相互渗透、相互联系的特点。如谈话活动"我喜欢春天"和科学认识活动"关于春天的认识"的概括总结性谈话，在内容上是相互渗透的，都要涉及春天的天气特征、景象和人们的活动等内容。只不过，在具体的针对性方面，谈话活动侧重于幼儿言语表述交谈能力的培养，而科学活动侧重于幼儿对科学知识的理解认识。

思考与练习

1. 幼儿谈话活动的作用有哪些？
2. 举例说明幼儿园谈话活动的内容和类型。
3. 阐述幼儿园开展谈话活动的必要性。

模块二　学前儿童谈话活动指导与案例分析

一、谈话活动的基本结构

（一）创设情境，引出谈话的话题

幼儿园的谈话活动遵循了语言教育活动的基本规律，其设计与实施也有其自身的特点，谈话活动的活动目标、活动方式的独特性，都要在活动设计的基本结构和组织开展中得到体现。创设情境，引出谈话的话题是谈话活动顺利进行的第一步，其目的在于激发幼儿的兴趣，唤起幼儿与话题有关的经验的联想，引出谈话和讨论的话题，使幼儿在活动之初就能被吸引到活动中来，从而做好谈话的准备，这个步骤所需的时间不宜过长，大约为3分钟。要创设适当、良好的谈话情境，教师要做到以下几点。

1. 用实物或直观教具创设情境

运用实物遵循的是儿童心理发展和认识具有具体、直观的特点。通过挂图、幻灯片、录音机、录像、玩具或各种不同的实物,向幼儿提供与话题有关的可视形象,启迪幼儿的谈话兴趣,给幼儿创设一种语言情境,并让幼儿尽快融入情境中,跟随着教师的提问进行思考。

【案例一】 中班谈话活动"伞"

一、活动目标
1. 能大胆、清楚地表达自己的想法和感受。
2. 巩固伞的用途、使用方法,拓展幼儿对伞的想象和体验。
3. 发展语言表达能力和思维能力,体验交流的乐趣。

二、活动准备
1. 将各种各样的伞布置在活动室内。
2. 下雨的音效;课件。

三、活动过程
1. 创设谈话情境
播放下雨的视频,引导幼儿倾听下雨的声音,谈一谈"下雨了怎么办"。
2. 感知伞的多样性
(1) 教师:"你们都见过什么样的伞?"
引导幼儿谈谈生活经验中伞的大小、颜色、功能、用途。
(2) 请幼儿观察活动室内的伞,并找一把最喜欢的伞撑开,和同伴谈论:你是怎样把伞撑开的?你想用伞干什么?
(3) 幼儿自由交谈。
3. 通过课件拓展幼儿的话题
(1) 边观看课件边谈论:还有哪些新奇的伞?你喜欢哪一把伞?为什么?鼓励幼儿大胆谈话。
(2) 教师简单小结:伞很漂亮,有很多颜色和图案,还有很多造型可爱的伞,在我们使用的伞中主要有折叠伞、自动伞。伞可以遮阳、蔽雨、挡风。
(3) 拓展幼儿对伞的想象:如果森林里小动物们也有一把伞,那会是什么样的伞呢?
4. 游戏"快乐的太阳伞"

【分析】教师用多媒体视频,给孩子们播放下雨的情景,将孩子们带入到下雨的真实情境中,再用事先准备好的摆放在活动室内的各种各样的伞,做实物展示,孩子们在观赏中激发了谈话和交流的欲望,很快就随着教师的问题加入到谈话活动的各个环节。

2. 以语言创设谈话情境

教师可用生动形象的语言，达到创设谈话情境的目的，这是言语直观的方式。教师通过提一些简单的有思考性的问题，说一段或有激情或有趣味的话，唤起幼儿的思考和记忆，调动他们以往的生活经验，帮助幼儿进入谈话的情境，积极地进行思考。

【案例二】 谈话活动"怎样过马路"

在这个谈话活动开始时，教师讲了这么一段话："今天早上老师来上班，过马路时差点被车撞到，给老师吓了一跳，好危险呢！"孩子们的注意力一下子被吸引过来，纷纷问老师到底怎么回事。"原来呀，老师没有遵守交通规则走斑马线。"教师就这样引出了过马路这一谈话主题，教师接着提出问题："我们过马路时要注意什么？""为什么要走斑马线？""我就想快点跑过去，才不管别的呢，行不行？"幼儿情绪被调动起来，纷纷给老师出招。

【分析】这名教师非常聪明地用一段富有激情的语言，讲了一个有惊无险的发生在自己身上的事情，有效地调动了幼儿以往的生活经验，顺利地帮助幼儿进入了谈话的情境，激发幼儿积极地进行思考和谈话。

3. 以游戏或表演的形式创设情境

运用游戏或表演的形式创设的谈话情境，很容易调动幼儿的积极性和兴趣，引起他们对所谈内容的回忆，为下一步骤奠定良好的基础。

如谈话"坐公交车"，教师请几个幼儿分别扮演司机和乘客（有老人和孩子），进行情境表演，从上公交车开始（有的乘客按秩序上车，有的乘客蜂拥而上），上车后有让座的，有不让座的……运用这种方式创设谈话的情境，容易调动幼儿的积极性，引起他们对所谈内容的回忆，让幼儿有话可说。

在这一设计和组织方面，需注意创设谈话情境的方式；注意创设的情境与谈话话题之间的关系，即避免出现许多与谈话内容无关的摆设和过于热闹以致喧宾夺主的现象。

（二）引导幼儿围绕话题自由交谈

提出话题后，教师要为儿童创设一个自由发言、自由交谈的机会，让他们有足够的时间、空间将自己的体会、想法与他人共享。教师在指导这个过程时要注意以下几点。

1. 给儿童充分的自由，讲述内心的真实感受

一个谈话活动开展得如何，取决于教师对这个过程的把握程度。教师要指导幼儿围绕话题大胆地与同伴交谈，交谈的内容和对象应是自由的，允许幼儿说任何与话题有关的想法，让幼儿充分运用已有的经验尽可能说出自己想说的话。

2. 注意自由交谈中的个体差异

自由交谈虽给幼儿提供了开口说话的好机会，但幼儿的言语能力存在着个体差异，有些语言能力较弱的幼儿恰恰在这个环节中得不到很好的锻炼，他们常常表现为

光听不说,因此,教师在坚持"交谈对象自由选择"的原则时,要事先将言语能力较差和能力较强的幼儿安排在一起,让能力强的幼儿带动能力弱的幼儿一起练习交往语言。鼓励每位幼儿积极参与谈话,真正形成双向或多向的交流。此外,教师还要重点倾听能力较弱幼儿的谈话,提醒其他幼儿在说完自己的感受后要注意倾听这些幼儿的话语,经常给予鼓励以增强他们的自信心。

【资料】《幼儿园教育指导纲要》指出:"幼儿的语言学习具有个别化的特点,教师与幼儿的个别交流,幼儿之间的自由交流等,对幼儿语言发展具有特殊意义。"

在这个阶段,教师不能袖手旁观,让幼儿随便谈话而自己没事了,这时教师的职责和任务是:教师必须在场并参与谈话,观察幼儿谈话情况,了解他们用原有谈话经验进行交谈的状态,掌握幼儿谈话的水平差异,教师还可以简单发表自己的个人见解,或是对幼儿的谈话给予一定的应答,或是对幼儿谈话做出反馈,这些都能产生一定的积极影响,为下一阶段活动的指导做好准备。

3. 自由交谈中,允许幼儿有"动作",并适当鼓励

谈话活动的开展并不仅仅是说,动口又动手才符合学前儿童身心发展的特点。适当增加幼儿"动作"的机会,让幼儿在动嘴、动脑的同时,也能有动手、动脚等其他操作活动,这将有利于保持幼儿谈话的兴趣,增强他们说活的积极性。

【案例三】 谈话活动"我喜欢的糖果"

教师在"幼儿自由交谈"这一环节中,设计了让幼儿边吃糖果边谈论的内容。

【分析】这个活动设计给孩子增加了"动作"的机会,通过孩子拿糖果、剥糖果的外皮,到真正品尝到糖果的味道,使孩子们对他眼睛里看到的、手中拿的、嘴里吃的糖果的颜色、味道、形状、包装等都有了非常直观、感性的认识,谈论起来,自然是有话可说。在各种谈话活动中,教师都可以根据话题的内容,适当增加幼儿"动作"的机会,这样的安排可以使幼儿的谈话更加有趣味。

(三)围绕话题深入交谈,拓展谈话范围

在幼儿运用现有的知识储备充分地交谈后,教师要适时地将幼儿集中起来,以提问或启发的方式帮助幼儿学习新的交谈技能和谈话规则,掌握拓展谈话的思路和延续谈话的方法。教师在指导这个过程时应注意以下几点。

1. 话题的深入是逐步进行的

一般而言,话题是沿着这样的顺序推进的:对话题对象的描述和基本态度——为什么会有这种态度——对话题对象的独特感受。

如大班谈话活动"我喜欢的图书",教师设计的中心话题的拓展顺序是幼儿从描述图书名称、种类、对图书的基本态度(喜爱程度),到谈论为什么有这种态度(为

什么喜爱），到最后谈论对图书的独特感受。用这样的方式设计话题的拓展，可以帮助幼儿开拓思路，帮助幼儿学习新的交谈经验。

【案例四】 谈话活动"伞"（同上个案例，此处略）

教师首先引导幼儿倾听下雨的声音，谈一谈"下雨了怎么办"。这是第一个层面的谈话。"你们都见过什么样的伞？"引导幼儿谈谈生活经验中伞的大小、颜色、功能、用途。这是第二个层面的谈话。请幼儿观察活动室内的伞，并找一把最喜欢的伞撑开，和小朋友谈论："你是怎样把伞撑开的？你想用伞干什么？"教师引导幼儿围绕话题自由交谈并与同伴分享感受，幼儿结合生活经验并观察活动室的伞自由交谈和讨论。这是第三个层面的谈话。拓展幼儿对伞的想象："如果森林里小动物们也有一把伞，那会是什么样的伞呢？"教师引导幼儿围绕话题深入交谈，同时激发幼儿的想象力并大胆表达，幼儿观看课件中新奇的伞表达自己的感受，同时大胆想象森林里小动物们的伞。这是第四个层面的谈话。

【分析】 教师在设计谈话时，话题是从幼儿已有的经验切入，然后由浅入深，逐步拓展谈话范围的。话题的提出以孩子愿意谈论、有话想说、不说不爽为前提。

2. 谈话技能、态度和规则的学习要循序渐进

谈话技能、态度需要经过一段时间逐渐培养起来，因此，教师在引导幼儿学习新的谈话经验时，不应有急于求成、立竿见影的想法。

教师应怎样示范新的谈话经验？

新的谈话经验是谈话活动目标在谈话活动中的具体化，是幼儿要学习的谈话思路和谈话方式。

教师要仔细琢磨"怎样让幼儿学会谈话"的问题，不要误认为"谈话经验"等于一个句式，或几个词汇。我们每次设计谈话活动时，都应从谈话规则、谈话思路上寻找活动目标和新的语言经验点。比如小班幼儿刚开始学习谈话，"愿意跟别人谈话""能够听懂谈话的中心内容""能够围绕话题说一点自己的想法"，就可以在教师引导的过程中成为他们学习谈话的经验。

教师在引导幼儿学习新的谈话经验时，不是用示范、指示的方法直接告诉幼儿，而是通过深入拓展的谈话范围将这种经验逐步传递给幼儿。教师可以用提问的方法、平行谈话的方法，通过隐性示范提供新的谈话范例，让幼儿在谈话过程中不知不觉地沿着新的思路去说，潜移默化地获得新的谈话经验。其中要注意以下几点：

（1）继续营造轻松、愉快的谈话氛围。

（2）教师有充分的材料准备，幼儿有充分的知识经验准备。

（3）运用生动活泼的方式调动幼儿的生活经验，不断激发幼儿谈话的兴趣。做法如让幼儿"看"和"听"，及让幼儿体验和操作。

（4）可以让幼儿边玩边谈、边吃边谈。

（四）迁移谈话的经验

这一步骤一般渗透在日常生活幼儿与人交往的情境中，教师应使幼儿将在谈话活动中学到的新经验在日常生活中不断加以练习和实践，因此，在谈话活动结束前，教师要向幼儿提出建议：将学到的新本领和你的爸爸妈妈，或者和你的好朋友说一说。此外教师要注意观察幼儿在日常的交往中，是否主动运用新经验，并进行及时的评议，对做得好的儿童给予表扬、鼓励，对做得不好的幼儿要给予提醒、帮助，使儿童能真正地将学到的经验运用到实践中。

总之，在幼儿谈话活动中，教师要精心做好谈话活动的设计与组织，既要选择好谈话话题，把握好谈话方向，又要根据实际情况随时解决幼儿在活动中的突发情况，有针对性地引导每一位幼儿学习倾听他人意见，大胆表达自己的想法，使他们的口语表达能力和语言交往水平得到提高，实现幼儿谈话活动的目标。

二、谈话活动应注意的问题

（一）做好谈话前的准备

1. 谈话活动目标的确立

在确立活动的目标时应做到以下两点。

（1）正确。

谈话活动目标的正确性体现在：每一个具体活动目标是总目标的正确转化，每一次谈话活动的具体目标都应体现总目标的要求，同时也要适应阶段目标，从而使目标的确立符合各年龄班幼儿的特点。目标是内容的正确体现，教师要根据谈话活动的目标选择相应的教育内容，以使具体目标与谈话活动内容正确地结合起来，真正做到目标体现内容、内容反映目标。

（2）全面且重点突出。

一个具体的谈话活动目标应尽量使本次活动的教育功能充分发挥出来，从而使目标的确立体现全面性的原则。但同时也应明确哪些目标是直接目标，哪些目标是间接目标。

2. 活动内容的选择和安排

教师在选择和安排谈话活动的内容时应注意以下几点。

（1）选择和安排内容要有目的性和计划性。

教师在选择和安排内容时要有明确的目的，在确定工作计划时应有目的地选择谈话活动的内容，同时，教师还要有计划地选择和安排谈话活动的内容。这种计划性体现在：一是每月初制定月计划时就要将谈话活动的内容和话题准备好；二是将谈话活动的三种类型在每月中加以合理地安排。

（2）取材的内容和范围应广泛，有教育意义。

谈话活动的内容可以从广泛的范围内选取，教师既可以从《语言》教材上选择内容，也可以广泛涉猎家庭和幼儿园的日常生活、社会生活、儿童的各种情感体验、成人的劳动等，还可以寻找儿童在幼儿园集体生活中偶尔发生的一些极具教育意义的小事，并抓住这些难得的机遇进行随机的谈话教育。

（3）谈话活动的内容和范围应与幼儿的言语和知识经验相符合。

谈话活动的内容应选择那些幼儿熟悉的、喜闻乐见的生活片段，而且这些内容对幼儿来讲要有一定的刺激性和新鲜感。对于幼儿了解较少的话题，教师应先通过多种方法，帮助幼儿丰富这方面的认识，在此基础上再进行谈话活动。

3. 谈话活动的组织方式和注意要点

（1）示范法（一般在小、中班运用得比较多）。

教师可以用言语示范新的言语交往技能，也可以用非言语的形式示范言语交往规则和倾听态度。一般应在幼儿充分交谈后再使用，避免让幼儿的思维局限于教师的示范模式。

（2）提问法。

通过提问，教师既可以让讨论的话题逐层深入下去，也可以让偏题的谈话和讨论回到原来的话题上来。提问法可以在日常生活中运用，日常谈话随机性强，气氛自由宽松，可以用谈话法引出话题。有些问题是封闭式的，有些问题则是开放式的。封闭式问题幼儿只要答"是"或"不是"即可，开放式问题则要求幼儿通过回忆或组织简短的语句进行回答。提问法还可以在谈话活动几个阶段中运用：创设谈话情境阶段，通过提问引出谈话的话题；围绕话题深入交谈阶段，通过提问使话题逐步延伸，使幼儿深入地谈论自己的认识和观点。

注意提问法的不同使用方式和作用。从话题的开展角度看，提问法有三种作用：一是唤起幼儿的回忆，通过提问帮助幼儿回忆谈出经历过的事情及印象。二是帮助幼儿对某件事做出评价或判断，以使谈话的话题层层深入。三是以提问方式帮助幼儿始终围绕着话题进行交谈，避免跑题。所以问题要富于启发性，并有一定的难度。如进行"交通规则"的谈话时，可问"自行车、小汽车、大卡车哪种车最快？它们在街道的什么道上走？行人在什么道上走？"这样的问题可以启发幼儿理解事物间的相互关系。

（3）讨论法。

讨论法主要运用在围绕话题自由交谈阶段，运用时应注意：讨论可以采用分组形式；讨论时应注意个别差异。

（4）其他方法。

其他谈话方法还有游戏法、表演法、操作法等。

（二）谈话活动的开头要生动有趣

谈话开始，教师要向幼儿交代清楚活动的主题内容，既要引起幼儿对相关的谈话经验的回忆，又要把他们的注意力吸引到谈话内容上来。情境创设，引出话题的起始步骤很好地应和了这一特点。

情境创设的具体方式多种多样，很容易就能够调动起幼儿谈话的积极性和兴趣，但同时也应注意以下问题。

1. 注意情境与话题的紧密联系

创设情境方式很多，不管运用哪种，都要注意创设的情境与谈话话题之间的关系。情境的创设是为引出话题而服务的，因此避免和谈话主题无关的实物或游戏过多涉入，要紧扣谈话的主题。同时教师还要注意，避免复杂的、太过热闹的情境，简单明了即可，以免幼儿的注意力和精力被牵扯到无关内容上，不好往回拉。

2. 合理应用情境创设方式

注意创设谈话情境的方式运用的合理和适宜性。无论以实物的方式还是语言的方式创设谈话情境，都必须以有利于幼儿谈话为前提。哪一种方式都有其优势，因此应用时不要拘泥于某一种，有时不同的方式综合起来应用效果可能更好，应该依据具体情况，这取决于幼儿谈话的需要。一般来说，对幼儿已经具备比较丰富的经验的话题或幼儿新近关注较多的话题，不需要借助于具体可视的形象就可以创设情境；而那些对幼儿来说谈话难度较大的话题，则要考虑创设实在具体的谈话情境。

3. 情境创设要简洁有效

情境的创设说到底只是谈话活动开始的方式，简洁有效地引出话题，吸引幼儿的注意力，激发他们参与谈话的兴趣，即是成功的。从整体的活动设计来看，这一环节的量和度都不应占用过多的比例，以达到引发话题的目的为标准来衡量情境创设的量和度。

从量的角度衡量，占用总体活动时间3~5分钟即足够；从度的角度看，将话题引出，自然进入谈话活动下一环节即可。切不可喧宾夺主，不要出现幼儿热闹参加，活动却背离了初始目标的现象。

（三）谈话活动中教师要合理引导

1. 教师要会提问

提出问题，与幼儿进行有效对话问答，这是组织谈话活动的基本方法，也是引导幼儿思维的有效途径。教师善于提问、会提问，对提高幼儿思维水平、口语表达的质量都有直接的作用。提问时要注意以下几方面。

（1）所提问题要符合幼儿谈话发展水平。

谈话活动中提出问题的目的是要求幼儿解答，用言语表述自己的想法和观点，引导谈话的内容和方向，因此，问题的深浅难易程度应适合本班幼儿的经验和思维水平。具体来说，问题应尽量提得具体明确，能够给幼儿提供回答的线索和提示，避免抽象和太过概括化。如"听了这个故事你有什么感想"，如此笼统的问题即使成人也要掂量掂量，不知从何说起，何况学前儿童。将这样的问题分解为相互递进或联系的具体的不同问题，有助于幼儿回答，如可以问"听了这个故事，你记得××做了什么事？你觉得他这样做好吗？如果是你，你会怎么做呢？"大的问题分解为几个小问题，符合幼儿的思维水平：先针对故事的内容进行记忆性提问，再引导幼儿进行基本的价值判断，最后联系自己说说个人的想法如何——这样的问题具体明确，较易回答。

（2）问题要具有启发性。

能启发引导是教育活动开展中对教师的基本要求。在谈话等语言活动中，不是让学前儿童被动模仿，而是"让孩子们自己去打开吸取知识之窗"，因此需要教师适时适当地引导启发。教师提出的问题必须体现一定的启发性，不能只是停留在简单的问题层面上。从问题的基本性质来看，问题水平有高低之分，低水平问题指的是只需要记忆相关内容就能回答的问题，涉及的是客观性的内容；而高水平问题则需要对相关内容进行一定程度的加工，重在说出自己的观点，答案不确定，并具有一定的开放性。

在谈话活动中，低水平问题表现为对经历过的事和观察中获得的印象的基本描述，如带领幼儿观察花园里盛开的鲜花，可问："冬天的时候花园是什么样子的？"这需要幼儿自行回忆、对比，讲出花开季节的环境特征。在参观完动物园后，可问："哪些动物有犄角？哪些动物会上树？哪些动物会游泳？"

高水平的问题在谈话活动中可以促进幼儿的思考，要求幼儿说出为什么，或做出简单的判断、评价。如，"你是怎么知道的？""你为什么这么想呢？"这样的问题可以帮助幼儿形成初步的综合分析的思维能力。"如果是你，你会怎样做？"这样的问题通过假设，启发幼儿联系实际，引导他们与自己的实际和日常生活相结合，通过个人思考来表达。

2. 教师要掌握并遵循和幼儿交流的基本原则

开展谈话活动要教会幼儿进行交流，首先教师要会和幼儿进行交流，这是幼儿教师基本职业技能的体现。在谈话活动中，要多鼓励幼儿，让全体孩子都能参与到活动中，因此要坚持自由平等的原则。只要围绕中心话题，就允许幼儿在交谈的内容方面自由，在交谈的对象方面自由；只要不跑题，教师就不要过多干涉幼儿谈话的内容，而是要鼓励他们多说、敢说，大胆表达，有机会就说。此外，在谈话对象的选择上，可以两两交谈，也可多方交谈，或与教师谈，如果幼儿积极主动地参与到活动中来，在个别幼儿转换交谈的对象时，教师不要进行干涉。

谈话中，教师要注意坚持流畅性先于正确性的原则，允许幼儿言语表述中的瑕疵，不强求正确、规范，以免打击其谈话的积极性。同时，要注意提供足够的谈话时间，保证每个幼儿都有充分地自由讲述内心真实感受的机会。

三、一日活动和其他领域中渗透的谈话活动

有丰富的生活，才会有丰富的语言。我们每天都要和不同的人进行谈话，谈话活动是随时随地都在进行的。因此，幼儿园语言教育中的谈话活动除了进行专门的组织

外，还可以渗透在每日的教育生活中进行。教师可在一日活动中有计划地设计与幼儿的谈话活动，其优势就在于，这种渗透性的谈话活动比专门的谈话活动更具有轻松随意的特点，能产生潜移默化的影响，幼儿处于自然放松的状态，也可以随时随地将自己的所见、所闻、所想表达出来，或将在专门语言教育活动中学到的语言知识技能运用到日常生活谈话中。

（一）一日活动中渗透的谈话活动

学前儿童在幼儿园的一日活动中几乎有一半的时间是处于生活活动状态的，而幼儿在这种状态中往往需等待，比如午餐前后、洗手时、下午点心时间、离园前等，教师可将这些零碎时间利用起来，组织灵活的谈话活动，内容不做限制，只要幼儿感兴趣、有话可说的话题均可以进行，而且这种方式幼儿也易于接受。

"一日之计在于晨。"晨间谈话是教师利用晨间活动对孩子进行的集体或个人的谈话活动，不仅是幼儿园一日活动的内容之一，也是教师和幼儿交流的好时机。这段时间利用好了，不仅能锻炼和提高幼儿的口语能力，教师也能从与孩子们的交谈中了解到不少有益的信息，同时也有助于幼儿良好习惯的养成。如通过晨间谈话，可以安抚那些对家长依赖性强的幼儿，可以对幼儿进行行为习惯的针对性教育等。

【案例五】

晨间一般是对每个幼儿进行健康和卫生检查的，这是对幼儿因材施教的好机会。利用这一机会教师可以针对平时发现的问题，与幼儿进行个别交流，实施个别教育。比如，发现有的小朋友上课经常打瞌睡，就利用晨检的机会，询问他的睡眠情况，帮助他寻找原因，告诉他要按时睡觉，不贪玩。在一次晨检中，我发现一个小朋友走路低着头不跟其他小朋友说话，好像很害羞的样子。仔细一看，原来她穿了一条修补过的裤子。我知道她是怕其他小朋友嘲笑她。对其检查完卫生后，我首先表扬了她手、脸洗得很干净，然后对她说："好孩子没有比穿比吃的。只要洗得干干净净，穿旧衣服和新衣服一个样，都算讲卫生。"并鼓励她说："你从小就知道艰苦朴素，我看比那些爱吃爱穿的小朋友还懂事。"通过个别谈话，孩子消除了自卑心理，她又蹦蹦跳跳地和其他小朋友一块做游戏去了。

【分析】晨间谈话的话题可在生活中寻找，教师可以根据一周活动计划，制定每日的晨间谈话小计划。另外，晨间谈话的方式是多种多样的，要灵活进行。如有的教师利用晨间的时间开展"老师我想对你说"的谈话活动，通过幼儿主动和教师说悄悄话进行交流。但是如果遇到较为内向的幼儿，则需要教师灵活转变策略，可以采取教师领说的方式起头，耐心引导幼儿主动开口，坚持下来，就会有较大改观。

需要注意的是，晨间谈话活动时间不宜过长，一般为10～15分钟。若时间过长，就会影响下一环节教学活动的正常进行，而时间太短的话，也起不到应有的谈话的作用。另外，以晨间谈话来提高幼儿口语表达能力是需要长期坚持的，在简短的晨间时光中，要让所有的幼儿都能真正地开口，既不挫伤爱说者的积极性，又给寡言少语的幼儿提供机会，这样才能真正促进幼儿的发展。

晨间谈话其实是提供给孩子一次口语表达的机会，对不同年龄段的孩子要根据他们的身心特点，有计划地制订出谈话交流的内容，逐步引导他们的口语表达由简单到复杂。比如针对中班孩子的特点，给第一学期排出这样的晨间谈话的计划单。

第一阶段（第1个月）：主要围绕孩子本身设计。

昨晚做了哪些事情——讲讲昨晚动画片的故事——说说早上路上见到的事物……

第二阶段（第2、3个月）：主要围绕孩子周围熟悉的事物来设计。

谈谈你的爸爸和妈妈——谈谈你喜欢的小朋友——谈谈你喜欢的玩具……

第三阶段（第4个月）：主要围绕想象设计。

周末你想做什么——昨晚你做了什么梦——你最喜欢成为动画片里的哪个人物……

自由游戏活动时间对幼儿来说是自由随意的，也正是这种自由性，使得幼儿的一些不良行为习惯都凸显出来。教师要在自由活动中做有心人，随时关注孩子们的活动情况和表现，抓住教育契机，随时随地以针对性的谈话进行教育。另外，在自由活动中，教师利用可能的机会和条件采取谈话交流的方式，对幼儿语言发展中发音不准、构词错误等现象，及时给予纠正。

例如，一次户外自由游戏活动时，教师发现有个别幼儿在"自然角"里摘吊兰的叶子，当时就上前制止。教师想到幼儿都是有好奇心的，并不是故意要搞破坏，应该让幼儿养成爱护植物的好的行为习惯，因此，就及时地抓住了这样一个机会，针对"该不该采花的叶子"和幼儿进行了谈话活动。

在这样的谈话活动中，谈话的主题由教师在幼儿的自由活动中即时生成，缘由在于幼儿不好的行为习惯。谈话进行中，教师和幼儿针对该不该采叶子进行了交谈，引导他们认识到乱摘花草树木的叶子是不好的，要保护它们而不是搞破坏。这样的谈话活动对幼儿良好的意识和行为都起到了促进作用。而且，在谈话中教师渗透了科学常识的内容，即向孩子们介绍花草树木的叶子有什么作用等等。在自然的谈话交流中，不仅让幼儿知道要有意识地爱护花草树木，不要乱采乱摘，还让他们对绿色植物的生长过程这一基本科学常识有了一定了解。

幼儿园中的谈话可随时在教师和幼儿间发生，教师可在一日活动中的其他生活环节或生活常规教育中随机地对幼儿进行有意识的交谈，达到潜移默化的教育作用。

在教师和幼儿交流中，教师可随时就幼儿关心或感兴趣的话题进行交谈，利用一日生活环节的一切可能的机会和条件，引导幼儿，使其言语能力和其他方面得到发展。

例如，在进餐前的等待中，幼儿往往喜欢与小伙伴相互谈论有趣的事情，教师可以鼓励幼儿与同伴轻声交谈，但声明尽量不要大声喧哗。在餐后的自由活动时间，教师和幼儿一起散步或欣赏园内走廊里的墙面展示画面及班级主题板块，教师可和幼儿边走、边看、边谈，相互说说"你喜欢上面的哪一幅画？"等。在谈话的过程中，尽量让幼儿多讲，或多与同伴讲，给他们提供自由交流的机会。

【案例六】

离园活动时，我问迟秋硕小朋友："如果妈妈今天很忙，不能来接你，你怎么办？"并引导其他几位未离园的幼儿一起想办法。孩子们提出了"自己走回家""和张天佳一块儿走，让佳佳的妈妈接回去""让郭老师送回去""给姥姥打个电话"等多种办法。

【分析】在区角活动中，为幼儿创设宽松、和谐的语言表达情境，要让幼儿自由操作材料的同时，自主与同伴交流，不断丰富自己的语言。在放学离园的时候，教师也可利用等待家长的环节来进行个别谈话，以缓解幼儿的情绪。

（二）其他领域中渗透的谈话活动

在其他领域中贯穿语言表达能力的培养是课程整合理念的要求。学前教育各领域的培养目标和内容不同，但不管在哪个领域的活动中，语言作为交流工具都是必要的，因此可以在其他领域中注意幼儿的语言表达能力，在教学活动中培养其主动交流的交谈技能。

在科学、数学类活动中，可以有意识地培养幼儿严谨表达的习惯。当幼儿经过主动探索发现某一现象或规律时，往往会主动向教师或其他小朋友表达出来，而这种表达通常需要一定的顺序性、逻辑性，这是较难达到的，教师可以在和其交谈对话中进行有意识的引导。

例如，在"沉浮"小实验后，有幼儿会说"浮下去""沉上来"，这显然是词语的搭配错误。教师可借助大家都观察到的沉浮现象，帮助幼儿理解沉浮并学会正确的表达。又如，学前数学教育活动中，幼儿对量词的运用总是会出现错误，说"一台桌子""一个汽车"等，教师可及时与其交谈，引导幼儿学会正确使用量词。

在音乐、美术类艺术活动中也可培养幼儿的语言表达能力。首先，在这类活动中，教师用语言组织幼儿开展活动，在言语交流中引导其认识事物。如，美术活动中，教幼儿学画，画的对象具有什么特征，画面怎么布局，用什么颜色等，若教师只是自己讲述，活动的开展稍显枯燥，这时可结合与幼儿的言语交流进行指导。

例如，一位教师在教幼儿画房子时，让幼儿观察画的房子是什么样的："屋顶是什么形状的？墙是什么形状的？门在哪里？"幼儿在回答教师的过程中，学会了房子的简单画法。同时，教师也在师幼交流中逐步引导幼儿掌握了画房子的儿歌："小小的房子真漂亮，三角形的屋顶长方形的墙，圆圆的大门在中央。"在这样的言语互动中，幼儿既学会了画房子，也学会了简单的儿歌，更重要的是幼儿会对学习产生浓厚的兴趣。

【案例七】

区域活动时，甘雨杨小朋友在美术区画画，我看到她画了一个圆圈，就问："你想把圆圈变成什么？"她说："小兔。"我随机引导："对，变成小兔真好，还能变成什么？"她说出了太阳、娃娃、气球、西瓜、手表、眼镜、泡泡、小猪、小狗等许多形象。

【分析】 教师在看到幼儿的画后，在与幼儿交谈中进行了引导，拓展延伸了幼儿对已有简单画面的想象力，对其发散性思维有一定的训练作用，同时，幼儿以言语交流的形式说出了对所画圆圈的再想象，敢说、会说，口语表达也得到了一定的促进。

总之，谈话活动是最易融于日常生活中的，教师要做有心人，时时创设一定的语言环境，不断挖掘幼儿谈话的主题，蹲下来倾听孩子们的心声，使孩子们乐意与人交谈，并且讲话礼貌；同时能注意倾听对方讲话，说出自己想说的事；能听懂和会说普通话。

四、幼儿园谈话活动案例分析

谈话活动的设计与组织要体现谈话活动的基本特点，遵循谈话教育活动的基本要求，同时，在实施活动过程中，要考虑到幼儿不同年龄阶段的身心发展特点，根据幼儿实际情况进行合理安排。需要注意的是，活动设计是预先做好的活动蓝图或脚本，但是执行起来需要灵活机动，既满足幼儿谈话交往的需要，又不偏离活动目标，因为预设的活动方案不是刻板的模子，幼儿也不可能完全按照我们预想的去说话。下面我们将选取几个不同主题的谈话活动教案，进行具体的分析。

【案例一】 大班谈话活动"我的心愿"

活动名称	我的心愿			
活动目标	1. 围绕"我的心愿"话题进行谈话，逐步深入地交流个人见解。 2. 能专注倾听同伴讲话，用连贯、完整的语句表达自己的想法。 3. 体验谈话活动的乐趣，懂得关心和帮助有困难的人			
活动准备	1. 心愿树一棵、心形花和小花若干、背景图。 2.《爱的奉献》音乐磁带			
活 动 过 程				
		教师活动	幼儿活动	课后效果分析
创设情境 引出话题	时间 3分钟	1.（出示背景图）小朋友看，这是一棵什么树？ 2. 这上边挂着一些心形花，心形花上边还写着一些字表达心愿。大家管这样的树叫"心愿树"。为什么叫心愿树呢？就是你心里有什么愿望，告诉它，它会帮你实现	根据自己的生活自由表达。 注意听教师讲话	引出主题

续表

活 动 过 程				
		教师活动	幼儿活动	课后效果分析
创设情境 引出话题	时间 3分钟	3. 小朋友，你有什么心愿？为什么有这样的愿望呢？请你找到一个或者两个好朋友，先和好朋友说一说。	想自己的心愿	激发活动积极性
围绕话题 自由交谈	时间 12分钟	1. 倾听幼儿围绕"我的心愿，我为什么有这种心愿"自由交谈，参与幼儿的谈话，引导个别幼儿大胆表达自己的心愿。 2. 组织幼儿取心形花和小花。 3. 刚才小朋友都说了自己的心愿，谁愿意到前面来，大声对心愿树说："心愿树，心愿树，请你帮我实现愿望，好吗？我的愿望是……"说完以后小朋友可以向他提问，但是要举手，一个一个地问。 （幼儿集体谈话时教师用心愿树的口吻应答幼儿的心愿，并适当提示、补充，使幼儿的谈话能够延续。）	找到朋友，和朋友自由交谈。 自选心形花、小花。 请2～3名幼儿在集体面前说出自己的心愿，说完将心形花贴在树枝上。其他幼儿倾听，之后提出自己的问题，与之交谈。	保持轻松、愉快的谈话气氛
拓展话题	时间 10分钟	1. 刚才小朋友说出了自己美好的心愿。请你想想生活中哪些人会需要帮助呢？你要怎样帮助他们呢？请你们再找一个或两个朋友说一说乐于助人的心愿。 2. 倾听、参与幼儿谈话，引导他们取花，对心愿树说完心愿，教师给予回应。 3. 在谈话接近尾声时，为幼儿播放音乐，营造氛围。 4. 自然结束	倾听教师说话。 想自己帮助别人的心愿。 再找新朋友交谈。 将小花贴在花园里	运用新经验，体验乐趣
分析		1. 孩子们总是有着各种各样的愿望要表达，为他们提供一个交流平台，满足他们表达和分享的愿望。《3～6岁儿童学习与发展指南》建议"为幼儿创造说话的机会并体验语言交往的乐趣。"对5～6岁幼儿的要求是"愿意与他人讨论问题，敢在众人面前说话。" 2. 活动准备在物质方面能够营造谈话氛围，幼儿的经验可以完成本次活动的任务。 3. 活动过程的设计注意突出谈话活动的特点和目标的落实。 第一步，通过出示心愿树引出表达心愿的谈话主题，让幼儿把平时想说的心愿说出来。 第二步，让两个或三个小朋友在一起交流，不仅让好朋友知道自己的心愿，也了解别人的心愿，这是自由交谈。接下来教师为幼儿创设集体交谈的条件，选有代表性的幼儿在集体面前说出自己的心愿，再让小朋友提问，然后回答，使这种集体谈话成为谈话的范例，激发幼儿谈话的积极性。 第三步，在上一个话题谈完之后，如何转换话题、深化或延续谈话，继续保持谈话轻松、愉快的气氛，教师在此把话题抛出来，这既是为幼儿做延续谈话的示范，又是让幼儿的谈话愿望得到满足的具体做法，使幼师之间融洽、和谐、有爱、有理解、有支持。在幼儿再次围绕话题交谈后，活动自然结束。 延伸活动不在集中教育活动中进行，可以在家庭中，在幼儿自由活动时，没有硬性要求。期望幼儿把本次活动学到的新经验运用到新的交往机会中，让幼儿体验谈话的乐趣		

【案例二】　中班谈话活动"快乐"

活动名称	快乐
活动目标	1. 愿意与同伴分享快乐的感受，体验交流快乐带来的快乐。 2. 能大胆、完整地在集体面前表达，倾听别人说话。 3. 尝试小组谈话，遵守轮流谈话规则
活动准备	1. 课件：高兴、不高兴的表情，棋盘山，动物园，游乐场，商店，玩具店等场景图片，不同颜色卡纸两张，笑脸卡若干，音乐《快乐拍手歌》。 2. 幼儿熟悉故事《小花籽找快乐》。 3. 玩过游戏"你快乐吗？我很快乐！"

活 动 过 程

		教师活动	幼儿活动	课后效果分析
创设 氛围 引出 话题	时间 4分钟	1. 玩游戏"你快乐吗？我很快乐！"，激发幼儿活动兴趣。 2. 出示高兴的表情，回忆故事《小花籽找快乐》。 3. 引出谈话主题：你快乐吗？你为什么快乐？	玩游戏。 回忆故事，观察高兴的表情	激发兴趣
围绕 话题 自由 交谈	时间 8分钟	1. 请你找到一个好朋友说一说。 （教师到幼儿中间倾听他们的谈话，用插话、谈话的方式分享快乐的感受。） 2. 把幼儿分成五组。 3. （播放课件）请小朋友看看，你在这些地方会快乐吗？什么事情让你快乐呢？请小朋友在组里一个一个说，没说的小朋友要怎么做？对，要安静地认真听别人讲话，有礼貌也会让人很快乐的。 4. 小组交流，提示幼儿轮流说话。 5. 下面我们要进行比赛——看哪个组说的快乐多，你们看完图片后就可以说。（逐个展示场景图片。） 6. 小结：刚才的比赛真精彩！我们的身边到处都有很多的快乐，我们要像小花籽一样寻找快乐、感受快乐	自由结伴交流，表达自己的快乐感受。 分组坐。 看课件。 小组交谈。 比赛，说快乐。 给发言的幼儿贴笑脸	锻炼倾听能力，活跃气氛，调动积极性
拓展 话题	时间 12分钟	1. 出示不高兴的表情，讨论：这是什么表情？你猜发生了什么事情？怎样让他快乐起来呢？ （小组交流，第一次小组交流没说的幼儿说。） 2. 小朋友，你有不高兴的时候吗？是什么事情？你是怎么快乐起来的？谁帮助了你？ 3. 讨论：当别人不开心时，你是怎么做的？ 4. 小结：我们不开心的时候，能自己想办法开心、快乐起来，别人的帮助让我们快乐；当别人不开心时，我们也能想办法让别人开心，自己也会很快乐的	小组交流。 请2～3名幼儿发言。 请2～3名幼儿发言	设计难点，学习延续谈话的方法

续表

	活动过程
活动延伸	共同表演《快乐拍手歌》，加深对快乐的体验
分析	1. "快乐"话题非常适合中班幼儿的年龄特点，他们有很多快乐的体验，也愿意把自己的快乐经历同同伴分享，传递快乐的信息，在自己不开心的时候会转换心情，在别人不高兴的时候知道同情、宽慰，这样既健康了自己，也和谐了人际关系，充分发挥了话题的价值。在幼儿自由交谈的基础上，尝试进行小组谈话，倾听别人讲话、轮流讲话，既是谈话要学习的技能，也是礼貌在人际交往中的具体行为，从中班开始培养，符合《指南》要求。 2. 活动准备非常充分，既有物质方面的准备，又有幼儿丰富的经验准备，为活动的顺利开展做好了铺垫。 3. 活动过程的设计注重激发幼儿的谈话兴趣，在几个主要环节的衔接上安排自然，把目标落到实处。 第一步，玩游戏激发兴趣，接下来看表情图，回忆故事，从直接经验到间接经验，积蓄起幼儿谈话的能量，话题的提出使幼儿的能量得以释放。 第二步，先让幼儿自由结伴交谈，这种方式很放松，也很随意，谈话氛围浓厚。接下来分小组，让幼儿在小组中交谈，学习轮流交谈的规则，锻炼幼儿的倾听能力和文明行为。为了让小组交谈气氛活跃，又设计了以小组为单位的比赛，发言的小朋友获得小粘贴，极大地调动起幼儿表达的积极性 第三步的话题拓展是设计难点，快乐的事情说完了，接下来说什么才能让话题继续，才能让热情不减呢？教师设计了出示不高兴的表情图，让小朋友猜什么原因会让人不高兴，怎么才能高兴起来，这个话题又让孩子们有好多话想说，还是在小组里交流，学会听别人说，遵守社会性规则。然后话题进一步拓展，谈自己有不高兴的时候，什么事情，又是怎么高兴起来的，请2～3名幼儿集体谈话，既作为隐性示范，也让大多数幼儿进一步倾听别人讲话。接下来话题再扩展：别人不高兴的时候，你是怎么做的。教师虽然没有做显性示范，但这样一步步引导谈话思路，让幼儿在潜移默化中学习到了延续谈话的方法。 活动延伸让活动再度掀起高潮，大家一起表演，在开心的气氛中结束活动

【案例三】小班谈话活动"好朋友"

活动名称	好朋友
活动目标	1. 会用"我的好朋友是××，他（她）是男（女）孩，他（她）喜欢……"的句式介绍自己的好朋友。 2. 乐于参加游戏，体验与小伙伴一起游戏的乐趣
活动准备	1. 音乐《找朋友》、关于"分享""关系""帮助"的三张图片。 2. 各色皱纹纸扎成的小花，每种颜色2朵（小花数量与班级幼儿数量相同）

		活动过程		
		教师活动	幼儿活动	效果分析
导入活动	时间 1分钟	音乐游戏"找朋友"。 教师带领幼儿在"找朋友"音乐中进入活动室围成圆圈坐下	幼儿在音乐声中进入活动室，坐下	调动情绪

续表

活动过程				
		教师活动	幼儿活动	效果分析
创设情境引出话题	时间4分钟	游戏"找朋友" 1. 教师："小朋友们好，我是××老师，我是女孩。谁愿意像老师这样介绍自己？" 2. 请幼儿依次介绍自己，说出自己的姓名，说出自己是男孩还是女孩。 3. 我还有一个好朋友，她是谁呢？我要你们一起玩一个"找朋友"的游戏，把她找出来。 4. 游戏"找朋友"：在圆圈外边念儿歌"找、找、找朋友，找到一个好朋友"边走，念到最后一个字时把手里的玩具放在好朋友身后。（教师示范） 5. 教师介绍自己的好朋友：我的好朋友是××老师，她是女孩，她喜欢跳舞。	幼儿按照老师隐性示范的模式进行自我介绍 幼儿游戏，并用"我的好朋友是××，他（她）是男（女）孩，他（她）喜欢……"的句式介绍自己的好朋友	幼儿能用完整连贯的句式说话
围绕话题自由交谈	时间5分钟	谈话：你和好朋友在一起最喜欢做什么？和好朋友在一起会觉得怎么样？	在教师的引导下，两个人一组自由交谈，说说如何与朋友相处	了解朋友
拓展话题	时间5分钟	分享交流：如何和好朋友在一起。出示"分享""帮助""关心"三张图片，引导幼儿说出自己是怎样和好朋友相处的	看图片提示说说与好朋友在一起如何相处，如一起玩玩具，有好吃的东西时要一起分享，好朋友有困难时要主动帮助他，好朋友过生日、生病了或伤心了要关心他	拥有更多朋友
活动延伸		1. 找找新的好朋友，幼儿自由选择一朵小花。 在"找朋友"音乐中，幼儿找与自己小花颜色相同的小伙伴做好朋友，当唱到"你是我的好朋友"时互相抱一抱。音乐停止时，两个人一起说："××是我的好朋友"。 2. 幼儿回家后，和父母介绍自己的好朋友		
分析		1. 整个谈话活动以游戏的形式进行，在活动中引导幼儿用语言介绍自己、介绍好朋友及交流如何和好朋友在一起，活动设计符合新《纲要》关于幼儿语言教育的活动观念，在游戏中习得语言。活动目标的设计符合小班幼儿的年龄特点和接受能力。 2. 活动准备方面很充分，提供了一定的物质准备和活动氛围。 3. 活动过程的设计突出了谈话活动的特点和活动目标的落实，主要分四步。 第一步导入，教师利用音乐"找朋友"带领幼儿边舞蹈边进入活动室，主要是为了调动幼儿的情绪。在欢快的音乐声中孩子们的情绪立刻就调动起来，和教师一起互动，非常开心。 第二步引出话题，通过游戏"找朋友"，引导幼儿先进行自我介绍，再介绍好朋友。小班幼儿语言表达能力弱，所以必须由成人先给予示范，引导其模仿、学习。因此教师先示范自我介绍的方法，引导幼儿按照这种模式进行语言的表达，并且给每名幼儿提供自我介绍的机会，给予其练习语言能力的机会。在教师示范的引导下，每名发言的幼儿都能较连贯、完整地用句式说话，表达清楚。		

续表

	活 动 过 程
分析	小班幼儿的兴趣特点就是爱玩游戏，玩游戏让他们高兴，玩游戏让他们乐于参与、乐于表现。因此在这个环节设计上，以游戏"找朋友"的形式，激发幼儿表达的兴趣，变被动为主动。以前不爱、不敢在集体中说话的幼儿，也能踊跃地参与到游戏中，大胆地用语言讲述，并且比较完整。 第三步拓展话题范围，主要是拓展幼儿的生活经验，使幼儿进一步了解朋友，懂得与好朋友相处的方法。这个环节体现了《纲要》的理念，注重幼儿在活动中的情感交流，幼儿在轻松、愉快的气氛下自由的表达自己的想法，让他们在活动中获得相关的经验。情感的分享、交流有利于进一步拓展孩子们的生活经验，通过谈话让幼儿知道好朋友间应该如何相处，懂得要一起分享、互相帮助、互相关心。帮助幼儿习得相处的方法，使他们拥有更多的好朋友。用三张图片帮助幼儿形象、具体地理解"分享""帮助""关心"，注重启发幼儿谈话的丰富性。 第四步是活动延伸找找新的好朋友，音乐能给人一种美的享受、快乐。让孩子们在活泼、愉悦的《找朋友》的音乐声中结识新的好朋友，鼓励他们拥有更多的好朋友。在音乐游戏中自然结束，孩子们还没玩够，有一种意犹未尽的感觉。 谈话活动"好朋友"，不仅仅是单纯的一次语言活动，在提升幼儿语言表达能力、运用语言交往的基础上，还使孩子们感受到了拥有好朋友的快乐，并积累了社会经验，学会如何与同伴相处，如何拥有更多的好朋友，这让幼儿社会情感的培养更具现实意义

思考与练习

1. 幼儿园开展谈话活动需要注意哪些问题？
2. 谈话活动的基本结构是什么？
3. 设计一个谈话活动。

第七单元　学前儿童文学作品欣赏活动

> **学习目标**
> - 了解幼儿文学活动的概念和特征。
> - 了解幼儿文学活动的语言教育目标。
> - 掌握幼儿文学活动的基本结构。
> - 能够对具体的文学活动设计的案例进行分析。

模块一　学前儿童文学作品欣赏活动概述

一、幼儿文学活动概述

（一）文学活动的概念

幼儿园的文学活动，是以文学作品为基本教育内容而设计组织的一系列教育活动。这一系列活动从一个具体的文学作品教学入手，围绕这个作品展开若干个相关的活动，帮助幼儿理解作品展示的丰富而有趣的内容，体会语言艺术的美，为幼儿提供全面的语言学习机会。文学活动是幼儿园语言教育十分重要的内容，也是幼儿园语言教育不可缺少的一种类型。

（二）文学活动的作用

《幼儿园教育指导纲要（试行）》指出："引导幼儿接触优秀的儿童文学作品，使之感受语言的丰富和优美，并通过多种活动帮助幼儿加深对作品的体验和理解"，使他们"在快乐的童年生活中获得有益身心发展的经验"。

幼儿园文学教育活动是通过欣赏文学作品来学习语言的一种活动类型。其目的在于向幼儿展示成熟的语言学习与积累文学语言扩展幼儿的词汇量，培养幼儿倾听的有关技能，鼓励幼儿创造性地运用语言并培养儿童的艺术想象力。喜欢文学作品是幼儿的一种天性，他们对童话、故事和儿歌充满浓厚的兴趣。然而，念一首儿歌或听一个故事，对幼儿来说并不是简单的学习，文学作品对幼儿发展所产生的潜移默化的作用，有着远远超过我们已有认识的意义。

1. 促进幼儿社会化

社会化是个体学习某一群体和社会的生活技能与行为规范，以使自己取得社会生活适应性并在其中发挥作用的过程。学前儿童文学承担着向幼儿传达日常生活知识、传递社会道德规范的重要任务，能有效促进幼儿社会化。

2. 增长幼儿知识

幼儿对自然和人类社会充满好奇，而学前儿童文学涵盖大千世界中的种种知识，恰好能够满足他们的求知欲望。学前儿童文学给幼儿打开了一扇看世界的窗户，带给幼儿大量新鲜的感性认识，幼儿又以这些认识为起点，循序渐进，不断丰富自己的知识经验。学前儿童文学也培养了幼儿的求知兴趣。

3. 丰富幼儿的语言和情感，提高其思维和想象力

学前儿童文学的语言不仅浅显明白，而且优美规范，是文质兼美的作品，儿童喜闻乐见，幼儿可以从中学到大量的词汇、语法规则和多样的表达方式。幼儿的感情非常丰富，最容易受到感染，幼儿文学作品就是以形象来丰富幼儿情感的。语言是思维的工具，幼儿在语言得到丰富的同时，思维能力也会不断提高。除形象思维能力外，故事和儿歌还有助于幼儿分析、判断、综合、推理能力的形成，帮助发展他们的抽象逻辑思维。想象是幼儿的首要乐趣，幼年期是培养和发展幼儿想象力的最佳时期，学前儿童文学则是发展幼儿想象力的最佳载体。

4. 培养幼儿的美感，提高其审美能力

学前儿童文学是美的文学，在幼儿能够理解的语言中，含有丰富的感性形象，幼儿通过用语言表现的形象，逐渐达到从抽象符号向感知形象的过渡。优秀的幼儿文学作品能用简明的文字为孩子们提供充分联想与想象的余地，使他们的审美理解达到奇妙的境界。同时，学前儿童文学在培养幼儿直觉审美力的同时，还用语言向孩子们明确提示各种审美标准。幼儿的审美是动态的审美，幼儿天性好动，有很强的自我表现意识和参与意识，如喜欢进展迅速且跌宕起伏的情节、愿意创造等，在动口和动手中获得美的感受。

5. 愉悦幼儿的身心，培养其活泼开朗的性格

虽然幼儿的天性是快乐的，但在现实生活中也有烦躁和忧虑的时候。学前儿童文学有助于疏导幼儿的情绪，使他们的压抑情绪在广阔的时空中自由地释放，对他们的身心健康、人格健全都有积极作用。由童话所构筑的五光十色的世界，为在现实中受到各种局限的幼儿提供了一种补偿。在听故事的时候、在亲子阅读的时候，孩子们会忘记烦恼和忧伤，获得心灵的滋养和宁静。

二、幼儿文学活动的语言教育目标

文学作品因其本身含载了丰富的信息，使得它们对幼儿的成长具有多方面作用，幼儿园文学活动的目标主要包括以下几个方面。

（一）向幼儿展示成熟的语言，提高幼儿对语言多样性的认识

故事、诗歌或其他的儿童语言文学作品，为学习说话的幼儿提供了成熟的语言样本，这些样本可以让幼儿模仿、记忆并创造性地运用到生活中。

1. 倾听各种语言句式

在讲故事、念儿歌的活动中，我们给幼儿的语言学习增加了接触理解各种不同句式的机会。在日积月累的过程中，幼儿潜移默化地掌握了各种不同的句式。从简单到复杂、由少变多，直到能够熟练地运用接近于成人口语的句法结构。

2. 倾听形象化的语言

在儿童文学作品中，我们常常会念到这样的语句："稻穗儿一摇一摆的，好像在向小花点头……""我觉得自己比洗了一百次澡还要干净……"等等。这些形象化的语言，能够更清楚、更准确、更具体形象地表达人对各种事物、人物、情境的思想和观点。学习这样的语言，毫无疑问属于幼儿语言学习的重要内容，能够帮助幼儿更好地理解和表述个人及周围的一切。

3. 倾听不同风格特色的语言

每个作家所写的语言文学作品，都带有一点特定区域的、个人的、文化的语言特点，这些因素的总和，便构成了语言风格的多样化。

（二）扩展幼儿的词汇量，培养他们自觉获取语言材料的能力

幼儿学习的文学作品，是由各种词汇组合起来的语言艺术作品，学习文学作品，是扩展幼儿词汇，帮助幼儿掌握语言内容的重要途径。

在语言文学活动中掌握和运用新词。幼儿文学活动，不仅仅是让幼儿听个故事、念个儿歌，往往也为幼儿提供操作和表现语言的机会。对于某些词意比较复杂，并且有一定抽象意义的新词，通过动作和活动表现出词意，效果好于使用语言解释语言的教学方式，因而有利于幼儿的理解和记忆。当然，活动更有利于幼儿运用所学新词，在重复和动作过程中可巩固和掌握。比如形容人的表情和情绪的的词"火冒三丈""气愤""恼火""忧愁""闷闷不乐""不开心""快乐""美滋滋""喜形于色""兴高采烈"等，在幼儿表演故事时就可以让幼儿用动作和表情表现出来。

（三）培养幼儿善于倾听的技能

在幼儿语言的发展过程中，学习做一个乐于听并善于听的人，是幼儿运用语言进行交往的重要方面。幼儿园的语言教育，包括了这样一个目的和内容，教师在日常的教学和活动里，应当注重培养幼儿听的能力。倾听是感知语言的行为表现，也是重要的理解语言的途径。只有懂得倾听、乐于倾听并且善于倾听的人，才能真正理解语言的内容。语言文学作品的教学，是与幼儿的"听"紧密联系在一起的，它给幼儿提供了有意识的、评析性的、欣赏性的倾听机会，并能在实践中培养倾听技能。

【资料】《3～6岁儿童学习与发展指南》"倾听与表达"目标1：认真听并能

听懂常用语言。要求3～4岁幼儿在别人对自己说话时能注意听并做出回应，能听懂日常会话；4～5岁幼儿在群体中能有意识地听与自己有关的信息，能结合情境感受到不同语气、语调所表达的不同意思；5～6岁幼儿在集体中能注意听教师或其他人讲话，听不懂或有疑问时能主动提问；能结合情境理解一些表示因果、假设等相对复杂的句子。

【分析】这样一些目标要求，实际上要求幼儿在语言学习与发展中学会有意识的倾听别人所说的话，分析性地倾听交流的信息，同时形成理解性的倾听语言能力。

当我们给幼儿讲一个有趣的故事时，幼儿会屏声止息、安静地坐下来听。究其原因，语言文学作品的内容和形式都符合幼儿发展的特点，因而使幼儿具有较强的趣味性。选择合适的故事、童话和儿歌是培养幼儿有意识地倾听能力的必备条件。

教师在讲述故事或朗诵诗歌的时候，某一种手势、动作或其他体态语言也能调动幼儿的积极性，让幼儿共同参与文学作品的讲述和朗诵过程。比如讲《三只羊》的童话故事，教师在讲到羊爬山的时候，可以让幼儿一起用手做爬山的动作。如此重复，直到作品讲完，幼儿都会集中注意力听。

教师进行教学时，自己集中注意力，表现出赞美的态度，带领幼儿用自己的想象重新讲述作品，同样能使幼儿获得自然欣赏艺术作品的能力。

（四）提高幼儿灵活而富有创造性地运用语言的能力

儿童的语言发展既非纯粹天赋遗传，也不是后天的机械模仿所得，他们是在与人和环境的交互作用中创造性地学习语言的。鼓励幼儿创造性地运用语言，有着不可忽视的意义。文学作品在帮助幼儿创造性地运用语言方面能够起到以下几个作用。

1. 激励幼儿的语言游戏

这里的语言游戏，是指从玩弄语言、语词、语句中得到乐趣的活动。为幼儿讲故事、念儿歌，实际是给幼儿极好的暗示，使之可以在愉快的体验中发展他们从文学作品中获取语言游戏的灵感，受到一种激励。如"找啊找啊找朋友，找到一个好朋友，敬个礼啊握握手，你是我的好朋友，好朋友再见！"的游戏儿歌，或是"太阳从西往东落，听我唱个颠倒歌。天上打雷没有响，地上石头滚上坡。江里骆驼会下蛋，山上鲤鱼搭成窝。腊月炎热直流汗，六月寒冷打哆嗦。妹照镜子头梳手，门外口袋把驴驮。"之类的滑稽儿歌——颠倒歌，还有"唐僧骑马咚那个咚，后面跟着个孙悟空，孙悟空，跑得快，后面跟着个猪八戒，猪八戒鼻子长，后面跟着个沙和尚，沙和尚，挑着箩，后面来了个老妖婆……"——连锁歌，这些儿歌更能使幼儿饶有兴趣地诵读不止。幼儿创造性地运用语言，正是从积极地投入语言游戏开始的。

2. 帮助幼儿在不同的语境中创造性地运用语言

在什么样的环境中说什么样的话，对什么样的人做出什么样的语言反应。在童话故事中，羊与狼的对话，表现出的是善良的人与凶恶的敌人之间的语言关系；三只蝴蝶与三朵花的交谈,则是忠诚的朋友们与自私自利的人之间的语言交往;而小鸡和小鸭的故事,则反映了友好理解的语言交往情境。当幼儿学习这些文学作品时,他们理解了不同的语境,也逐步掌握了在不同语境中运用适当语言的能力。

3. 提高幼儿的"语言结构敏感性"

这种敏感性是对语言本身的反应,而不是对语言传递信息的反应。对儿童诗《小弟和小猫》的学习,不能仅仅停留在淘气的小弟弟、可爱的小花猫和"洗澡讲卫生"的事情上,还应注意到语言形式构成的某些规律如分行、节奏、押韵等。幼儿对语言结构的敏感性是在逐步熟悉、理解文学作品的过程中发展起来的。在教学中教师是否引导幼儿去注意感受文学作品的语言形式,是提高幼儿这种敏感程度的关键。幼儿对语言结构敏感性的增强,为其创造性地运用语言,并且在未来的写作中获得成功奠定了基础。

文学作品对培养幼儿的艺术想象力和创造力具有独特的作用。因此,幼儿园开展的文学活动是一个让孩子受益终身的活动。

【资料】 幼儿园文学活动年龄阶段目标

小班	中班	大班
1. 喜欢欣赏文学作品,愿意参加文学活动,对文学作品的语言感兴趣	1. 喜欢欣赏不同形式的文学作品,主动积极地参加文学活动	1. 乐意欣赏不同体裁、不同风格的文学作品,在文学作品中积累文学语言,并尝试在适当场合运用
2. 能初步感受文学作品的类型,知道童话故事、诗歌、散文是不同体裁的文学作品	2. 知道文学作品语言与日常生活语言不同,进一步感受文学作品的语言美	2. 在理解文学作品人物情节或画面情境基础上,学习理解作品的主题或感受作品的感情脉络
3. 学习理解文学作品的情节内容或画面情境,能用语言、动作、表情等方式表达自己对文学作品的理解	3. 学习理解文学作品的人物形象,感受作品的感情基调,能运用较恰当的语言、动作、绘画形式表现自己的理解	3. 初步感知文学作品语言和结构艺术表现特点,开始接触文学作品的艺术语言构成方式
4. 在文学作品原型基础上扩展想象,仿编诗歌、散文的一句或续编故事结尾	4. 能根据文学作品提供的线索,扩展想象,仿编或续编一个情节或一个画面	4. 依据文学作品提供的想象线索,联系个人已有经验扩展想象,并创造性地进行表述

三、文学活动的基本特征

(一)幼儿文学的文体特点

1. 幼儿文学是开启心智的启蒙文学

幼儿文学包含丰富的社会内容和自然知识,能引导幼儿初步认识社会、认识自然、认识自我,丰富他们的情感,发展他们的语言、思维、想象等能力,因此,对幼儿的健康成长具有重要的启蒙作用。如儿歌《布谷》和《数字歌》等都是开启心智的佳作。

2. 幼儿文学是深入浅出的口语文学

口语的一大特征就是转瞬即逝,不容思索。幼儿文学的语言特点就是口语化、浅显明快、具体形象、朗朗上口。

3. 幼儿文学是趣味盎然的快乐文学

优秀的幼儿文学作品无不充满生机勃勃的情趣，给幼儿带来极大的快乐；幼儿文学同时还具有很强的游戏性。

4. 幼儿文学是培养人文精神的情感文学

如何让幼儿成为一个具有人文素养的人，是一个非常重要的课题，应该在文学作品中蕴含爱心、善良、同情、友谊、宽容等人类的共同美德，使幼儿成为一个精神健全的人。

（二）幼儿文学的美学特征

幼儿文学作为文学的一种特殊门类，有其独特的美学特征。郭沫若在《儿童文学之管见》中对其做过形象的描绘："儿童文学当具有秋空霁月一样的澄明，然而决不像一张白纸。儿童文学当具有晶球宝玉一样的莹澈，然而决不像一片玻璃。"幼儿文学的美学特征具体表现为幼儿情趣的稚拙美、纯真美、游戏美和荒诞美。

1. 质朴的稚拙美

首先，稚拙美是幼儿文学独有的美。文学作品中的稚拙美是作家对幼儿天性的认识、提炼和升华，是对幼儿独特心理的艺术把握和再现，它所展示的是一种质朴的，原始的，有悖于常情常理，却异常透彻、明净而又令人惊奇、赞叹的美。

其次，稚拙美是稚嫩、淳朴、清新、淡雅的美，不加雕饰，毫不做作。如在文学故事《小鸭子毛巾》中小鸭子毛巾被收去洗了，小朋友们午睡起来后到处找小鸭子毛巾，有的说可能飞走了，有的说可能到河里洗澡去了，于是大家一起喊："小鸭子毛巾，快——回——来！"作者精心选取了幼儿特有的心理、行动、思想、感情，使作品的稚拙美表现得十分充分。

2. 透明的纯真美

幼儿的心灵是单纯而明净的，他们不谙世事而真诚地对待一切事物。这种纤尘不染的童真得到许多作家的热情讴歌以及几乎所有人的赞美和感叹，人们甚至用童真去对照、映现成人世界的种种病态与丑恶。纯真美也是幼儿文学独有的美，它是幼儿纯洁真诚的心灵在作品中的艺术再现，它所展现的是一种极为透明、至纯至真的美，常给成人以自叹弗如的美好感觉。如《鸟树》是一篇生活气息浓郁的幼儿生活故事，流露出了幼儿爱护生灵的纯真愿望。作品真实地写出了幼儿天真无邪的童心和属于他们那个年龄的独特的想象，真实感人。

3. 张扬的游戏美

游戏是幼儿的主导活动，正如席勒所说："在人的各种状态下，正是游戏，只有游戏，才能使人达到完善并同时发展人的双重天性。"游戏精神是一种极富动感的玩的精神，幼儿在游戏中，往往不顾生活的逻辑进行想当然的变形、移位、添加和任意组合。在"玩"的表面形态中融合了幼儿情趣天然的纯真感情、求智愿望，透露出独特情趣的美学意味。幼儿文学正是基于幼儿的思维特点，表现幼儿的自由幻想和无拘无束的游戏精神。在作品中充分运用游戏的方式组织文学结构及表现形式，使作品富于游戏精神，最大限度地张扬幼儿的天性，使幼儿徜徉其间，产生愉悦与共鸣。

如童话剧《小熊请客》素材的主要来源是幼儿们常常自发玩的"过家家"游戏。小熊做主人，小狗、小鸡、小猫做客人，客人来了，主人殷勤招待。虽是模仿成人生活，却别有幼儿情趣，整个过程有唱有跳、有打有闹，游戏成分浓厚，童趣盎然，使幼儿身心愉悦，受益匪浅。

4. 出色的荒诞美

荒诞美是幼儿的"自我中心"思维在幼儿文学中的反映，"荒诞"契合了幼儿的审美心理，幼儿在审美时对作品中的"荒诞"部分特别容易接受。荒诞美是一种奇异奔放的美，具有或浓或淡的喜剧色彩，它是幼儿自由天性的艺术升华，往往表现为怪异、奇特、夸张、放纵、巧合、无规范、公然违反常规而又似乎合情合理等，给人以奇异怪诞而又自由轻松的审美愉悦。有些儿歌，特别是颠倒歌，集中、突出地体现了幼儿文学的荒诞美，充分体现了幼儿任意思考的无逻辑特点。

（三）围绕文学作品展开一系列活动

文学活动最突出的特点是从文学作品教学入手，围绕作品教学开展活动。其主要目的不是通过文学作品进行知识、道德教育，而是侧重于幼儿文学审美能力、理解能力、想象力方面的培养。因此，文学活动是包含理解美、欣赏美，以及表达自己对文学作品的理解和想象的一系列多层次的活动。

这一基本特征是由两方面因素决定的。

首先，活动对象的特点决定了文学作品活动的特征。文学作品是语言艺术的结晶体，每一个具体的儿歌或故事都含有丰富而独特的语言信息。如《三只蝴蝶》《三只羊》《三只小猪》，都向幼儿展示了一个个丰富有趣的情境事件。与其他语言教育活动相比，文学活动中幼儿所面临的活动对象有着形象生动、信息丰富的特点，而幼儿在活动中与活动对象交互作用的首要任务，就是学习理解文学作品。

其次，活动主体的特点也影响了文学活动的这一特征。文学作品以书面语言的形式结构储存语言信息，幼儿需要通过聆听、诵读、阅读图画、观看动画等方式接受理解文学作品所传递出的信息。因为，任何一个文学活动都必须从文学教育入手，围绕一个具体的作品开展活动，让幼儿完全理解文学作品含载的丰富有趣的信息。

需要说明的是，"文学作品"是一个笼统的概念，它包含不同种类和不同特征的文学样式。一般而言，幼儿园常用的文学作品包括以下几类。

1. 儿童诗歌

儿童诗歌在语言形式上分行、分节，有明显的韵律，并采用一定的语言表现手法抒发感情，是便于幼儿吟唱的诗歌体的文学作品。

【案例一】 幼儿诗《摇篮》（黄庆云）

摇　篮

蓝天是摇篮，摇着星宝宝，白云轻轻飘，星宝宝睡着了。
大海是摇篮，摇着鱼宝宝，浪花轻轻翻，鱼宝宝睡着了。
花园是摇篮，摇着花宝宝，风儿轻轻吹，花宝宝睡着了。
妈妈的手是摇篮，摇着小宝宝，歌儿轻轻唱，小宝宝睡着了

【分析】这首幼儿诗运用了比喻和排比的方法，把孩子们喜欢的蓝天、大海、花园比作摇篮，在这个大的摇篮里，有孩子们喜欢的星星、鱼儿、花朵，最后把妈妈的手也比作摇篮，小宝宝就在这个摇篮里，甜甜地睡着了，一种静谧安宁的意境展现出来了，给幼儿一种美的感受和启迪，同时这首诗也丰富了幼儿的想象力。整首诗没有美丽的辞藻，但朗朗上口，孩子们都爱朗诵这样的作品，可以激发孩子对妈妈的喜爱之情，更加具有一种特殊的感染力量。

2．童话

童话是一种带有幻想色彩的虚构故事，通过夸张、象征、拟人等语言表现方式塑造形象，表现生活，借助幻想创造出并不存在于现实生活却又与生活有密切联系的生活场景。法国著名童话作家贝洛认为："对于世上的父母来说，当儿童缺乏理解真理的能力时，是不是应该讲些与孩子年龄相适应的童话来帮助他们理解呢？一则童话就如同一颗种子，最初激起的仅仅是孩子们或喜悦或忧伤的感情，可是，渐渐地，幼芽便冲破了种子的外衣，萌发、生长，并开出美丽的花朵。"灰姑娘始终不渝的执着追求，终于使她摆脱凄暗的处境和久久纠缠的厄运，邪恶终究没有能够埋没她的光鲜亮丽……格林兄弟说："这些给儿童的故事能以它们的纯洁和温柔去唤起孩子们对生活的向往，在人生之初就培养起一种美好的思想感情，这些童话的朴素诗情能够教会每一个人以纯真。"

3．幼儿生活故事

幼儿生活故事取材于社会现实生活，以叙述事件为主，反映幼儿熟悉或需要了解的生活内容，向幼儿讲述经过提炼概括或虚构的"真人真事"。如孩子们喜欢的《阿凡提的故事》，郑春华的《大头儿子和小头爸爸》故事系列等。

4．幼儿散文

幼儿散文是用凝练、生动、优美的文学语言写成的，供幼儿学习的叙事、记人、状物或写景的文学作品。

5．图画书故事

图画书是学龄前儿童经常大量阅读的一种图书，在英美被称为 Picture Books，在日本被称为"绘本"。它不同于我国传统意义上的"图画读物""连环画"或"小人书"。

在我国图画书的概念在20世纪90年代初才被明确提出来，随后逐步得到广泛的认同和使用。

在文学活动中，图书是媒介，帮助幼儿了解故事内容，起辅助作用。重点是幼儿感受、理解故事内容，与故事主题产生情感共鸣，学习作品中的成熟语言。而在早期阅读活动中，帮助幼儿看懂图书，理解图书内容，对看书感兴趣则是重点。

上述各类幼儿园常见的文学作品各具特色，因此，围绕文学作品教学开展活动，就应该注重每一类作品的特点，从每一个具体的文学作品出发，去引导幼儿学习、理解这个文学作品，教师在设计组织幼儿园文学活动时，需要充分考虑每一类、每一个具体的文学作品对幼儿学习的不同要求。

（四）整合相关学科的学习内容

幼儿园的文学活动从文学作品教学出发，常常整合与其相关的其他学科的学习内容，使得幼儿有更多机会认识某一个文学作品中表现的社会生活内容，促进他们对作品的感知、理解。这是幼儿园文学活动的另一个基本特征。

幼儿因具体形象性思维占优势，有意注意和有意记忆的时间较短，语言表达水平较低，因此幼儿文学作品一般采用幼儿较熟悉的形象和生活经验。但由于幼儿的生活经验和知识经验有限，因此在开展文学活动时，要整合与其相关的其他学科内容形成系列的活动。

一首儿童诗或一则童话，对幼儿而言，往往意味着不同层次的学习。聆听或阅读、理解文学作品是第一层次的学习。借助语言文学作品来认识周围的世界，这是第二层次的学习。文学作品是语言的结构体，幼儿在学习各种语言符号和概念，认识文学作品所展示的生活的同时，还可以感受到艺术结构语言符号的不同方式，这是又一个层次的学习。

要真正帮助幼儿顺利通过上述三个层次的学习，把握文学作品深厚的内涵，仅仅向幼儿讲述故事、诗歌等作品内容是不够的，有必要在幼儿接受一个具体作品的内容后，进一步开展与这一具体作品内容相关的活动。

【案例二】 童话故事《金色的房子》

在幼儿熟悉了故事内容之后，开展表演游戏活动，让幼儿体验、理解作品中人物的心理；继而让幼儿画一画"我的房子"，谈一谈"如果我有一座金色的房子"。

【分析】感知、理解童话故事《金色的房子》的主要内容——让幼儿表演故事，深入体验作品中人物的心理——再让幼儿画画"我的房子"——最后让幼儿谈谈"如果我有一座金色的房子"，这一系列不同层次的活动将有利于幼儿感知和理解文学作品，也有利于幼儿语言以及其他各方面（如绘画）能力的提高。

（五）提供多种与文学作品相互作用的途径

儿童的发展是通过个体与外界环境中各种语言和非语言信息交互作用逐步实现的。因而，幼儿园的文学活动，应当着重引导幼儿积极地与文学作品相互作用，在这一过程中通过多种操作途径让幼儿得到发展。调动幼儿的视觉、听觉、触觉等多种感官参与到活动中以获得亲身体验，即幼儿可以在动手、动嘴、动眼、动耳、动脑等各种途径的学习中获得亲身体验，从而对文学作品更深刻、更全面地理解与接受。用活动的形式来组织幼儿文学作品教学过程，仍以"金色的房子"为例，幼儿不仅听了故事，看了图画，而且还表演了人物角色，体会了故事中人物的情感、心理，然后又通过想一想、画一画"我的房子"，说一说"如果我有一座金色的房子"，使幼儿获得了多种与文学作品相关的交互作用的机会，也获得了多种操作语言及非语言信息的经验。这样，动作表征、形象表征和概念表征三种水平上的练习，可以促使幼儿更有兴趣、更积极主动地投入到学习过程中去，也可以更好地帮助幼儿掌握学习内容，同时给幼儿发展提供更为广泛的机会。

（六）扩大幼儿自主活动的范围

在文学活动中，幼儿有较大的活动空间，他们在教师的引导下，自主地进行讨论、操作表演、编构等，在实践、探索和想象创造中，有机地将个人的直接经验和文学作品提供的间接经验结合起来，达到对作品和文学语言准确、深刻的理解和感知，不断地建构自己的知识体系。

四、学前儿童文学活动的教学策略

在进行具体文学活动中，教师应引用恰当的方法，引领幼儿进入作品情境，让幼儿投入地去感受、体验人物的语言、行为、思想感情，甚至把自己融入作品。

1. 激发兴趣，运用多媒体技术演绎情境

帮助幼儿理解作品是学前儿童文学作品教学活动中的重要环节，也是深层学习的前提。但由于一些作品文体结构与内容的局限，使其具有抽象与跳跃的特点，幼儿难以理解。这就需要教师在幼儿和作品之间搭建平台，通过这个平台，让幼儿直接面对作品，感受、体验、理解作品。运用多媒体技术中图像、声音、视频能同步设置的优势来处理作品，使文本具有可视又可动、新颖又独特的特点，以此来引发幼儿学习的兴趣与动机，帮助他们进入作品中较难想象的情境，凸显作品中的重要细节，为幼儿多角度地感受、理解作品提供条件。

【案例三】 大班散文诗欣赏《变色房子》

小兔，造了一间新房子。它把小种子拌在泥浆里，刷在房子上……春天，小种子发芽了，绿油油的。绿房子藏在绿叶里，狐狸看不见。夏天，小苗开花了，红艳艳的。花房子藏在花丛中，灰狼看不见。秋天，小树结果了，金灿灿的。金房子藏在果子中，老虎看不见……小兔,住在变色房子里,日子过得很快乐。

【分析】这篇散文中有两点让幼儿难以理解:一是植物的生长过程;二是房子随植物的生长变成了绿房子、花房子、果房子,并因此逃避了猛兽的袭击。为此,教师可以用 Flash 将散文制作成动画,让幼儿看到房子上的种子是怎样一点点地发芽、长大、开花、结果,怎样盖住泥房子,变得绿油油、红艳艳、金灿灿,怎样让狐狸、灰狼、老虎扫兴而归。幼儿看后印象深刻,再配以同步的朗诵,他们能非常容易地理解作品,感受到作品中诗样而又生动的语言,体验到作品中小兔子的房子不断变化以抵御敌人的意趣,基本把握小兔机智的形象特点。

多媒体课件不仅能用来传递教学内容,而且还能改变传统的教学方式和学习方法,活跃气氛,充分激发幼儿的学习兴趣。例如课件《白云》中,引题故事颇受孩子们的喜欢。运用多媒体制作形象生动、会变幻的小白云以及可爱的小动物,演示发生在它们之间的动人故事,快速地吸引孩子们的注意力。孩子们通过点击鼠标,进入一个个充满悬念的故事片段,充分发挥自己的想象力。在幼儿进行情境讲述时,让电脑来判断他们的答案正确与否。如果"对",电脑里就出现一颗小星星一闪闪地说:"你真棒!"如果"错",则出现顽皮的小猴子挠挠头说:"加油呀!"不仅让幼儿体验到成功的喜悦,也唤起了他们强烈的求知欲望和持久的学习兴趣。

2. 注意留白

"留白"是绘画艺术中的术语,即画画时不要将画面涂满,而是留出一定的空间,供欣赏者去联想和填充。把"留白"的思想借鉴到文学活动中,就是要给孩子留一些自己感受、体味作品的空间。

第一,教师提问时应"留白",采用开放性提问方式。在文学活动中常遇到这样的情况,教师念完一段自认为很美的句子,很陶醉地问小朋友:"美不美?"小朋友们齐声回答:"美!"孩子的年龄越低,在做判断时会越多地受成人影响。对于这种暗示性极强的问题,孩子会很快做出教师想要的判断。一个抽象的"美"字,取代了孩子们太多的具体而又丰富的体验。如果教师能采取开放性提问方式,例如,"听完这一段,你有什么感受""让你想到了什么"等,孩子可能就会把自己内在的感受外显,"我感觉我和妈妈在云里散步""我觉得心里很舒服"。这样的答案才是孩子对作品的真正感受,孩子也正是在对这种感受的表达中,进一步体会自己的那种愉悦与快乐。

第二,教师对文学作品的解释要"留白"。教师不能直白地把自己对作品的理解和感受传达给幼儿。用教师的感受替代孩子的感受,只会让孩子的头脑成为教师思想的跑马场。例如,有些教师急于把故事的主题告诉孩子,希望孩子明白一个道理。剥夺了孩子自己去体会作品的权利,这样只会事倍功半。因为,没有经过孩子自己体验的东西,只不过是一些抽象的概念,是不会真正进入他心中的。

3. 鼓励参与

在儿童文学作品中，童话最受幼儿欢迎，那离奇的情节、特定的动作在幼儿看来就像是一场超级游戏。他们可以不受时空限制，完全沉浸在最本真的游戏动作中，并从中得到现实生活中得不到的情感，得到幻想和愿望的满足。我们在组织角色言语极少、动作感强、情节有趣又便于操作的童话作品教学活动时，放开手脚，让幼儿根据自己对作品的理解，去尽情游戏，在动作中体验、理解作品。

4. 二次创作，扮演中走入角色

儿童文学作品中鲜活而有趣的角色是幼儿爱模仿的对象，虽语言简单、重复，动作零碎，幼儿却乐此不疲。所以，在组织以角色语言见长、情节不太复杂的儿童文学作品的学习时，可以根据作品内容，提供给幼儿角色表演所需的场地、道具及指导，让他们在扮演中进入角色，在角色中体验、理解作品。

【案例四】 大班故事《金鸡冠的公鸡》

森林小屋里住着猫、画眉鸟和金鸡冠的公鸡。一天，猫和画眉鸟出门砍柴，让公鸡在家把门窗关好。狐狸听到猫和画眉鸟不在家，就跑到小屋前……

【分析】 幼儿一接触作品就被公鸡呼救和狐狸骗人的个性化语言所吸引，但此时他们对整个作品还没有完全了解，可以引导幼儿先学角色语言，贴近角色，为表演打好基础。当幼儿对整个作品有所了解后，组织他们连贯、完整地进行角色表演。其间，他们学猫和画眉鸟语重心长地嘱咐公鸡，用夸张而焦急的动作与表情救回公鸡，用甜甜的声音学狐狸骗公鸡把头探出窗口……幼儿仿佛身临其境，通过设身处地的想象和表现，进一步理解猫、画眉鸟、狐狸、公鸡的心理和情绪，体验到作品语言的丰富与多样性，将作品中的角色经验纳入个人的经验范畴，同时将个人有关角色的经验内容附加到作品内容的想象中去，完成了一次颇具个性化的学习。

5. 迁移经验，拓展中彰显个性

儿童文学作品向幼儿展示的是建立在幼儿生活经验基础上的间接经验，这些间接经验既使幼儿感到熟悉，又让他们觉得新奇有趣。但如果让幼儿的学习仅仅停留在理解这些间接经验上，不及时、充分地将其与幼儿个体的直接经验联系起来，这些经验就只能是肤浅的、昙花一现的经验，不足以对幼儿形成影响。为了帮助幼儿及时强化和迁移从作品中积累的经验，在幼儿深入理解、体验作品的基础上，教师可围绕原作品内容组织开展一些操作性强、具有相当自由度、有利于幼儿形成个性化经验的拓展活动。

【案例五】 大班仿编诗歌《春天》

春天是一本彩色的书，黄的迎春花，红的桃花，绿的柳树，白的梨花。

春天是一本会唱的书，春雷轰隆隆，春雨滴滴答，燕子唧唧唧，青蛙呱呱呱。

春天是一本会笑的书，小池塘笑了，酒窝圆又大，小朋友笑了，咧开小嘴巴。

【分析】在幼儿对原作品有一定认识的基础上，带领幼儿走进大自然，用诗歌的眼睛去观察、理解周围环境中"春天这本书里还有什么美丽的色彩，还有谁在春风中欢笑"。由于幼儿个人经验的不同，对诗歌理解的差异，使得他们对同样的景色有了不同的观赏角度、感受和表达。回园后鼓励幼儿选择绘画、剪贴、泥工、身体表演等不同方式进行个性化感受的表达。幼儿有的画五颜六色的花朵，有的画小鸟在柳树间穿梭，有的画小蝌蚪在小池塘里嬉戏……在这个过程中，幼儿个性化地将他们的直接经验与文学作品的间接经验实现了双向迁移。

当幼儿对文学作品，尤其是结构简单而重复、语言优美而通俗的诗歌和散文的学习、理解和体验已经到达一定程度时，教师可以进一步创设机会，让幼儿扩展自己的想象，创造性地运用语言去表达自己的认识和想法，对作品进行仿编。

总之，优秀的故事作品好似阳光，照耀着每一条童年的路；优秀的故事作品好似雨露，滋润着每一个幼小的心灵。作为教师，应继续探讨、反思和实践，真正把优秀的故事作品变为幼儿的精神食粮，让他们在故事教学中张开想象的翅膀，打开思维的通道，获得身心的愉悦与健康发展。

五、幼儿园开展文学活动应注意的问题

（一）把满足幼儿的文学需要作为幼儿文学活动的首要任务

儿童文学是小孩子的精神食粮。虽然真正意义的儿童文学出现的时间要比成人文学晚得多，但是，幼儿对文学的需求丝毫不弱于成人。数不胜数的童谣（儿歌）便是一个极好的证据，能得以代代相传的一个重要原因就是儿童对文学的需要。

的确，几乎每个小孩子都喜欢听故事，念儿歌。幼儿文学对孩子多种需要的满足是在幼儿接受文学的过程中自然而然地发生的。其中不乏生动有趣的故事，意境优美的散文，朗朗上口的儿歌和经典的中外童话，这些内容充满童真童趣，能够吸引幼儿去倾听、阅读、体验和感悟，让其优美的画面，精彩的语言轻轻拨动每一个孩子的心弦，向他们诉说爱与被爱，正义与勇敢，诚实与善良……让他们的心灵被渗透在图文中的情感、趣味、格调、品位、人格力量所感动，所激活，由此产生共鸣。

满足幼儿的文学需要，其实就一定程度地满足了幼儿审美、认知、道德各方面的需要，促进了幼儿的发展。所以，从这种角度来看，文学活动各种价值并不冲突，不是非此即彼。文学活动的多元价值是和谐共存的，但是核心价值是"满足幼儿的文学需要"。

（二）选择符合幼儿天性的作品，不必完全为单元主题服务

以儿童为本位，选择符合幼儿天性的文学作品。所谓"符合幼儿天性"，就是要

顺应满足儿童本能的兴趣与趣味，符合儿童的兴趣、审美特点、认知方式、思维方式等。很多幼儿文学作品肩负着对幼儿进行知识启蒙、人生启蒙的任务。因此，我们在选择作品时，更应先把"有意思"放在第一位来考虑，其次才是"有意味"。

幼儿园文学活动大多作为某一单元主题下的一个活动出现，设计活动时，人们常会根据作品的某一含义，将其放在相关的主题中。例如《海的女儿》这篇童话，有人会抓住其中对海洋景色的描写，将其纳入"海底世界"的单元中；有人会紧扣"美人鱼的爱情"，把它放在"各种各样的爱"的单元中。这种情况下，教师通常会着力挖掘作品与单元主题契合的内涵。教师不应拘泥于单元主题，而应尊重作品的独立性。

（三）文学活动的开展要遵循"以幼儿为本"的原则

"以幼儿为本"的文学活动能让幼儿愉快，使幼儿身心得到最大程度的放松，智力和情感上得到最大程度的满足，能为幼儿的发展提供最充足、最好的心理准备。文学活动越是追求即时的、立竿见影的效果，越不能真正发挥文学的作用。相反，幼儿在文学中享受的快乐越多，对自己的体验与感受越强烈、丰富，由文学所带来的发展的收益就越大。

在文学活动中，每个孩子已有的审美经验（对文学类型、形式、主题、风格和语言的审美经验）和生活经验是不同的，因此他们对作品的理解也会存在差异；作为成人的教师与孩子对作品的理解也会不尽相同。我们应当尊重每个幼儿的话语权，允许孩子对作品进行多样化解释。具体来讲，教师应创设一种自由的、民主的谈话氛围，用一种好奇的、包容的态度与孩子对话，允许孩子天马行空般的想象力自由驰骋。虽然孩子的解释未必与教师一致，但是他们往往又能自圆其说，言之有理。

同时，我们应当尊重幼儿多样化的表达手段。在文学欣赏活动中，幼儿会打开多种感官通道来理解作品，但每个孩子反映自己对作品的感知结果时的"强势通道"会有所不同。有些幼儿比较善于用语言把自己的想法表达出来，有些幼儿则更擅长用别的手段，如绘画、表演、哼唱、塑形等。这时，教师应鼓励幼儿用自己喜欢的方式表达自己对作品的理解。总之，我们主张尊重幼儿用多样化的手段表达对作品的不同解释，在文学活动中，没有权威。大家都有自由表达感受，释放自发创造力的机会与权利。

在开展文学活动时，我们应明确幼儿是文学作品的主体，教师只是引路人。要以幼儿为主体，以兴趣为中心，从幼儿的心理和生理特点出发，遵循幼儿语言发展的规律，改变传统的学习方式，让幼儿通过体验、参与，生动活泼地进行学习。相信当我们以尊重幼儿的方式开展幼儿园文学活动时，孩子们将获得多方面的收获。孩子们会其乐融融，教师也会乐在其中。

（四）设置开放性的提问

在问题的设置上，传统的故事教学多从故事的每一个环节、每一张图片出发进行提问，希望借此帮助幼儿理解故事内容。但实践发现，这样设计的提问只允许少数人参与，大部分幼儿并不感兴趣，也无法激发幼儿的想象力。因此，在故事教学中，教师要善于设计开放性的提问，促使幼儿在不确定答案中发挥想象，获得多方经验。

如在故事《搬过来，搬过去》的教学中，面对画册的封面，如果教师问一些常规的问题，如在图上看到了谁，他们在干什么，就很难拓展幼儿的想象空间。相反，如果让幼儿看封面猜一猜：鳄鱼和长颈鹿为什么要这样做，他们遇到了什么困难，则有可能促使幼儿更细致地观察画面，并从不同的角度说出自己的想法。如有的幼儿说："他们可能要住在一起，不合适，就要搬来搬去。"有的说："鳄鱼很矮，长颈鹿那么高。"有的说："你看，鳄鱼还爬梯子和长颈鹿说话呢。"这种开放性的提问显然更能有效地促进师幼间的互动，也能更好地带领幼儿走进作品并和作品产生共鸣。

（五）发掘作品细节，扩充教学内容

在故事教学活动中，教师对细节的把握和处理，往往能解决活动的重难点并提升幼儿的经验。如在故事《搬过来，搬过去》的教学过程中，为了让幼儿直观感受到鳄鱼和长颈鹿的高矮差异，在看到二者量身高的图片时，教师可以及时出示与故事中长颈鹿身高相同的特制的长尺子，当幼儿看见长尺子时往往会不约而同地说："哇，好高啊，都快碰到天花板了！"这种直观的感受为幼儿思考后面搬家的原因做了铺垫，有效地突出了重点，突破解决教学活动的难点。

再如，在故事《猜猜我有多爱你》的教学中，教师在组织活动时应注意自然渗透与随机教育，如引导幼儿观察封面时，注意从故事的名字和角色的角度出发，让幼儿猜想大兔子和小兔子之间的关系，进而帮助幼儿提升有关封面的认识，知道"这幅图就是故事的封面，它很重要，不仅可以让我们知道故事的名字，还可以帮助我们了解故事里主要说的事情"。通过这样的细节挖掘与扩充，培养幼儿仔细阅读的方法和习惯，能进一步提高故事教学的效果。

（六）综合利用多种艺术形式，实现故事教学价值的多元化

优秀的故事作品往往蕴含着意味无穷的艺术形式，如能挖掘作品与其他艺术形式之间的联系，促进文学、音乐、美术三者之间的融会贯通，将会使幼儿的情感世界变得更加丰富和深刻，达到综合教育的审美目的。如在故事《搬过来，搬过去》的教学中，为帮助幼儿思考搬进长颈鹿家遇到的问题，教师让幼儿听着与情节匹配的音乐，边交流边绘画，结果促使幼儿的情感与作品产生了共鸣，幼儿画的鳄鱼与长颈鹿都是表情很难过。

思考与练习

1. 幼儿文学活动的基本特征是什么？
2. 幼儿文学活动的语言教育目标是什么？
3. 幼儿园开展文学活动应该注意哪些问题？

模块二　学前儿童文学作品欣赏活动指导与案例分析

一、文学活动的基本结构

文学活动的目的是引导幼儿积极主动地学习感知文学作品，并能养成创造性地运用所学语言的能力。要落实文学作品活动教育的理念，就需要具有某种规范性的活动结构，把握好四个层次的设计。需要说明的是，根据作品的特点，在四个层次的设计上不可能千篇一律。有的作品比较短小，儿童的相关经验丰富，可能一次集中教育活动就走完了四个层次；而有的作品较长，内容也很丰富，需要挖掘的东西多，可能需要几次集中教育活动或者较长一段时间才能走完四个层次。

（一）第一层次的活动：欣赏、学习文学作品

文学欣赏是通过幼儿想象将作品的语言材料转换成他们头脑中视觉的、听觉的表象（画面）的过程，文学欣赏是一种能动的反映活动，是对作品再现的生活及作家在作品中表现的审美认识进行再创造和再评价的过程。研究表明，学前幼儿已具备学习欣赏文学作品的基础，成人可以通过欣赏教育帮助幼儿逐渐学习品味作品的形式和寓意。这一层次活动设计与实施的步骤如下：

1. 文学作品欣赏的传递

文学作品欣赏的传递是文学欣赏活动展开的第一步，选用何种方式将作品呈现在孩子们面前，这关系到能否调动幼儿学习的兴趣。主要有以下几种传递形式。

（1）教师口述作品内容。

有些文学作品内容浅显易懂，或是幼儿有相关的生活经验，可以直接口述，无须画蛇添足运用教具等辅助教学材料。

（2）利用图书或图片。

有些文学作品的内容知识性较强，幼儿在某一经验上比较欠缺，对作品内容的理解具有一定的障碍，教师可以为幼儿提供一些直观材料，增强其感性认识，以帮助其更好地把握和理解内容。

【案例一】　中班故事《取皮球》

活动过程：

（1）出示挂图（一）（二），引导幼儿观察，并回答以下问题：草地上，两个小朋友在干什么？发生了什么事情？他们会想到什么办法取皮球？

（2）继续出示挂图（三），展开以下话题的讨论：大家看到皮球掉到洞里，心里是怎么想的？又会怎么做？引导幼儿讲出关心同伴、帮助同伴的想法及做法。

(3) 引导幼儿观察图片中的火钳、钩子、竹竿等物品，讨论：使用这些工具怎样取皮球？会出现什么事情？引导幼儿学习词：取、拨、钩。词组：又窄又深。

(4) 出示挂图（四），引导幼儿继续思考取皮球的办法，鼓励幼儿遇到困难要动脑筋、想办法，问题总是会解决的。启发幼儿讲出皮球浮出洞时大家的表情，体验帮助别人的快乐心情。

【分析】孩子都喜欢玩皮球，但是皮球掉到了洞里，怎么取出来呢？用火钳取？用钩子钩？用竹竿拨？还是想办法让皮球浮出来？幼儿对这个问题可能缺少经验，这对作品内容的理解会有一定的障碍，教师在这个文学活动中，为孩子们准备了直观的挂图，这样就可以帮助孩子们理解和把握作品的内容了。

（3）录音、录像和情境表演。

通过看、听文学作品在幼儿的头脑中形成知觉表象，由文学作品的具体形象唤起幼儿的情感体验和情感反应。比如在欣赏寓言故事《龟兔赛跑》时，教师播放视频课件，当自信而骄傲的小兔形象和坚忍不拔的小乌龟形象出现在屏幕上时，孩子们欢呼雀跃，深深被片中的形象吸引住了，对故事的理解也非常容易了。无论哪一种形式，为引起幼儿的共鸣与兴趣，教师的朗读要抑扬顿挫、生动形象，图片要画得活灵活现，这样才能让幼儿很快进入状态。

2．多通道相互作用

成人在欣赏文学作品时，脑子里虽然很"热闹"，但外表却显得比较平静。幼儿的动作尚未完全内化，还做不到仅凭倾听语言符号对文学作品进行静态的艺术再加工，使大脑"热闹"起来，4岁之前的幼儿尤其如此，所以，在给幼儿欣赏作品时，教师必须借助一些手段，使幼儿的视觉、听觉、动觉同时与作品发生作用，对作品进行动态加工，在动中求思、育情。主要方法如下：

（1）作品欣赏与活动教具或动作参与相结合。

（2）作品欣赏与音乐活动相结合。以音乐为背景，或者用文学作品作为音乐背景出现，从无意识区进入意识区。

（3）作品欣赏与游戏相结合。

作品欣赏与游戏结合可以把孩子尽快带入作品情境，如故事《小猪奴里》的欣赏，教师一开始就把自己当作猪妈妈，把小朋友当作小猪，故事中的对话由教师和幼儿分别担任，幼儿即使初次听故事，也配合默契；又如欣赏故事《耳朵上的绿星星》，每个孩子都成为小松鼠，与花儿、小草对话，用作品中人物的语气、语调说话，体会故事中的人物形象。

（4）作品欣赏与歌舞相结合。

如欣赏儿歌《云》，幼儿在音乐声中身披薄纱像云一样舞蹈，边跳边听："云儿云儿真美丽，我把云儿摘下地，云儿云儿真听话，我把云儿变小鸡。"当教师念到"摘"

时，幼儿伸手上举做摘云的动作,"云"摘下后,就蹲在地上用粉笔画云,每个孩子都可以画出不同的形象为儿歌续编不同的句子,如"我把云儿变小山""我把云儿变飞机""我把云儿变绵羊""我把云儿变大象"……

上述方法都有效地帮助幼儿走进作品,但不同的作品适用不同的方法。幼儿的情感、思维与作品形象交融,产生整体形象及体验。随着年龄的增长,幼儿动作将逐渐内化,心理活动逐渐增加,逐步学会静听、静思的欣赏方法。

3. 通过形象的解释帮助幼儿理解作品内容

幼儿文学作品一般都会突出人、境、物的形象,并不需要做过多的语言解释。但是在大班,教师可以利用形象的语言,解释一些难度较大的作品,通过解释,帮助幼儿产生作品形象。词的解释,比其他形象的解释有更大的模糊性,有助于发展幼儿的想象,形成作品的审美意象。同时,对文学语言的凝练、含蓄、拟人、隐喻、象征等表现手法有更多的感受,有助于幼儿与文学词语建立审美的关系。

【案例二】 古诗《咏鹅》(骆宾王)

咏 鹅

鹅,鹅,鹅,曲项向天歌,白毛浮绿水,红掌拨清波。

【分析】这是一首古体诗,相传这首诗是骆宾王七岁时写的,这首诗描写了鹅在水面上快乐地浮游、叫唤的情景,描写得有声有色,在欣赏时,教师可以这样解释:鹅,鹅,鹅,弯着脖子,向着天空,欢快地唱歌。它羽毛雪白,漂浮在绿水上,红色的鹅掌轻轻地划动着清澈的水波。如果能在欣赏古诗前,观察在水面上漂浮的鹅,那么,在幼儿欣赏时,随着教师的朗诵和解释,在幼儿的头脑中就会浮现出作品的画面。

4. 提问要有艺术性

在幼儿园文学教育活动中,教师的提问方式有多种,要注意提问的艺术性。

(1)回忆式提问。

这种类型的提问,答案往往是确定的。如故事或诗歌叫什么名字?作品里面都有谁?谁对谁说了什么?散文里讲了什么事情?等等。一般来说,针对理解、想象和情感提问,答案就会渗透进幼儿的理解、记忆、情感体验和想象创造的成分。如听完故事或诗歌后,让幼儿谈谈听到了什么,教师可及时了解到幼儿能记得和懂得什么,忘记了什么,新增加了什么,这些都是进行进一步提问或欣赏的依据。

(2)理解式提问。

这种类型的提问,能够帮助幼儿更好地理解作品。如在《猴子学样》中,问:小猴子为什么要把老爷爷的草帽拿走?他们是怎样拿走老爷爷草帽的?再请幼儿把猴子学老爷爷的动作进行表演,帮助幼儿理解故事。

（3）分析式提问。

如在故事《小猫钓鱼》活动中，教师可引导幼儿分析小猫的行为过程和结果的关系，做分析式提问：猫妈妈钓上第一条大鱼时，小猫干什么去了？它捉到蜻蜓了吗？猫妈妈又钓上一条大鱼时，小猫又去干什么了？看到猫妈妈钓到两条大鱼，小猫高兴吗？为什么不高兴呢？小猫一心一意钓鱼时，发生了什么事？小猫最后钓到鱼了吗？你喜欢这只小花猫吗？你觉得它是一只怎样的小花猫呢？

（4）比较式提问。

从中班后期开始，可以针对生活原型与作品形象比较性地提问，如故事里的小熊与动物园里的小熊有什么不一样？（《小熊吉吉成长记》）这个太阳和我们平时看到的太阳有什么不一样？（中班散文《调皮的太阳》），故事里恐龙讲述的城市和我们生活的城市有什么区别？（故事《城里来的恐龙》）

（5）评价式提问。

如喜欢故事里的谁？喜欢他什么？为什么？你最喜欢散文中的哪句话？在小班只要求用操作的经验或自我中心的回答，中、大班可要求情境或非情境的，比较客观的、具有社会意义的回答。

（6）综合式提问。

可以针对作品中艺术语言进行提问，还可以针对作品的整体结构形式进行提问。语言的学习是文学欣赏活动重要的目标之一。教师在活动中，可以请幼儿把作品中自己喜欢的词找出来，在小班或中班初期，一般以教师示范为主，如，蹦蹦跳跳、安安静静、乌云密布、汗流浃背等这些词好听吗？引起幼儿对文学语言的敏感和浓厚的兴趣。中班后期则可以让幼儿自己寻找作品中成熟的语言，并讲一讲好听的原因。一般从中班后期或大班开始，可以尝试分析作品的整体结构等，并就这一部分进行提问。

上述提问包括了引导幼儿的感知、理解、想象、情感等心理功能与作品展开全方位的相互作用，但不是说所有作品都需要这样做。教师可以针对目标、作品、班级、整体教育的需要灵活设计，如果重点在情感教育，可以在情感方面加宽、加深。

在欣赏、学习文学作品这一环节中，学习的重点应放在幼儿对作品内容的理解上。首先，教师要注意不要在幼儿第一次接触作品时过多地重复讲述作品，以免降低幼儿对文学作品的兴趣。故事类作品应以两遍为宜。其次，不要让幼儿机械记忆文学作品的内容，而应将幼儿注意的焦点更多地投向对作品的理解和思考。最后，用开放式的提问方式组织幼儿讨论，帮助他们理解作品的情节、人物形象和主题倾向，尤其是注意引导幼儿用已有的个人经验或假设性的问题进行深入思考和想象。

（二）第二层次的活动：理解、体验作品的经验

在欣赏、学习作品内容的基础上，教师引导幼儿以某种方式"进入"到作品中，进一步引导幼儿去理解作品、体验作品，尤其是让幼儿通过亲身感受去体验作品中所展示的人物的情感历程和心理世界，就像演员看完剧本以后去表演。比如，读完了朱

自清的《荷塘月色》，教师带幼儿去清华园参观，教师可以围绕作品内容设计和组织几个相关的活动，如观察走访、观看图片、动画片，表演游戏，组织认识自然和社会的活动，采用绘画、手工等艺术创作手法，引导幼儿体验、讨论、表达和表现文学作品内容。不管采取何种方式，都必须围绕作品的某一方面内容引导幼儿去理解、体验。

（三）第三层次的活动：迁移作品经验

在帮助幼儿深入理解作品的基础上，教师还可以进一步引导幼儿迁移作品经验。因为文学作品向幼儿展示的是建立在幼儿生活经验基础上的间接经验，这种间接经验让幼儿感到既熟悉又新奇有趣。但是，仅仅让幼儿的学习停留在理解这些间接经验的基础上还是不够的，还不能充分地将这些间接经验与幼儿的直接经验联系起来。因此，需要进一步组织与作品重点内容有关的操作、游戏、角色扮演、交流等活动，向幼儿提供一个将文学作品经验迁移到生活中与幼儿生活经验和体验有机结合的机会。这样既可以使幼儿进一步加深对作品的理解和体验，又可以扩展幼儿的生活经验。如寓言故事《小马过河》的学习，在前两个层次活动后，教师可以组织幼儿进行题为"我行"或"我是妈妈（爸爸）的好帮手"的谈话活动，说一说幼儿自己有什么事情原来不会做也不敢做，在家长（教师）的鼓励下现在能做也愿意做，把自己的经历及体会用口头描述的方式迁移作品经验。安排、组织迁移作品经验活动，会加深幼儿对作品的主题、审美倾向、文学语言等方面的理解和延展，能够学以致用、知行合一，也为第四层次的活动打下基础。

（四）第四层次的活动：创造性想象和语言表述

幼儿对文学形象的再创造，也就是自外向内的文学再加工过程中的表达活动和自内向外的文学创作实践，都归并为文学再创造活动。幼儿文学创造活动主要形式和设计与实施的方法如下。

1. 复述和朗诵

复述和朗诵是建立在感受体验基础上的艺术形象再创造活动，是欣赏过程在大脑中产生的作品意象的表达或表现。复述不是死记硬背，而是在理解基础上的自然讲述。故事复述有全文复述或部分复述两种形式。用于全文复述的作品大致需具备下列特征：篇幅不长，结构比较工整，语言和情节有适当反复，词语优美爽朗，通俗易懂，形象富有童趣。有些作品难度较大、篇幅较长，但文中的有些描述或人物对话特别精彩，可让幼儿在欣赏的基础上学习某一段或某几段的部分复述。儿歌或儿童诗的篇幅都比较短，而且整体形象感特别强，基本上都可学会全文朗诵，一般不做部分朗诵的要求。

教师可以用多种方法帮助幼儿学习复述，如有变化地反复欣赏同一个作品。可以教师直接朗读，教师抑扬顿挫、声情并茂的朗诵和讲述，既带给孩子语言美的享受，又激发他们模仿的愿望，还可以听录音、看录像等，让幼儿在音乐伴奏声中学习朗诵。幼儿朗诵时的声音能在不知不觉中受到音乐的调节而富有韵律感和节奏感可以让幼儿参与和作品有关的系列活动，如绘画、手工制作、参观、观察、歌舞、劳动等；可以让幼儿在日常生活中自由分散地利用玩具和道具练习复述和朗诵，互相评议，互相模仿；还可以让幼儿积累不同的语境中的表达经验。

在文学活动中进行复述，不要求幼儿复述的内容与原故事一模一样，允许幼儿按照故事的原意，适当地替换词语，增减内容，要避免死记硬背全文、机械重复、有声无情，而要提倡幼儿互相欣赏，把自己最好的感觉、最好听的声音表现出来，让大家都会感到一种愉悦的享受，而不是枯燥乏味的重复，幼儿的注意力自然就会被艺术活动所吸引。

2．表演

表演一般都由复述自然转入。从文本的复述到表演，从语言到动态形象的表达，是早期的戏剧创作实践活动，极具创造性，对发展幼儿的创造能力、语言表达能力、艺术再创造能力都有良好的作用，是文学作品教学的延伸和发展。这种活动幼儿可以动起来，符合幼儿的特点，允许他们创造、模仿、表演他们喜欢的作品人物和语言，表现和发展作品情节、内容，这是幼儿十分喜欢愿意做的一项活动。教师完全可以利用一个作品尽可能的扩大教育效益，凡学会复述的作品都可以组织幼儿进行表演。

表演可以是针对作品进行的对话表演；也可以是出声或不出声的哑剧表演；可以是一个段落的表演；也可以是完整作品的形象表演等。表演时还要注意让幼儿掌握一些表演的技能。如动作幅度要大，要面向观众，说话声音要大，说话的语速要慢，表演的动作要适当等等。表演技能的实践需要，又会使幼儿更加细致、认真地去观察周围生活中不同角色的动态和表情，使表演的兴趣和能力在实践中不断提高。

3．创编

幼儿创编的条件，一是经验，二是动机。教师应帮助幼儿逐渐获得经验和动机。经验，包括认识经验（直接经验和间接经验）、情绪经验（兴趣和其他内部情感）、语言经验（音、词、语法）、作品经验（结构图式）、幼儿的文学制作实践经验等。幼儿的作品创造就是作品与各种经验的组合。但这种组合是一种幼儿心理内化后的组合，并不是诸多经验的简单相加，这就需要另一个条件——情感和动机的激励。动机，包括内部动机和外部动机。内部动机是幼儿内在的兴趣需要和表达的成功体验，是幼儿对语言的交往需要，对文学语言的好奇心和自发的探索兴趣。外部动机就是成人的鼓励和要求、气氛感染、同伴间的相互模仿。而长期的作品熏陶会使人对作品产生迷恋，迷恋往往使人们产生创造的向往，向往就将成为创造的动机。一些幼儿后来之所以成为文学爱好者或作家，和他们童年时的早期阅读不无关联。成人为孩子朗读作品，与孩子在一起轮流或合作编故事、儿歌等都会激励幼儿产生联想、想象。

【案例三】　仿编散文诗《落叶》

为了仿编《落叶》，教师在组织孩子们秋游时，可以请孩子们观察："树叶还落在哪里？""会被谁看见呢？""他们会把树叶当成什么？"带着问题观察后，再展开谈论，最后编出这样的诗句："树叶落在田里，稻穗儿躲在下面，把它当作草帽；树叶落在草地上，小蟋蟀睡在上面，把它当作小床；树叶落在幼儿园里，小朋友看见了，说秋天到了，我们去秋游了！"

【分析】 散文诗《落叶》选材自我们身边的自然事物，这篇散文诗篇幅短小，充满趣味，又不乏优美的意境，动态感很强，能够充分发挥幼儿的想象力，符合大班幼儿的学习特点，可以很好地被幼儿理解和接受。教师可以帮助幼儿获得认识的经验和创作的外部动力，引导幼儿观察和想象，树叶除了落在地上、沟里、河里、院子里，还可以落在什么地方，这样会帮助幼儿仿编，让幼儿写出以上优美的语句。

幼儿文学作品的创编大致分为三类。

（1）对欣赏的作品内容进行编构和仿编。

这类创编活动都是和欣赏、朗诵、复述结伴而来的，是对原著这一开放系统的向外拓展，是幼儿对更大的艺术空间的填补，是一种创造性的语言活动，其间需要幼儿具备多种条件，如对故事图式的理解、有关知识经验的准备和语言的准备等。它是建立在幼儿理解童话和故事作品体裁特点，积累大量知识经验基础上的创造活动，对学前幼儿具有积极的挑战意义。编构活动包括扩编和续编。

扩编是通过想象和联想，对原作品的某些部分进行扩编和续编等。在有组织的活动中成人通常是通过提问来激发幼儿的想象和联想的，还有就是借助某些活动与操作材料，凭借幼儿丰富的想象进行编构，如剪贴编故事、绘画编故事、看手帕编故事、用玩具和木偶编故事、表演编故事和听音乐编故事等。

续编是让幼儿根据故事的开头和发展编出结尾或是情节的高潮部分，或者在原有诗歌的基础上继续编出新的段落。不同年龄幼儿编构故事的活动应贯彻从理解到表达的原则，服从文学教育活动的整体要求。对不同年龄班的幼儿有不同的具体要求：小班编构故事的重点是编构故事的结局，中班编构的重点是编构故事的高潮部分，大班则是编构完整的故事。

【案例四】 大班续编故事《龟兔赛跑》

教师先抓住"小兔在上回赛跑中输给乌龟后，心里会怎么想？"这个关键点进行谈论，然后进行续编，结果孩子们编的故事很丰富，有的说："小兔很后悔，每天练习，再也不骄傲了，决心下次赢回来。"有的说："小兔子很灰心，它再也不想参加比赛了。"……

【分析】 "发现问题的意识是创造性思维的力量源泉。"在续编时，教师要善于引导孩子们发现问题，确定一个思维的指向点，让孩子们围绕这一核心进行发散性思维，找到解决问题的办法。

仿编活动是幼儿在文学欣赏、理解文学作品内容及构成基础上的一种创造性学习活动。主要是引导幼儿感知某句话或某段话的结构特点,采取换词或换句的方法表现新构思的内容,即仿照某一篇作品的框架或某一个段落,调动自己个人经验进行扩展想象,编出自己的文学作品或段落。这种想象往往是在文学欣赏活动的基础上进行的,对发展幼儿想象力及创造性地学习文学作品大有裨益。

仿编活动设计与实施的基本步骤:

一是做好仿编活动前的准备,包括对所仿照的作品要充分地熟悉和理解,对要仿编作品的内容和形式要有所认识,要有一定的知识经验,还要有一定的想象力和语言表达能力。

二是组织幼儿进行讨论和示范,讨论仿编中比较关键的问题,教师还要进行示范仿编。

三是启发幼儿想象,并在此基础上开展仿编。

四是教师对幼儿仿编的内容进行串联和总结。

根据不同的年龄班仿编有不同的要求。小班仿编活动的重点是要求儿童在原有画面的基础上更换某一个词语,通过换词来体现文学作品画面的变化;中班仿编活动的重点是要求幼儿通过更换某一个词语来构成句子的变化;大班仿编活动的重点是要求幼儿对原来文学作品的结构进行部分变动,也可以根据幼儿已有的知识经验,仅向幼儿提供一个开头作为仿编的线索,引导幼儿自己独立完成文学作品的仿编活动。总之,大班幼儿的仿编在结构上限制相对少一些,允许儿童大胆想象,进行再创造。

(2)根据语义内容转换成描述和叙述性语言。

提供语义内容的材料有乐曲、声音、绘画、图片、表演(哑剧)及其他儿童化情境。过去这一部分都作为语言教育中的连贯性讲述内容而做出安排,其实这一做法并不全面。这些语义材料是否能够作为文学制作的材料,要看是否具有故事要素:主题、虚构的人物形象、场景和情节发展、儿童情趣等。我们可以安排将艺术符号相互转换的活动,将画面或乐曲等转换成故事或诗歌,如根据剪贴拼成的画面编故事;根据幼儿自己的绘画作品编故事;观察幼儿手帕上的图案编故事;用桌面玩具编故事;用木偶编故事;表演编故事;听音乐编故事等。幼儿可以依据这些语义材料编出不同的作品。

(3)凭借想象独立编构完整的文学作品。

这类创编是不凭借语义和作品,只凭幼儿独立想象和联想构思而成的,如同绘画中的意愿画。它可以分为两种类型:一是根据题目进行口头创编,当幼儿具有较多的编构故事的经验和生活经验后,可让幼儿自己随意编故事,不要给幼儿过多的制约因素,扩大他们的自主范围;二是让幼儿先把用来编构故事的事件画成图画,再根据图画编构故事。它可以避免幼儿"前讲后忘"现象的发生,使故事的内容和幼儿的语序变得比较稳定。在编讲时又可以围绕中心产生新的联想,使故事更加丰满。成人可以把幼儿对绘画作品内容的口述记录在幼儿的图画旁边。如果成人能把

幼儿每次的绘画和语言创编积累成册，就能从中看到幼儿在图画和故事内容两方面的心理发展进程。

我们能给孩子的鼓励和力量永远是有限的，而有一样东西，它能给孩子永久的慰藉，给予孩子纯净的心态，对人和自然的信心，对生活的达观态度，那就是文学。

二、诗歌、散文类文学作品活动设计与组织

诗歌、散文类语言教育活动要遵循学前儿童作品教育活动的基本结构，在活动设计和组织中也要注意以下方面。

（一）选择合适的诗歌教学内容

诗歌类教育活动的首要事情是选材。进行学前儿童语言教育的诗歌教材很多，我们在选材上应该选择接近幼儿生活和经验水平、题材广泛、孩子喜欢的诗歌作品，同时注意幼儿的年龄特点。如小班在选材上要注意以语言浅显重复、读来琅琅上口、动作体验强的儿歌为主，例如《小动物过桥》《老鼠嫁女》《手指歌》等。中、大班在选材上除了要贴近幼儿的生活经验，还要注重诗歌蕴含的意境美、诗歌中渗透的情感美和诗歌中的语词美，如诗歌《吹泡泡》中蕴含的大自然包容的意境美（星星是月亮吹的泡泡，鱼儿是鱼妈妈吹的泡泡），诗歌《家》包含的语词美（蓝蓝的、密密的、绿绿的、清清的、红红的），诗歌《风儿也想有个家》渗透的情感起伏变化的情感美等。

（二）制定确切的诗歌教学目标

教师要有明确的目标意识，懂得根据幼儿的年龄特点和生活经验、制定具体、明确的诗歌教学目标。如有的诗歌注重道德教育目标，有的诗歌注重培养幼儿的审美情趣，有的诗歌重视对幼儿情感的体验。这要求我们在分析诗歌内容的基础上，进行整合提炼，从知识、情感、能力、态度等方面综合考虑制定目标。如小班的《小动物叫》"小猫叫，喵喵喵，叫我勤洗澡；小鸭叫，嘎嘎嘎，叫我剪指甲……"制定目标时可以从卫生行为习惯上提示。又如《风儿也想有个家》整首诗从风儿没家时的悲伤—找家时的焦急—找到家时的高兴心情，涵盖了深深的情感体验，可以考虑制定朗读时体验诗歌情感的目标。

（三）使用简洁生动的导入语言

儿童诗歌教学的导入方式多种多样，但任何一种成功的导入方式，都应该是简洁、生动、准确的，并且可以起到集中幼儿的注意力、激发幼儿活动兴趣、帮助幼儿明确活动目的的效果。导入环节不是活动的主体，更不是整个活动的重点，它所占的时间短，但它所起的作用却不可忽视。导入环节作为整个活动的开始，对幼儿来讲，它是参与整个活动过程的认知系统和情感系统的初始启动。要想在最短的时间内达到激智、激情、激趣之效，就必须认真考虑导入方式的设计、语言的使用及情感的传递等方面，是否具有趣味性、艺术性以及与所要学习的作品的情感基调是否相一致等因素。例如在教学散文诗《冬爷爷的胡子》时这样导入："请小朋友告诉老师，你爷爷

有胡子吗？你爷爷的胡子是怎么样的？你想知道冬爷爷的胡子是什么吗？今天，老师给小朋友带来一首有关冬爷爷的胡子的散文诗……"这是典型的与幼儿做简短谈话的导入方式，整个环节简洁、自然、切题。

（四）运用灵活的教学方法

在诗歌类语言活动中，教师应打破传统的教学模式，运用启发式方法，把幼儿从机械地跟读背诵教学活动中解放出来。诗歌教学首先是一种体验美感的活动，是一个由感受而感动的过程。在情感感受和交流中，幼儿的内在精神向美的高度提升。其次，诗歌学习是师幼共同进行的文学审美活动，教师要有意识地引导幼儿感受、体验诗歌中丰富多样的情感。如果不重视幼儿审美情感的培养，把学诗、读诗、编诗当作一个机械的任务来完成，幼儿情感上无动于衷，心湖上风平浪静，就无法产生心灵感应，无法培养向善、向美的情感。诗歌的语言凝练、意境优美、韵律独特，跟我们平时的说话不大一样。要让幼儿能够在很短的时间内学会诗歌、理解诗歌并不是一件容易的事情。这就需要教育者运用恰当的方法，帮助幼儿进行学习探究。

1. 将文字符号转换成图片符号，以图介入诗歌

一首诗歌是以文字的形式出现在眼前的，如何将文字符号有效地转换成图片符号，从而让孩子接纳喜欢，帮助他们理解感受，这是教师首先要考虑的。第一，从分析诗歌内容着手，有的诗歌有现成的图片可以借助，有的诗歌需要教师自己动手设计制作教具。如中班的《家》是一首结构工整统一、语言优美生动的诗歌，它描绘出了自然界万物之间亲密的联系。在没有参考的情况下把这首诗歌展现给孩子，教师可以先考虑将一大幅涵盖美丽景物的背景图（蓝天、森林、草地、小河、红花、幼儿园）呈现在孩子面前，接着以小动物的贴绒图片让孩子对应找家。诗歌《风儿也想有个家》可以从风儿的情感变化着手，设计五幅图片，第一幅也是最上一幅是风儿不高兴的脸部图，中间三幅是风儿找家（到小河找、到树上找、到草地找）的图片，最下一幅是风儿找到家后高兴的脸部图。这样的设计排放可以帮助幼儿理解记忆诗歌内容，还有利于幼儿形象地把握风儿的情感变化。如《狐狸和鸡》，公鸡三次离家，路程一次比一次远，呼救声一次比一次弱。可以用图示表示："——"表示路程，喇叭表示声音，喇叭越画越小。《鹅大哥出门》的复述可以通过门口、池塘、小鸡、小鸭等简笔画帮助幼儿记住线索。总的来说，教具图片的设计使用对诗歌教学有着举足轻重的作用，教师要根据诗歌内容全局考虑。

2. 倾听、感受、理解，以问步入诗歌

倾听、感受诗歌内容，让孩子初步熟悉诗歌的词句，这在诗歌教学中必不可少。如何让孩子愿意听、积极地听、专注地听，教师可以在听之前提出要求。如诗歌《风儿在哪里》，教师提出："风儿到底在哪里？听听花儿、红旗、风筝是怎么说的？"诗歌《吹泡泡》中，教师提出："是谁吹出来的泡泡，请小朋友听清楚了。"孩子们在倾听后，他们会回应给教师一些记忆的零碎经验，这时教师可以有意识地呈现相关的图

片，帮助孩子讲清楚，此时也是让孩子理解、感受诗歌的契机。在诗歌教学中，教师要为幼儿围绕诗歌内容精心设置问题情境，引导幼儿展开想象，进一步理解诗歌内涵，为以后仿编诗歌做铺垫。如《风儿在哪里》中设计问题："为什么花儿、红旗是风儿的好朋友？还有谁也是风儿的朋友？"又如《风儿也想有个家》的设问："风儿找到家了吗？为什么小河、草地是风儿的家呢？"教师所提的问题要有所指向，层层深入，帮助幼儿理解诗歌内容。

精心设疑，引导幼儿展开想象，理解诗歌内涵。想象是幼儿学习活动中必不可少的，没有想象，就没有理解。在诗歌教学中，教师要注意提问的技巧，设计多样性、启发式、开放式的问题。因为幼儿的想象不是凭空产生的，他要对头脑中已有的表象进行加工改造从而形成新的形象。此时教师的提问是引导幼儿展开想象和思维的一把钥匙，只有问题的步步引导、层层深入，才能帮助幼儿理解诗歌内涵，进一步培养幼儿的发散思维，为接下来的创新活动做好铺垫。如，在诗歌《我是三军总司令》中，设计问题："为什么说小鸟做了我的飞机？小龟做了我的坦克？小鱼做了我的军舰""为什么不说小鱼做了我的坦克"……这样一连串的提问让幼儿对诗歌的内容有了更深切的理解，同时对后面的创编诗歌、运用象征物进行军用武器装备的联想也有了初步的认识。

3. 完整朗读，以情进入诗歌

简言之，朗读就是以清晰响亮的声音，正确标准的普通话，把诗歌有感情地诵读出来。透过朗诵，可以把文字透彻地表达，使书面、静态的字句充满立体动态感。幼儿透过朗诵可以更好地感受文字的趣味性，并且学习正确的语音、语法、语调、语气，充分欣赏文学的美。朗诵活动讲究语气的变化、词句的停顿、语速的快慢、发声的轻重等。教师要根据诗歌的描述内容和不同的诗歌体裁去思考、去变通。在朗诵诗歌过程中，幼儿除了运用语言外，还可以通过眼神、手势、身姿等表情和动作，创造性地表现诗歌，同时还可以借助丰富的想象，加强诗歌的艺术感受。如散文诗《春天来了》，朗诵中引导幼儿把握语调、语气的同时，借助于画面的描述，调动幼儿的所有感官，去感受春风的柔和、芳香和和悦，让幼儿不知不觉走入诗的美妙境界中，此所谓"随风潜入夜，润物细无声"。又如散文诗《蒲公英》和诗歌《快乐的小屋》，让孩子在借助图片的基础上，配上优美的音乐，用肢体动作做辅导，有感情地朗诵，在此期间教师着重提醒他们掌握语词的停顿和发声的轻重，尽量能做到抑扬顿挫。而快板诗《雷锋叔叔在列车上》的朗诵讲究整齐、有力、有节奏，在朗诵时教师要特别强调这一点。

（1）启发引导、迁移创新是诗歌教学的重要部分。幼儿在完成了诗歌的赏析、理解记忆、完整诵读的基础上，开始迁移创新。幼儿思维发展的特点决定他们的创新离不开表象。在仿编活动中要想让幼儿进行创造性想象，除了借助图片丰富幼儿的表象之外，教师的启发和引导是关键。如在《我是三军总司令》的仿编活动中，教师鼓励幼儿大胆想象，用他们熟悉的小动物象征军用装备，提出问题让幼儿讨论"除了小鸟能当飞机，小龟能当坦克，小鱼能当军舰外，还有哪些小动物可以当飞机、坦克、军舰呢？如果你是三军总司令，你愿意什么当你部队的武器呢？"这时教师再将幼儿讨论象征手法时提出的许多军事象征物，用图片表示出来，如，蜻蜓——直升机，大象——消防车，蝙蝠——降落伞。然后教师选择其一编出诗歌"蜻蜓妈妈问我，小蜻蜓哪儿去了？我说：小蜻蜓做了我的直升机。"接着让幼儿尝试借助图片按诗歌的格式进行创编，在幼儿基本掌握仿编的要领后，鼓励他们离开图片继续仿编，这样能让幼儿的思维更活跃，想象的空间更广阔。

（2）诗歌和散文的仿编。即幼儿在欣赏诗歌与散文、理解其内容及构成的基础上，仿照某一首诗歌或某一篇散文的框架，调动个人经验进行扩展想象，编出自己的诗歌或散文段落。仿编诗歌是一种融思维和语言发展为一体的创造性活动，在这种活动中，幼儿的语言能力、想象能力、逻辑思维能力得到了提升。幼儿的学习从模仿开始，仿编诗歌很符合幼儿的学习规律，教师应根据幼儿的年龄特点，进行创编活动。如中、小班幼儿可以进行简单的诗歌仿编，即幼儿能模仿原诗的韵律、格式、词语、节奏等，仿编出简单的诗歌。组织幼儿仿编诗歌和散文时，教师需要把握以下要点。

第一步：准备——熟悉理解原作。仿编诗歌和散文对幼儿来讲是一种挑战，因而要求幼儿在活动前具有良好的准备状态。幼儿参加该项活动的准备包括以下几个方面：对所依照的诗歌或散文要熟悉理解，对要仿编作品的内容、形式都有所认识；要有仿编内容方面的知识经验，在仿编过程中调动这些已有的知识经验，否则就可能"言之无物"；要具有一定的想象能力和语言表达能力。教师必须注意幼儿在这几方面的发展水平，并且在仿编前给予幼儿一定的"操作演习"机会，以了解班级内每个幼儿的不同水平，这将有利于教师在活动过程中进行指导。

第二步：讨论与示范——分析讨论原作的结构、句式特点等，进行示范仿编。在仿编活动开始时，教师可组织幼儿对将要仿编的作品做简单的讨论，引导幼儿注意仿编的关键问题。例如，教师要组织幼儿仿编诗歌《绿色的世界》，就可以让幼儿谈一下："为什么在这个孩子的眼里世界是绿色的？""假如戴上其他颜色的眼镜，世界会变成什么颜色的？"接着教师要进行示范，通过示范进一步启发幼儿的想象，同时帮助幼儿将自己的想象纳入一定的语言框架结构之中。

第三步：幼儿想象与仿编——根据原作，启发想象，进行仿编。教师示范之后，开始让幼儿进行想象与仿编。为了帮助幼儿熟练掌握思路，教师可采用直观、形象的教具，让幼儿借助于某一图片或实物来仿编。如果是仿编诗歌《绿色的世界》，可以向幼儿提供其他各种颜色的眼镜（幼儿在操作活动中自制的玩具眼镜），让幼儿戴上这些眼镜来看周围的世界，然后仿编诗歌。等幼儿熟练地进行想象并仿编出诗歌后，教师可取消直观教具的使用，要求幼儿脱离实物或图片去想象与仿编，一步步地引导幼儿掌握仿编诗歌与散文的方法。如果直接联系已有经验进行仿编，难度较大，可借助可视形象进行仿编，采用先个别或分组再集体的表达方式。

第四步：串联与总结——反复吟诵，诞生新作。在幼儿分别编出自己的诗歌或散文段落后，教师可引导幼儿将原来的诗歌、散文复述一遍，然后将幼儿仿编的段落加上去。有的诗歌和散文原文有总结句，那么就仍以总结句来结束全文。这样的串联和总结，要求教师在幼儿仿编时，随时注意记下幼儿仿编的内容。教师可以采用在黑板上或纸上随手画记的方法，比如仿编《红色的世界》，画下"房子""小朋友""红面孔"即可，而当幼儿仿编出《黄色的世界》时，记下有关的形象。这样总结时便可指引幼儿将仿编段落一段一段地加到原来的诗歌后面去。在采用合适的方式记录幼儿仿编的基础上，按原作的结构串联作品，使之变成新作。

在组织仿编时，注意不同年龄段幼儿诗歌与散文仿编的重点应当有所侧重。小班幼儿诗歌和散文欣赏的重点是理解作品的语言和画面，因此，仿编活动的重点只要求在原有画面的基础上换词，通过改换某个词来体现诗歌或散文的画面变化。改换新词后往往不是整个画面的大变动，而只是局部的迁移转换。中班幼儿诗歌和散文仿编可要求幼儿通过变换词句，使诗歌或散文整个画面出现新的内容。随着幼儿欣赏水平和仿编水平的提高，大班进行的诗歌和散文仿编活动中，可考虑对原有诗歌或散文的结构进行部分变动，也可以根据幼儿的知识经验仅向幼儿提供一个开头作为想象线索，引导幼儿自己完成诗歌和散文的创编。

（五）结合其他领域的活动内容

在诗歌类教学中可以进行综合性主题活动，即围绕某一诗歌作品，结合其他领域的教育活动，综合运用多种手段、途径开展活动。如以诗歌为中心，开展欣赏、朗诵、表演、制作、绘画、音乐等活动。例如，在《风儿在哪里》的诗歌活动中，开展"外出找风儿""唱一唱风儿找家的歌曲""画一画风儿的家"等一系列活动来丰富幼儿的知识面，发展幼儿多方面的能力。在诗歌教学中，利用音乐的表现因素和手段增强幼儿的审美感受，通过诗歌与美工相结合培养幼儿的创造力，如诗画的配合形式，即在教师的引导下，幼儿运用美术技能，将自己喜欢的诗歌配上与其情节内容相符合的画面，达到诗中有画、画中有诗的美妙境界。此外，诗歌教学还可以与电视、幻灯、录音等手段相结合。

（六）美育价值要重点突出

儿童诗歌以优美抒情为主要特征，素有"美文"之称。作者常常采用比喻、拟人、象征等手法，用精美的词语、动态的描述，展现一幅幅富有色彩、音响和流动感的画面，使欣赏者感受到生命的运动魅力。例如，《五彩树叶》中描绘的色彩美，《山里真好玩》描写的自然美，《春雨在竹林里》描述的静谧意境中的音响美，使幼儿能在感受意境美、语言美、情境美的同时，提高对自然美、社会美的敏感性。诗歌尤其是散文诗所蕴含的独特的美育价值是其他体裁的幼儿文学作品所不能替代的，也是它最突出的价值所在。因此，诗歌教学活动的重点应为充分挖掘作品蕴含的美的信息，并加以准确解读，帮助幼儿主动去感受，主动去建构自己的审美情趣和审美能力。

开展儿童诗歌教学,让幼儿从小接触优美的儿童诗、散文诗和浅易的古典诗词,可以在幼儿稚嫩的心田里播种下美的种子,让幼儿从小懂得学会用一种审美的目光来看待周围现实的生活,不断增强幼儿抵御社会上种种现实、庸俗、市侩现象的侵袭的能力。所谓美育价值重点突出,一是要准确理解教学的美育价值所在,把握其精髓,并采用有效的教学策略,努力去促使目标的实现;二是要明确幼儿对儿童诗歌的学习是以欣赏为主,而非教师的讲解。即使是幼儿对儿童诗歌的创造活动,也应建立在幼儿对诗歌充分理解的基础之上。创造应是幼儿情感积累结果的外溢,而不是依理性分析来进行推理。所以,教师应为幼儿完整地欣赏诗歌创造各种有利条件,保证有充足的欣赏时间,有宽松的心理氛围,尽可能地让幼儿身临其境,采用有效的教学方法与策略等。

当然,儿童喜欢儿童文学,但真正欣赏和学习起来却很难,如想象如何展开、情感体验如何激发、感受到的语言美怎样表现出来,幼儿在优美的诗歌、散文面前无所适从,难以体会其意境,而寓言、童话故事的内涵竟成了孩子们背诵的包袱。幼儿的健康成长不是靠说教,而是靠熏陶。充满儿童情趣和教育意义的儿童文学作品伴随着幼儿成长,是幼儿喜爱的精神食粮,教师应选择灵活多样的方法,借助鲜明生动的艺术形象和简洁明快的语言,发展幼儿各方面的能力。教师享受教育,学生享受学习岂不是双赢的局面?让文学的种子在幼小的心灵发芽开花,最终结成累累硕果吧!

三、幼儿园文学作品活动案例分析

幼儿园文学作品活动的设计与组织要体现文学作品活动的特点,遵循文学作品教育活动的基本要求,同时,在实施活动过程中,要考虑到幼儿不同年龄阶段的身心发展特点,考虑到不同类型文学活动的特点,根据幼儿实际情况进行合理安排。在此我们将选取几个不同体裁、不同主题、不同年龄阶段的文学活动教案,帮助同学们进行具体的分析。由于幼儿园文学作品活动有的不是一次活动就能完成的,所以这个模块的活动案例方案设计,我们以表格形式呈现,是为了把连续的几次活动呈献出来,我们知道活动设计是预先做好的活动蓝图,教师的预设语言仅仅是给大家提供一个参考,但是执行起来需要根据幼儿的实际情况和活动现场的情境,灵活变化。

【案例一】 小班文学活动"会变的手指"

活动名称	会变的手指
活动类型	文学活动
活动目标	1. 通过手指游戏学习儿歌,理解儿歌内容,感受儿歌的韵律美。 2. 调动幼儿多种感官参与活动,体验活动的快乐
活动准备	1. 手影视频、背景音乐。 2. 布帘,手电筒2个,筐1个。 3. 儿歌图谱

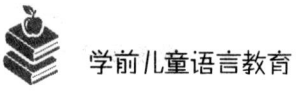

续表

活动过程			
	教师活动	幼儿活动	课后效果分析
创设游戏情境	1. 导入活动 (1) 教师：老师请小朋友看一段录像。（播放手影视频） （播放结束）小朋友，你看到了什么？用什么变的？你会用小手变什么？我们也来试一试。 (2) 教师带领幼儿一起玩手影游戏。（玩一分钟） 哦，我们的小手真神奇！	积极应答。 请2名小朋友用语言和动作来表达。 玩手影游戏。	吸引注意力
引导幼儿游戏	2. 出示图谱，引导幼儿通过观察图谱，说出儿歌内容 (1) 出示1根手指时，引导幼儿看图谱，教师直接说出儿歌内容，并用手指动作来表现毛毛虫爬。 (2) 出示2、3根手指时，教师以提问形式引发幼儿思考：手指都能变什么？ 教师：两个手指还能变什么？谁还有不一样的想法…… (3) 出示4根手指时，教师请个别幼儿根据图谱，尝试说出儿歌内容。 (4) 出示5根手指时，引导全体幼儿根据图谱说出儿歌相应的内容。 3. 引导幼儿再次用手指完整表现儿歌 (1) 教师：小朋友真棒！自己看图谱就能把儿歌都说出来了。下面我们完整地把儿歌说一遍。 (2) 谁愿意到前边给大家朗诵儿歌呀？ (3) 谁还愿意到前边？ 4. 引导幼儿感受音韵美 教师：小朋友，你们刚才说的儿歌真好听，你们觉得好听吗？像什么呀？嗯，像唱歌一样，声音有高有低，很有韵味。 5. 请幼儿用手影表演儿歌 教师：我知道小朋友喜欢手影游戏，下面我们一边做手影一边说儿歌好吗？	积极应答。 跟着教师做动作。 请4～6名幼儿朗诵儿歌。 再请4～6名幼儿朗诵儿歌。 倾听小朋友朗诵和教师的点评	激发兴趣，调动积极性，拓展想象，培养审美
分析	儿歌活动"会变的手指"，内容适合小班幼儿，儿歌中的小动物是幼儿认识的，动词是幼儿理解的，也会运用，所以幼儿理解、记忆的效果会很好。活动过程中的教学方法灵活、多样，调动幼儿的多种感官参与儿歌学习，有效地吸引幼儿的注意力，使他们投入到活动当中。通过欣赏录像，激发幼儿观看的兴趣，游戏体验调动了幼儿参与活动的积极性。利用图谱帮助幼儿学习儿歌，理解儿歌内容，引导幼儿拓展想象，将想象的事物添加到儿歌中，发展了幼儿创造性的语言运用能力。教师还注重培养幼儿的审美能力，感受儿歌的韵律美，让充分感受手指游戏带来的快乐。 附：儿歌 会变的手指 一个手指头呀一个手指头呀，变变变，变成毛毛虫，爬爬爬。 两个手指头呀两个手指头呀，变变变，变成小白兔，蹦蹦跳。 三个手指头呀三个手指头呀，变变变，变成花孔雀，点点点。 四个手指头呀四个手指头呀，变变变，变成小蝴蝶，飞飞飞。 五个手指头呀五个手指头呀，变变变，变成大老虎，嗷嗷嗷。		

【案例二】 中班文学活动"落叶"

活动名称	第一层次活动：欣赏学习散文《落叶》
活动类型	文学活动
活动目标	1. 通过欣赏散文，理解内容，感受作品优美、生动的意境。 2. 学习作品中的优美句子，丰富和积累语言经验。 3. 与作品产生热爱大自然的情感共鸣。
活动准备	1. 经验准备：家长、幼儿、教师共同收集有关资料，引导幼儿感受秋季气候的变化，了解相关季节气候变化对人类、动植物的影响；已学过歌曲《小树叶》。 2. 物质准备：音乐《秋日的私语》、散文录音、课件、自制教具一组。 3. 环境创设：主题墙——"多彩的秋天"。

活 动 过 程

	教师活动	幼儿活动	课后效果分析
创设情境引导幼儿全面理解作品	1. 导入活动 （1）教师播放《小树叶》歌曲旋律，幼儿随着《小树叶》歌曲旋律，扮演"树叶"做模仿动作，音乐结束时回到自己的座位。 （2）教师：小树叶都回到了家。现在我要请你们欣赏一篇优美、生动的散文，名字叫《落叶》。 2. 初步完整地欣赏散文 （1）教师为幼儿朗诵一遍作品，幼儿安静倾听。 （2）提问：小朋友，刚才你听到了什么？你觉得散文美吗？什么地方美呀？ 引导幼儿全面理解作品。 （1）演示课件，引导幼儿感受散文的意境美。 请小朋友看，树叶都落在了什么地方？树叶落下以后，发生了什么事？ （2）小结：小朋友说树叶落在地上、沟里、河里，还和许多小动物做了有趣的游戏，那就让我们一起再来分享它们的美和快乐吧！ 出示图一 提问：秋天到了，树叶怎样了？ 通过动作和教具演示，引导幼儿学习词语："飘落"。 出示图二 提问：树叶落在什么地方？谁来了？它做了什么事？引导幼儿学习动词：爬、躺。 出示图三 提问：树叶落在什么地方？发生了什么事？ 教师：下面我来扮演树叶，请一位小朋友扮演小蚂蚁，我们一起玩划小船的游戏。 出示图四 教师引导幼儿与同伴交流、讨论图四内容，并请个别幼儿讲述。 教师扮演"树叶"，全体幼儿扮演"小鱼"，师幼一起玩游戏。 游戏后引导幼儿说出游戏的感受：你玩了这个游戏，感觉怎么样？	积极配合。 积极应答。 积极应答。 请一位小朋友扮演小蚂蚁。 交流、讨论。	 调动幼儿活动积极性，营造欣赏氛围。 感受散文的意境和形象，对作品形成初步美好的印象

续表

活动过程

	教师活动	幼儿活动	课后效果分析
创设情境 引导幼儿 全面理解 作品	出示图五 提问：树叶除了落在了地上、沟里、河里，最后，还落在院子里，谁看见了？它说了什么？ 交流、讨论：燕子为什么说来信了？ 小结：原来啊，小燕子把落叶当作信，看到"落叶信"就知道秋天来了，天气变凉了，它们就要去南方过冬了，所以小燕子会说来信了，催我们到南方去啦！ 引导幼儿学习用比较急切的语气，学说小燕子的语言。 小结：这篇散文真的很美，小动物们和树叶的游戏真的很有趣，让我们再欣赏一遍吧，会的小朋友可以跟着朗诵。	积极应答。 交流、讨论。 幼儿朗诵。	感受、理解散文优美的句子和意境，学习积累语言经验和审美经验

（第二层次活动：到公园捡拾落叶。理解散文《落叶》的内容和意境美。

第三层次活动：树叶粘贴。表现秋天的美。）

活动名称	第四层次活动：仿编散文
活动目标	1. 根据结构图，尝试按照《落叶》的格式仿编。 2. 体验合作创造性地运用语言的成就感
活动准备	散文内容结构图

活动过程

	教师活动	幼儿活动	课后效果分析
引导幼儿 观察讨论	1. 集体复习散文《落叶》 教师：小朋友，散文《落叶》，你们还记得吗？我们一起有感情地朗诵一遍。 2. 出示结构图，引导幼儿观察讨论，熟悉散文结构图的特点。 （1）教师：嗯，小朋友朗诵的很有感情，你们很喜欢秋天对吧？下面小朋友来看这张图，仔细看有几行呢？ 教师手指第一排图示，示范朗诵。 引导幼儿发现结构图特点：第一组图片告诉我们，树叶落在什么地方？ 第二组图片告诉我们，谁来了？它怎么来的？然后它怎么样？把树叶当什么？ 看第三组图片我们知道，小动物做了什么事？ 看第四组图片我们知道，小动物把落叶当作什么？ （2）下面请小朋友来试试，读第二行的内容。（教师鼓励、称赞幼儿的尝试。）再读第三、四行的内容	幼儿一起朗诵。 4行 积极应答。 积极应答。	巩固散文的学习

第七单元 学前儿童文学作品欣赏活动

续表

活 动 过 程

	教师活动	幼儿活动	课后效果分析
引导仿编	3. 引导仿编 (1) 教师指第一行：树叶落在地上，除了小虫以外，还会有谁来，把它当什么呢？（出示小猫）小猫怎么过来啊？对，跑过来。跑过来怎样？把它当什么呀？教师大声说，让幼儿小声跟随：树叶落在地上，小猫跑过来，在上面打了个滚儿，把它当作地毯。 (2) 教师指第二行：树叶落在沟里，还会有谁过来，把它当什么呢？（出示小蜈蚣）小蜈蚣怎么过来啊？对，爬过来。好，我们把这句编出来：树叶落在沟里，小蜈蚣爬过来，趴在上面，把它当作快艇。 (3) 下面还有两句，小朋友试一试自己编出来。（教师到幼儿中间指导。） (4) 哪位小朋友编出来了？请×××跟大家分享一下。（教师记录，适当修正，帮助幼儿创造性表达。）	幼儿小声跟随：树叶落在地上，小猫跑过来，在上面打了个滚儿，把它当作地毯。 请幼儿回答	
自主仿编	4. 自主仿编 教师：老师把小朋友的散文给大家读一下啊咱班小朋友真棒！会编散文了，了不起！你们还愿意编吗？老师给小朋友准备了三组材料，你们自己选择到哪个组去，在小组里大家合作，讨论，一起编散文，好吗？ 第一组，提供操作卡、小图片、立体操作台、纸偶等，幼儿边操作边仿编散文中的语句。 第二组，在结构图的空格上画上自己想象出的内容，然后进行仿编。 第三组，根据所提供的插卡小图片进行仿编。 在幼儿操作仿编过程中，教师到幼儿中间倾听、记录、整理。	能力强的幼儿。 能力中等的幼儿。 能力偏弱的幼儿。	提高幼儿的操作能力
分享创造成果	5. 分享创造成果 先组织幼儿回到座位坐好。 教师：现在，请每个组派一名代表到前边来，把你们组编的散文给大家展示一下。 每组展示完，大家一起鼓掌。自然结束。	分组展示。	提供环境，幼儿能够积极应答
分析	根据教材内容和幼儿年龄特点、已有知识经验，第一层次活动设计主要运用了情境教学法、启发提问法、游戏体验法等教学方法来开展活动，帮助幼儿理解散文内容，感受作品优美、生动的意境。第二、第三层次活动的方式适合作品的特点和幼儿的操作能力。第四层次活动为幼儿提供一个想说，敢说，喜欢说、有机会说，并能得到积极应答的环境。 附散文： 　　　　　　　　　　　落叶 　　秋风起了，天气凉了，一片片树叶从树上飘落下来。 　　树叶落在地上，小虫爬过来，躺在里面，把它当作屋子。 　　树叶落在沟里，蚂蚁爬过来，坐在上面，把它当作小船。 　　树叶落在河里，小鱼游过来，藏在底下，把它当作小伞。 　　树叶落在院子里，燕子看见了说："来信了，催我们到南方去了。"		

【案例三】 大班文学活动"谁的本领大"

活动名称	第一层次活动:欣赏学习童话《谁的本领大》
活动类型	文学活动
活动目标	1. 乐意倾听故事,理解内容。 2. 通过故事知道每个人都有长处,懂得同伴之间相互合作本领会更大的道理。 3. 能讲出故事的主要情节
活动准备	1. 故事挂图及故事中的动物头饰。 2. 请幼儿在活动前收集、了解猴子和梅花鹿的生活习性及各自的本领。 3. 故事录音

活 动 过 程

	教师活动	幼儿活动	课后效果分析
创设教学情境	1. 导入活动 教师:今天,活动室里来了两个新朋友,(出示猴子、梅花鹿头饰)说一说它们都有哪些本领?(请幼儿充分表达前期调查、了解的结果。) 教师:它们也都觉得自己很有本领,为此还发生了一段有趣的故事呢	积极应答。	激发兴趣
欣赏故事	2. 初次完整欣赏故事 教师有感情地、完整地给幼儿讲述故事。 3. 初步交流 教师:你听到故事中的什么了?梅花鹿擅长什么?猴子呢?他们是怎样摘到河对岸果子的?(在幼儿回答问题时贴出故事挂图) 4. 再次欣赏(播放录音) 5. 讨论交流 提问:故事发生的原因是什么? 谁做裁判?怎么说的? 比赛开始,梅花鹿怎么表现?心里怎么想的? 猴子呢? 把果子交给大象,大象说了什么? 大象的话让梅花鹿和猴子明白了一个什么道理?(每个人都有自己的长处,同伴之间相互合作本领会更大。) 请小朋友说说,咱班小朋友谁在哪方面优秀? 你们合作过吗?做过什么事情? 这个故事叫什么名字?	积极应答。 讨论交流。 积极应答。	梳理脉络,理解文本

(第二层次活动:表演,体验角色的心理、情感变化。先集体熟悉对话、练习,再分组分角色表演。

第三层次活动:合作游戏"两人三足"、分组运球比赛,体验合作的力量和快乐。)

第七单元 学前儿童文学作品欣赏活动

活动名称	第四层次活动：续编故事		
活动目标	1. 在原故事基础上，运用已有经验编构新的故事情节，让故事进一步发展。 2. 分组创编，通过合作创编进一步体验合作的力量		
活动准备	1. 玩具马、牛、乌龟、小鱼、小鸭、小鸡、猫头鹰、麻雀。 2. 背景图：田地、河水、草地、天空。 3. 彩笔、大图画纸		
活 动 过 程			
	教师活动	幼儿活动	课后效果分析
复习原故事	1. 复习原故事。 （1）出示"谁的本领大"故事挂图。 提问：这个故事叫什么名字？谁给大家讲一遍。 （2）请一名幼儿在集体面前讲述故事，其他幼儿倾听。结束后，教师带领大家鼓掌。	积极应答。 请一名幼儿在集体面前讲述故事。	复习巩固
引导幼儿续编	2. 引导幼儿续编 （1）梅花鹿和猴子的比赛结束了，通过比赛它们也知道了每个人都有自己的长处，同伴之间相互合作本领会更大的道理，可有的动物还不懂这个道理，还是很骄傲，你们看（出示玩具），它们之间会发生什么事情呢？ （2）现在小朋友分成了四组，每个组选出一个组长，选择你们感兴趣的一组小动物和背景来续编故事。 3. 幼儿合作编故事 教师到各个组倾听，适当发表自己的建议，指导幼儿创编，使故事情节合乎逻辑。 4. 展示创编结果 每个组选一名代表到前边讲述故事。每名代表讲述完，大家给予掌声。教师适当点评，着重指导故事创编六要素是否充足	积极应答。 幼儿合作编故事。 每个组选一名代表到前边讲述故事	体验优势互补，知行合一
活动延伸	各组集体绘画，画出自己编构的故事内容。自选时间让小朋友用集体绘画的形式讲故事		
分析	童话《谁的本领大》富含哲理，对幼儿的一生都会产生积极影响。故事人物形象鲜明，情节脉络清晰，适合大班幼儿的理解、接受水平。在活动开展前，教师、幼儿、家长都参加知识、经验准备，为活动的成功开展做好了铺垫。 第一层次活动主要让幼儿对故事感兴趣，理解故事的人物和情节发展，对故事蕴含的道理能接受。教学方法主要运用倾听、交流、讨论法，辅以图片、录音方式。两次交流深度不同，第一次交流让幼儿谈他们感受最深的东西，第二次交流按故事情节发展来谈，帮助孩子梳理故事脉络，把握人物心理活动、对话这些细微具体之处，较好地理解故事内容。 第二层次活动采用表演方式，与故事特点相适应，利于让幼儿体会人物的心理活动和情感变化。 第三层次活动采用合作游戏方式，让幼儿进一步体验合作的力量，体验一个人的力量有限，"智者，当借力而行"这样一个生活智慧。 第四层次活动续编故事，为幼儿创设语用条件操练语言。活动程序的安排循序渐进，引导幼儿运用自己的经验创编出符合逻辑的新情节，使故事获得进一步的发展。创编时继续让幼儿合作，体验优势互补的益处和合作的益处，给幼儿创造"知行合一"的条件。 活动延伸的设计符合故事的主旨，合作、欣赏别人的优点，为不同水平的孩子创造在集体面前操练语言的机会		

续表

	活 动 过 程		
	教师活动	幼儿活动	课后效果分析
分析	附：童话 谁的本领大 森林里，有一只猴子和一只梅花鹿。有一天，猴子碰见了梅花鹿，它们俩都说自己的本领大，说着，说着，就吵了起来。最后，它们决定比一比看。它们去请大象做裁判员。大象把长鼻子朝前一甩，说："你们看，河对岸有棵大树，果树上长满了果子，你们谁能先摘到果子，就算谁的本领大。" 梅花鹿想："我有四条腿，跑得飞快，我准能先摘到果子。" 猴子想："我的动作灵活，果子准是我先摘到。" 比赛开始了，大象喊了声"预备——跑！"梅花鹿撒开四条腿，飞快地向前跑去。一眨眼就跑到了小河边，轻轻一跳，就过了小河，它一口气跑到果树下。回头一看，猴子还没过河呢！梅花鹿得意地想："哈哈！这下我准能先摘到果子啦！"可是，果树太高，它伸长脖子跳了又跳，还是摘不到果子，心里真是着急。 猴子呢，它跑到了小河边，被河水挡住了去路。河上没有桥，又没有船，猴子过不了河，心里着急。它想："我们互相帮助，不就能摘到果子了吗？"于是，它喊了起来："梅花鹿，有办法了，你快回来驮我过河，我们一起去摘果子！"听到喊声，梅花鹿赶紧往回跑，驮着猴子跳过小河，跑到果树下。猴子"嗖"的一下爬上了果树，攀着树枝很快就摘到了果子。 它们一起把果子交给大象。大象笑眯眯地说："现在，你们明白了吧，梅花鹿能过河，可不会爬树；猴子能爬树，可是过不了河。你们各有各的本领，只有互相帮助，才能摘到果子，本领也就更大了。" 从此以后，猴子和梅花鹿成了好朋友。		

思考与练习

1. 幼儿文学活动的基本结构是什么？
2. 在幼儿园文学活动中，教师的提问方式有哪些？如何注意提问的艺术性？
3. 设计一个大班文学作品（童话）活动的教案。
4. 几人一组，选择合适的文学作品试教，然后修改、完善教案。

第八单元　学前儿童早期阅读活动

学习目标

- 了解幼儿早期阅读活动的概念、作用和基本特征。
- 了解幼儿早期阅读活动的教育目标。
- 掌握幼儿早期阅读活动的基本结构。
- 能够对具体的早期阅读活动设计案例进行分析。

模块一　学前儿童早期阅读活动概述

一、早期阅读活动概述

（一）早期阅读活动的概念

所谓阅读，就其狭义的概念来说，是指通过书面语言获取科学文化知识的学习形式，是信息交流的桥梁和手段。早期阅读是指学前儿童从口头语言向书面语言过渡的前期阅读准备和前期书写准备，其中包括让幼儿知道图书和文字的重要性，愿意阅读图书和辨认汉字，掌握一定的阅读和书写的准备技能等。也有人把幼儿的前阅读与前书写能力定义为：儿童在有系统地学习阅读和书写以前所获得的与阅读和书写有关的知识、概念、行为、技能和态度。幼儿凭借色彩、图像、父母的语言以及文字来理解阅读的内容，对于年幼的儿童来说，只要是与阅读活动有关的任何行为，都可以算作阅读。如用拇指和食指一页一页地翻书；会看画面，能从中发现事物的变化，将之串联起来理解故事情节，读懂图书；会用口语讲述画面内容，或听教师念图书文字等。可见对于幼儿来说阅读不仅仅是视觉的，也是听觉的，甚至是触觉的。早期阅读，就是让孩子有接触书的经验，增加他们对图书的亲近感，应该让儿童感到阅读是一种快乐和享受，而不是增加他们的学习负担。在幼儿园阶段，以图画读物为主，以看、听、说有机结合为主要手段（不要求书写），从兴趣入手，萌发幼儿热爱图书的情感，丰富幼儿的阅读经验，提高幼儿的阅读能力。

【资料】《纲要》中用专业术语把早期阅读解释为"幼儿的前阅读和前书写能力"，指出要"培养幼儿对生活中常见的简单标记和文字符号的兴趣；利用图书、绘画和其他多种方式引发幼儿对书籍、阅读和书写的兴趣，培养前阅读与前书写能力。"

（二）早期阅读活动的作用

1. 了解书面语言的特点，为真正的阅读做准备

早期阅读活动向幼儿提供集体学习的环境，帮助幼儿接触书面语言，发展他们学习书面语言的行为，培养他们对书面语言的敏感性，为进入小学学习正式书面语言打下良好的基础。早期阅读是幼儿增长知识、开阔眼界和陶冶情操的有效途径，早期阅读活动是幼儿语言学习不可缺少的一部分，对促进幼儿智力发育、丰富幼儿知识、发展幼儿个性、提高幼儿语言发展能力都有着积极意义。

2. 形成阅读的习惯，享受阅读的乐趣

阅读是一个人生存、发展的重要学习能力，也是孩子学习成功的重要条件。3~6岁是儿童学习基本阅读能力的关键期。在这个阶段，儿童的口头语言发展速度惊人，同时开始认识符号、声音、意义的关联性，学习如何看待一张纸、一本书，尝试用自己所学的语言解释周围生活中的所见所闻。美国心理学家推孟在"天才发生学"的研究成果中指出"有42%的天才男童和46%的天才女童，是在5岁前开始阅读的。"可见，早期阅读对孩子阅读兴趣、阅读习惯的形成有直接的影响。当儿童能够通过阅读学习独立思考、解决问题时，他们才有良好的在校学习适应性与学业成就，才具备个人终身学习的倾向与能力。这种大阅读的思想，应该是学前教育中培养幼儿前阅读与前书写技能所提倡的，同时也是终身教育体系下的概念。

二、早期阅读活动的目标

（一）提高幼儿学习书面语言的兴趣

要学习掌握书面语言，首先要对书面语言产生兴趣，有积极主动"接近"的愿望。在早期阅读活动中，帮助幼儿萌发接受书面语言的最初步的，同时也是最根本的情感倾向。在学前阶段培养幼儿学习书面语言的兴趣，着重要帮助幼儿获得两种基本的阅读态度。

1. 热爱书籍，建立自觉阅读图书的良好习惯

书籍是书面语言的实际载体，也是人类知识的宝库。从小培养幼儿对书籍的热爱，可以有效地发展他们阅读的兴趣和积极性。在早期阅读活动中，幼儿有机会接触大量图书，从阅读图书过程中理解故事，被图文并茂、生动形象的故事所吸引，从而产生愉快的感觉，并能与教师、同伴一起分享这种快乐。在大量阅读图书的过程中，可培养幼儿热爱书籍的情感态度。通过教师的帮助，幼儿还可以进一步学会爱护图书，建立良好的阅读习惯，形成自觉的阅读倾向。

2. 乐意观察各种符号，对文字有好奇感和探索愿望

文字是一种语言的代码，也是一种符号体系。在世界上各种类型的符号系统之中，

文字是最为繁杂、容量大、含义丰富的符号体系。尽管幼儿尚未正式进入学习掌握文字阶段，但仍然需要通过一系列的活动来培养他们对文字的兴趣。幼儿园早期阅读活动的目标之一，便是激发幼儿对各种符号的敏感性，并引起他们探索、感知文字符号的积极性。比如，幼儿生活中的符号多种多样，与文字有关系的其他符号体系也不少，如手势语、标志符号，等等。幼儿对生活中各种含有一定具体意思的符号均会表现出极大的好奇，适当的引导可激发幼儿探索文字的兴趣，从而帮助他们建立乐意学习文字的态度，这将有利于他们成长为自觉学习掌握文字书面语的人。

（二）帮助幼儿初步认识书面语言和口头语言的对应关系

书面语言和口头语言是人类语言的两大反映形式，也是两种语言符号类型。这两种语言都对人们的生活有重要的作用。在学前阶段，幼儿正处于迅速发展口头语言的关键期，他们将在入学前掌握95%的口头语言，即基本完成口语学习的任务。但是，为使他们更好地学习口语，并为下一阶段集中学习书面语言做好准备，在学前期有必要帮助幼儿初步感知认识书面语言，理解书面语言和口头语言的对应关系，感知作为语言符号这两种系统的差异，从而知道书面语言与口头语言具有同样的重要性。

（三）帮助幼儿掌握早期阅读的技能

除了热爱阅读、懂得书面语言的意义之外，幼儿在学前阶段还需要掌握一些必要的阅读技能，这就是早期阅读能力的培养。早期阅读技能并不是那些具体字词的习得，也不是有些成人所注重的汉语拼音的学习，而是要学习、掌握未来书面语言学习的方式和途径。

1. 观察模拟书面语言的能力

幼儿对书面语言是否敏感，首要一点是能够通过观察，了解书面语言与其他语言呈现方式的差异，了解母语文字的特征，相互间区别语义的异同，等等，并且能够进行模仿。例如，当幼儿听教师讲完一段故事后，能够意识到这种语言与自己平时所用的口语有不同之处，编构故事时就能使用与这个故事风格相同的语言；又如，幼儿在看到汉字时能够敏感地认出，并可能认识到诸如"牛""羊""马"之间的差别，从而感觉它们代表不同的意思；再如，幼儿虽不会写字，但能够用图画的方式去临摹自己感兴趣的汉字，写出自己的姓名，等等。总之，观察模拟的能力是学习书面语言的基本技能，掌握这种能力将有益于幼儿未来的学习。

2. 预期的技能

预期的技能是预计、估测阅读内容的方法、策略。例如，当幼儿阅读图书，看到一个故事的开头时，能够预测到这类故事的过程和结局。故事《三只羊》中，三只羊在故事开头时处于美满平和的状态，想到山那边去吃草，忽然碰到大灰狼，进入危险状态，危机一而再、再而三地出现，终于三只羊战胜了大灰狼，重新回到美满安全的状态，到山那边吃到了草。如果幼儿在阅读中培养起阅读预期技能，那么他们读到《三只羊》这类故事的开头，便能预测到后面可能会出现什么情况。这种预期能力可有效地帮助幼儿理解每一个具体的阅读内容，并且不断扩展幼儿的阅读经验。在文字学习方面，预期技能亦可以使幼儿举一反三，迅速把握文字的基本规则。当然，培养幼儿的阅读预期技能，必须通过大量的阅读实践活动，在幼儿有较多的同类阅读经验的基础上，给予点拨指导，帮助他们归纳、概括出一定的阅读规律。

3. 自我调适的技能

书面语言的学习需要一种敏锐地发现错误并及时进行自我纠正的能力，这种能力与观察模拟有关，但不等于观察模拟能力。自我调适由自觉发现误差及主动纠正误差的策略机制所决定。比如，在写字时，一旦发现自己将大树的"树"少写了一点，就马上补上并领悟到过去所误。或者在叙述图书内容时，发现自己所使用的语言不符合书面语言格式，随即予以调整。这种不靠外部纠正而随时敏感的自省领悟能力，对幼儿学习掌握书面语言十分重要。

上述几种基本技能的学习，可以在早期提高幼儿对书面语言的敏感水平，使他们找到学习书面语言的"路子"。显而易见，尽管此时幼儿还没有掌握大量的字词、不会写许多字，也不一定会背汉语拼音，但他们通过早期阅读所把握的书面语言知识、规律和学习的策略，将有助于他们在进入小学后迅速地、大量地、有效地掌握书面语言。

（四）为幼儿提供前图书阅读经验、前识字经验和前书写经验

1. 前图书阅读经验

一般而言，图书是书面语言的载体。但学前儿童阅读的图书，是由文字和图画两种符号系统构成的，具有图文并茂的特点。我们可以利用幼儿感兴趣的、丰富多彩的图画书籍来帮助幼儿学习阅读图书，提高阅读能力。

幼儿要学会看图书，至少要学习以下具体的行为：

（1）翻阅图书的经验，掌握一般的翻阅图书的规则和方式。

（2）读懂图书内容的经验，会看画面，能从中发现人物表情、动作、背景，将之串联起来理解故事情节。

（3）理解图书画面、文字与口语有对应关系的经验，会用口语讲出画面内容，或听教师念出画面文字的内容。

（4）图书制作的经验，知道图书上所说的故事是作家用文字写出来的，画家又用图画表现出来，最后印刷装订成书。幼儿也可以自己尝试做小作家、小画家，把自己想说的事画成一页一页的故事，再订成一本图书。可以说，幼儿园早期阅读活动为幼儿提供机会，让他们学习上述前图书阅读的内容，在此过程中发展幼儿的图书阅读兴趣、习惯与能力。

2. 前识字经验

集中、快速、大量识字是儿童进入小学阶段的学习任务。幼儿园有计划、有组织的早期阅读活动，可以帮助幼儿学习获得前识字经验，提高幼儿对文字的敏感程度。需要特别说明的是，我们反对在幼儿园专门让幼儿集中识字。在各年龄班早期阅读活

动中，前识字的活动提供有关文字信息，但是绝不要求幼儿机械记忆和认读那些文字，这是教师应该特别注意的问题。

幼儿园早期阅读活动向幼儿提供的前识字经验，包括下列几方面的具体内容：

（1）知道文字有具体的意义，可以念出声音来，可以把文字、口语与概念对应起来。例如，认识"杨阳"两个字，知道杨阳是一个小朋友的名字；知道"人""口""方""圆"等是代表什么；看到"花"字知道读"huā"，并知道什么是花。

（2）理解文字功能、作用的经验。比如将想说的话写成文字的信，可以寄到别人的手中，再转换成口头语言，别人明白了写信人的具体想法。

（3）粗晓文字来源的经验。初步了解文字是怎样产生的，文字是如何演变成今天这个样子的。

（4）知道文字是一种符号并与其他符号系统可转换的经验。如认识各种交通标志与公共场所的图形标志，这种标志代表一定的含义，可用语言文字表现出来。

（5）知道文字和语言的多样性经验。认识到世界上有各种各样的语言和文字，同样一句话，可以用不同的语言文字来表达，不同的语言文字又可以互译。

（6）了解识字规律的经验。在前识字学习中让幼儿明白文字有一定的构成规律，掌握这些规律，就可以更好地识字。例如，汉字"木"字旁的字大多与木有关，森林、树木、桌、椅，等等。把握这种内在的规律，幼儿会对识字感兴趣，也有利于他们自己探索认识一些常见的字。

3. 前书写经验

尽管我们不要求幼儿像小学生那样集中学习写字，但是获得一些有关汉字书写的信息仍然必要，这有助于幼儿为进入小学以后正式学习书写做好准备。

前书写经验的学习内容包括：

（1）认识汉字独特的书写风格。如能将汉字书写区别于其他的文字。

（2）知道汉字的基本间架结构，懂得汉字可以分成上下结构、左右结构、全包围结构、半包围结构等。如"圆"字是全包围结构，"吃"字是左右结构，"笑"字是上下结构。

（3）了解书写的最初步规则，学习按照规则写字，尝试用有趣的方式练习基本笔画。

（4）知道书写汉字的工具，知道使用铅笔、钢笔、圆珠笔、毛笔书写时的不同要求。

（5）学会用正确的书写姿势写字，包括坐姿、握笔姿势等，养成良好的学习习惯。

有一些帮助幼儿在图形描画中练习汉字基本笔画的前书写活动，如描画有关情境中的小雨点来做汉字笔画"、"的练习，或者描画小猫钓鱼的勾来做汉字笔画"L"的练习。

教师要特别注意的是：第一，这些图形描画不是描红写字，不要让幼儿去做机械无味的描红写字；第二，如果有可能，应让幼儿尝试使用毛笔等不同书写工具，目的仅在于帮助幼儿了解祖国文字及书写的独特之处。但是注意不要将这样的活动等同于写毛笔字，更不要强行要求幼儿反复操练。

【资料】 幼儿园早期阅读的阶段目标

小班	中班	大班
1. 喜欢看书，知道看书的基本方法，能初步看懂单幅儿童图画书的主要内容	1. 能仔细观察图画书中画面的人物细节，看懂单幅及多幅的儿童图画书的内容，增强预知故事情节发展和结局的能力	1. 能与同伴合作制作图画书，进一步了解图画书的构成
2. 能用口头语言将儿童图画书的主要内容说出来，开始感受语言和其他符号的转换关系	2. 懂得爱护图书，知道图书的结构，有兴趣模仿制作图画书	2. 知道图画书画面与文字的对应关系，开始有兴趣阅读图画书中的简单文字
3. 对文字感兴趣，能在成人的启发下认读最简单的汉字	3. 在阅读过程中初步了解汉字的由来和简单的汉字认读规律，并有主动探索汉字的愿望	3. 积极学认常见的汉字，进一步了解汉字认读的规律，提高观察模拟的能力，并能在生活中运用已获得的书面知识
4. 在活动中以描画图形的方式练习基本笔画	4. 喜欢描画图形，尝试有趣的方式练习汉字的基本笔画	4. 掌握基本的书写姿势，在有趣的图形练习中做好写字的准备

三、早期阅读活动的特征

（一）早期阅读活动需要丰富的阅读环境

早期阅读重在为幼儿提供阅读经验，因而需要向幼儿提供含有较多阅读信息的教育环境。在一个特定的时间段内，幼儿可以自己阅读，也可以与同伴一起阅读，还可以围坐在教师旁边欣赏有趣的图画故事。为了创设浓厚的阅读气氛，教师首先要为幼儿树立良好的阅读榜样，试想如果教师"嗜书如命"，并常向幼儿讲述图书中的动人故事，必定会影响幼儿，因为幼儿是好模仿的。在浓厚的阅读氛围中，使幼儿耳濡目染、潜移默化地养成良好的阅读习惯和阅读能力。

教师为幼儿创设的物质环境包括时间和空间两个方面。

（1）早期阅读经验仅仅通过几次专门性的阅读活动是不可能获得的，它需要在大量的日常阅读中习得并获得巩固和发展。因此，教师在安排每月有计划的阅读活动之后，应该在日常活动中保证幼儿有一定的阅读时间，这种时间的安排可以是随机的、不固定的。如晨间来园时，幼儿同伴之间可以相互欣赏各自从家里带来的图书或幼儿园的图书。也可利用教育活动间隙，如动作比较迅速的幼儿很快就完成了盥洗、饮水等任务，为减少其等待时间，鼓励其阅读图书。此外，还可利用午睡起床、晚间离园的各个时间段鼓励幼儿阅读。总之，与其让幼儿枯坐闲聊、无所事事，还不如抓住各种时机让他们做一些有意义的事。

（2）教师要为幼儿提供足够多的阅读场所，而且这些阅读场所应含有较为丰富的阅读信息。如首先创设整体的外部环境，在班中可以开辟语言角、图书角，靠墙一排可以制作书架，架上放满各种各样适合幼儿阅读的图书。阅读区的图书应不断更新。此外，教师还应将活动室看成是幼儿阅读场所的扩展，在大班活动室的各个区域贴上相应的文字和拼音，如"积木角""娃娃家"等文字标签，在自然角的植物、动物旁边贴上"君子兰""小乌龟"等相应的名字，在电灯开关上贴上"开关"，在动手区贴上"小巧手"，在鱼缸边贴上"小鱼""蝌蚪"。总之，教师要利用一切机会、场所，为幼儿提供含有丰富阅读刺激和信息的教育环境，让幼儿感受书面语言，潜移默化地接受书面语言的知识。

（二）提供适宜的阅读材料

给幼儿阅读的书籍必须是由图画与文字两种媒介共同叙述故事的。幼儿的具体、形象性的思维特点决定了他们在进行阅读活动时，首先注意的是图画，文字是在成人的引导和他们积累了一定文字经验的基础上，才会逐渐注意。那么，幼儿读物的图画就应当是经过精心设计绘制的。一般来说，幼儿喜欢人比物多，人物形象就应该成为画面的主要部分。创作的画面夸张，人物的表情丰富，会得到幼儿的喜欢。同时，幼儿还普遍喜欢强烈的色彩，常常借助色彩来确认对象。书籍的图画除了要符合以上特征，还必须和文字密切对应。书籍的文字要规范，大小适中，出现的位置既不能妨碍幼儿对图画的欣赏，又要能引起幼儿的注意。幼儿认识的特点决定了早期阅读活动必须为幼儿提供有具体意义的、形象的、生动的阅读内容。只有这样，才能便于幼儿将口头语言与书面语言对应起来，增强对文字的感知辨别能力，自然习得相应的文字。有趣的图文并茂的故事，有实在意义并有一定规律可循的文字能帮助幼儿形成有关书面语言的初步知识。从这个特点来考虑，幼儿接触的书面语言，是他们已有概念的文字代码，即书面语言能够即刻引起他们接通口头语言以及表征意义的联想。这样也有利于幼儿逐渐认识到书面语言的表意性质。

（三）早期阅读活动与讲述活动紧密相连

早期阅读活动为幼儿提供了众多有具体意义、形象生动的阅读内容，幼儿在阅读过程中不仅要理解图书的主要内容，还要将图书的主要意思以口头表达的形式表现出来，这是阅读活动的一个主要目标。因此，阅读活动与讲述活动紧密结合在一起，幼儿可以边看边说，也可以在看完之后把图书的大意讲述出来。从阅读讲述的组织方式来看，幼儿可以独自讲述图书的主要内容，也可以在小组、集体中讲述；可以一个人讲述一本图书，也可以由两三个幼儿共同讲述一本图书，幼儿讲述的形式可以多种多样。通过讲述，幼儿不仅学会了深入理解图书的主要内容，而且也发展了他们的语言表达能力、思维的综合概括能力。

但早期阅读活动不是看图讲述活动，教师应将早期阅读活动的目标与看图讲述活动的目标区分开。看图讲述活动发展的是幼儿独白语言，要求幼儿运用正式规范的语言，将图片内容完整、连贯地表述出来。而早期阅读的重要功能在于让幼儿理解图书，理解各画面之间、画面与整个故事之间的关系。因此，早期阅读更着重于让幼儿理解，理解图书的基本结构，理解图书故事情节的发展，并对图书的结尾进行预测，在此基础上，再将理解后的内容以口头表达的形式表现出来。可见，早期阅读是先理解后讲述，早期阅读中包含讲述的内容，但又不等同于讲述活动。教师只有正确地认识早期阅读活动，才可能避免早期阅读活动在设计与实施时走入误区。

（四）早期阅读活动具有整合性的特点

幼儿园早期阅读活动不是一种纯粹的学习书面语言的活动，并且事实上也不可能有纯粹的书面语言学习存在。整合的阅读活动是将书面语言学习与其他方面的学习有效地结合起来。

1. 书面语言与口头语言相结合

如中班在开展早期阅读活动"有趣的嘴巴"后，再学习"吃""喝""吹"这几个字时，就可以请幼儿做出"吃饭""唱歌""喝水""吹蜡烛"等动作，把口头语言和书面语言结合起来，让幼儿知道这些字都有一个"口"字，是与嘴巴有关系的。

2. 语言学习内容和其他学习内容相结合

如大班早期阅读活动"方和圆"，可以用游戏的形式引导幼儿正确认读"方"和"圆"，还可以用游戏的形式教会幼儿按规则正确书写笔画。

3. 静态学习与动态学习方式相结合

【案例】

在学习"木""林""森"等汉字时，教师启发幼儿用身体动作来表现这些字，一个幼儿张开双臂，双腿并拢，表示"木"字；两个幼儿排成一排立正，双臂微张开，拼成汉字"林"；两个扮"林"的幼儿蹲下，第三个小朋友扮"木"字站在他们中间，拼成汉字"森"。全体幼儿看教师手中出示的汉字卡片，通过身体动作进行拼字活动。

【分析】 采取这种动静结合的学习方式，不仅提高了幼儿学习文字的积极性，而且培养了幼儿阅读学习的兴趣。

早期阅读应贯穿于各种活动中，应与语言教育活动、其他领域教育活动紧密结合起来。例如，阅读活动与美工活动相结合，在幼儿阅读完一本图书后，让他们制作图书中的人物进行表演，或让他们模仿图书的基本结构自己制作图书，以此提高其阅读的兴趣和积极性。又如，阅读活动与家园联系相结合，在幼儿阅读完一本好书的基础上，让他们将图书的主要内容讲述给爸爸妈妈听，或让家长观察幼儿在家中看书的情况，并将幼儿在阅读中出现的新问题反馈给教师，使家、园配合形成合力，共同促进幼儿阅读能力的提高。

（五）早期阅读活动具有鲜明的文化和语言背景

任何一种语言，都有其独特的文化背景，书面语言尤其如此。在幼儿园进行早期阅读活动，应当充分考虑幼儿母语的特性及其文化的特色，帮助幼儿学习、认识母语的文化和语言背景。例如，有关汉字的起源历史信息、对汉字框架结构的认识、汉字独特的书写工具——毛笔的尝试运用等，都能有效地帮助幼儿感受祖国语言的文化气息。通过书面语言的学习更好地认识祖国文化，也通过祖国文化信息的渗透更好地增长幼儿对书面语言的认识。在早期阅读活动中，文化和语言信息可相互作用，产生相得益彰的教育效果。

四、图书角的早期阅读活动

（一）图书角的创设要求

1. 图书角的环境布置

幼儿在阅读时需要明亮、安静的环境，因此应在活动室选择一个光线充足且比较安静的角落作为图书角。教师应注意，在常规活动区有一些区域会比较热闹，甚至声音嘈杂，例如音乐表演区、角色扮演区。因此，图书角应尽量远离这些活动区。另外，图书角的空间不宜过大，一般以能容纳5~8名幼儿同时阅读为宜。教师可根据活动室的空间状况进行选择和布置，如果活动室中有半封闭的阳台，活动室外恰好是走廊的死角，都可以有效利用，设计成图书角。

2. 图书角的环境布置

图书角的布置应舒适、温馨，因为舒适、温馨的环境更容易吸引幼儿进入图书角进行阅读。可以在地面铺上地毯，放置一些比较柔软的靠垫，准备几把舒适的小椅子，供幼儿靠着或坐着看书。图书角的墙面颜色以淡蓝、淡绿或粉红为好，墙面上可以贴一些图片，营造一种安静、和谐的气氛。

可根据需要摆放各种类型的书架（柜），如悬垂式、立体式、可移动式书架（柜）。但应注意，图书角的书架（柜）一定是开放式的，而不能是封闭式的。同时，书架（柜）不能过高，高度应以幼儿方便取阅图书为宜。在进行布置时，可将书架（柜）摆放在边界处，这样可以起到分割区域、创设安静阅读环境的作用。

3. 图书角图书的选取

提供的图书要丰富，既要数量充足，又要种类多样。国外相关研究表明，在一个班级中每个幼儿至少应该拥有5~8本图书，因此，应根据本班幼儿的班容量来购置足够的图书，包括各种绘本、画报、图卡等。不同类型的图书具有不同的教育功能，为满足幼儿发展需要，应提供多种类型的图书。另外，要注意同样的图书最好准备几本，以满足幼儿在阅读时互相模仿的需要（尤其是小班）。

为幼儿选择的图书应以图为主或图文并茂，因为幼儿识字比较少或不识字，文字过多的作品，幼儿不能独立阅读。随着幼儿年龄的增长，升入大班后选择的图书文字

可适当增多。

图书的内容应健康、积极，具有教育性。当前，图书质量参差不齐，某些图书甚至是粗制滥造，例如有的图书故事不连贯、缺少必要情节，有的图书改编自古典名著却将原著事实歪曲，有的图书具有知识性的错误等。因此，教师在选择和购买时，应进行细致的筛选，不能盲目购买。质量低劣的盗版书更是要拒之门外。

4. 图书角图书的管理

首先，图书应适时更新。教师要密切关注幼儿的阅读进展，定期更换或适时添加新图书，以提高图书角对幼儿的吸引力。除了添置新书，还可以与其他班交换书，已经没有人再看的图书，可以收起来，以免损坏。其次，还可以建议幼儿每周从家里带一本新书到幼儿园。新添的图书，教师要及时向幼儿介绍，鼓励幼儿积极主动地阅读，如果不能一一介绍，可以把书摆放在书架上最醒目的位置，来吸引幼儿自己阅读。

（二）图书角中阅读活动的指导

1. 激发幼儿的阅读兴趣

要想图书角能真正发挥作用，吸引幼儿来阅读，教师应采取一定的方法激发幼儿的阅读兴趣。如讲过某个故事后，图书角正好有相应的图书，可以提示幼儿去看。也可以采用悬念法，教师讲故事的时候，当故事发展到高潮时戛然而止，然后告诉幼儿图书角有这本图书，想知道结果的幼儿可以自己去看书，这种悬念法不仅能调动幼儿阅读的积极性，而且也在间接地向幼儿传递这样一种信息：许多有用的知识可以从图书中获得，对他们今后的学习有所帮助。

2. 鼓励幼儿表达图书中的内容

在幼儿自由阅读的同时，教师要经常走进图书角，与幼儿一起阅读。同时，教师应引导和鼓励幼儿互相谈论和讲述书中的内容，或者彼此介绍书名，交流一下阅读感受，这样既可以使幼儿更正确、深入地理解书中的内容，又有利于发展幼儿的口语表达能力。

3. 培养幼儿良好的阅读习惯

在图书角的阅读活动中，教师应有意识培养幼儿的阅读习惯，如看书时坐姿端正，距离适当；不要在强光下看书；看书时手要干净，不用手沾唾液去翻书；不损坏图书；等等。

4. 帮助幼儿建立必要的规则

因为必要的规则有助于图书角活动的顺利展开，如对图书角的人数应有所限制，幼儿可以使用"入区卡"进入图书角进行阅读，当"入区卡"全部使用后，后面的幼儿就要自动转入其他区角进行活动。此外，相关规则还有：在图书角要保持安静，不能大声喧哗；当两人共同阅读一本书时，由谁翻书由谁讲述，都由两人协商解决，不能因此而发生争执；书架上的图书，阅读后要放回原处。总之，教师应帮助幼儿建立图书角的具体规则并督促幼儿执行。

思考与练习

1. 幼儿早期阅读的特征是什么？
2. 幼儿早期阅读活动的目标有哪些？
3. 阐述开展早期阅读活动的必要性。

模块二　学前儿童早期阅读活动指导与案例分析

一、早期阅读活动的基本结构

（一）引导幼儿自主阅读

幼儿阅读的最终目的就是使其能够通过适当的方式和策略掌握书中的内容，并将有效的信息运用到自己的生活中去，和自己的经验建立一种联系，实现自主阅读。因此，要让儿童最终成为自主的阅读者，就要从其自主阅读开始。早期阅读活动的第一个步骤就是幼儿自主阅读。创设让幼儿自己学习的机会，把将要学习的书面语言内容呈现在孩子面前，让幼儿"自由地接近"本次活动的内容，观察自己的认识对象，获得有关的信息。

以大班早期阅读活动"象形文字到现代文字"为例。在活动开始时，教师先出示象形文字的贴绒卡片，告诉幼儿这是我国最早的文字，叫象形文字。然后采用看图卡猜谜的形式启发幼儿认识象形文字日、月、水、木、山、火、目、口、人、田。再逐一出示相应的现代文字卡，并排成一排，采用画线连字的游戏方式，鼓励幼儿找出与象形文字对应的现代汉字，通过这样积极的探索活动，让幼儿在观察分析过程中初步认识这些象形文字和现代汉字，并且知道现代文字是从古代象形文字发展演变而来。

当然，为幼儿提供自主学习的机会，并不意味着教师可以放手不闻不问。恰恰相反，在幼儿自主学习过程中，教师要巧妙而实在地起到引导作用。在前面列举的阅读活动中，教师两次出示贴绒卡片，分别给予幼儿象形文字和现代文字的概念，并且让幼儿用连线的方式来建立两种文字的对应关系。可以说，幼儿是在教师的具体指导下去开始观察认识活动的。教师此阶段的指导需注意：第一，教师采用提问的方式引导幼儿的思路，使他们有目的地自主学习，这些问题具有启发性，对幼儿在理解或解决一些重点和难点问题上有一定的帮助。教师也可向幼儿提出观察的要求，然后教师操作，让幼儿完整地、安静地观察，明确自己即将操作的顺序。第二，在教师巡回指导时，要注意观察每个幼儿的表现，了解他们的问题，根据不同幼儿的需要给予适当的支持、帮助，为下一步的学习活动做好准备。

（二）师幼共同阅读

教师与幼儿一起阅读，实际上是在幼儿自己观察、认识、接触到的书面语言信息的基础上，由教师带领幼儿进一步地学习理解这些书面语言信息。强调共同分享学习，其主要的目的是希望通过轻松有效的教育，培养幼儿学习书面语言的兴趣和能力，让幼儿尽早地从依赖阅读过渡到独立阅读。

在这一环节中，教师按照活动目标和幼儿的实际情况，把要求幼儿掌握的书面语言信息贯穿到阅读过程中。教师的作用在于帮助幼儿明确此次早期阅读内容，正确掌握书面语言信息。

仍以大班早期阅读活动"象形文字到现代文字"为例。继幼儿自己阅读之后，教师逐一出示现代汉字卡片，请幼儿认读。然后，教师带领幼儿读三遍。在幼儿认读过程中，教师及时纠正幼儿的不正确发音，特别是"山""水"这两个翘舌音，同时引导幼儿解释字义，让幼儿了解字的含义。

在前图书阅读活动中，师生共同阅读是阅读活动中的重点内容，教师在指导时要把握好以下两个方面的问题。

一是这个阶段提问使用的频率较高，因此教师要谨慎对待提问法的使用，以免掉入一问一答的俗套中。仔细思考后不难发现，这一阶段的主要目标是让幼儿深入理解图书的主要内容，因此教师必须要调动幼儿的多种感官，让他们通过听觉（倾听）、视觉（阅读）、动作（表演）、语言（谈话和讲述）等多种形式，多通道地感受信息，以达到理解图书内容的目的。

二是指导不同年龄班的重点不同。

小班：指导幼儿从前往后一页页地理解单页单幅画面的内容，并能用一段话归纳图书的主要内容。

中班：知道图书下方页码的作用，能在一个问题的引导下理解2～3个单幅画面或一个单页多幅画面的主要内容，能为图书命名。

大班：能在教师的帮助下，将一本情节复杂、内容丰富的图书按情节的发展分成几个部分，用一句话归纳图书内容，并预期图书情节的发展。

教师此阶段的指导需注意：教师的指导是在"和孩子们一起阅读中"，不是告诉幼儿"你们应该学习什么"，而是与幼儿一起去学习这些要学习的内容，以"平行"的方式，让幼儿自然地接受指导。

（三）围绕重点内容开展活动

每一次阅读活动都有其重点、难点，教师应当心中有数，并能有计划地在活动中落实、解决，帮助幼儿深入掌握学习内容和正确的学习方式。

在大班早期阅读活动"象形文字到现代汉字"中，教师采用了组织幼儿讨论的方式帮助幼儿掌握重点信息。教师与幼儿一起找出象形文字和现代汉字相似之处和不同之处，知道日、目、口、田都是全包围结构的字，能够区别和掌握这四个字，并且理解这些字都由象形文字变形转化而来。此外，教师还帮助幼儿学会运用已学的这四个字，通过口头组词练习去丰富词汇，扩展词汇的思路。

除了组织讨论之外，教师在指导幼儿围绕阅读重点开展活动时，还可以灵活地采用其他活动形式，如表演、游戏等。只要能够引导幼儿深入掌握学习的重点，加深对所学的书面语言的印象，各种活动方式都可以在这一环节的活动组织过程中使用。

（四）归纳总结

这是活动的最后环节，其价值在于帮助幼儿巩固、消化所学的内容，是整个活动过程的收尾环节。

归纳阅读内容的组织方式有多种，其一是用竞赛性质的活动方式帮助幼儿巩固所学内容。仍以大班早期阅读活动"象形文字到现代汉字"为例，活动最后将幼儿分成两组，通过教师举字卡——幼儿念字或教师念字——幼儿举字卡的活动方式，开展竞赛。凡是回答正确的一组，就可在黑板上画一个五角星，若有一个人不正确，就不能给这一组添上五角星。最后，评出五角星多的一组为胜利者，集体鼓掌表示祝贺，然后结束活动。这种活动方式使幼儿注意力集中，能够调动他们参与的积极性，激励他们主动地投入已有基础的复习巩固之中，比较适合大班使用。其二，教师亦可组织幼儿用表演的方式来组织归纳总结。有的阅读图书活动最好用配乐童话的方式进行，让幼儿跟随音乐做动作，体会图画故事所表现的情节和人物角色的心理，加深对故事的理解。

此外，教师亦可用游戏的形式组织归纳总结内容。如大班早期阅读活动"文字的家"，采用幼儿循环游戏的方式来帮助幼儿巩固有关田字格与汉字间架结构前书写的学习内容。教师将幼儿分成六组，每组都有不同的游戏材料，包含有不同的与学习内容有关的信息。幼儿可在六个组轮流玩，每人可获得六次关于所学的前书写内容的练习机会。而教师在交代活动规则之后，放手让幼儿去循环游戏，教师则做巡回指导，重点对有困难的幼儿进行个别辅导。对于归纳图书内容，可以有以下三种形式。

（1）一句话归纳法。

这种形式要求幼儿用一句话将图书的主要内容总结出来。如大班阅读活动"小白兔上公园"中，幼儿这样总结图书内容："这本图书讲的是小白兔和它的朋友们上公园时爱护环境、不乱扔东西的故事。"

（2）一段话归纳法。

这种形式要求幼儿用一段话将故事的主要内容讲述出来。如中班阅读活动"小鸡和小鸭"中，幼儿这样归纳："有一天，小鸡和小鸭去河边玩。小鸡一不小心掉到了河里，小鸭将小鸡救了上来。中午时，他们的肚子都饿了，小鸡说'小鸭，我来帮你找食物吧。'小鸡用自己尖尖的嘴巴叼起一条小虫喂小鸭吃，小鸡和小鸭真是一对好朋友。"

（3）图书命名法。

要求幼儿用简练的词或短句给图书起个名字，实际上是让幼儿学习归纳图书内容的主题。如在给图书《小鸡和小鸭》命名时，有的幼儿想出了"好朋友"的名称，有的则想出了"相互帮助"的名称，这些名称只要是符合故事的主题，教师都应予以支持和鼓励。

以上三种归纳图书的形式难度不同，适合不同年龄阶段的幼儿使用。"一句话归纳法"和"图书命名法"要求幼儿在理解图书内容的基础上，准确地用简短的语句将图书主要内容加以概括，而且归纳图书名字还要求幼儿具有丰富的想象力和一定的创造性思维能力，因此对幼儿的要求较高，一般适合中班后期以后的幼儿使用，而"一段话归纳法"要求幼儿将图书的主要内容讲述出来即可，相对而言难度不如前面两种大，因此适合于小班后期和中班前期的幼儿使用。

总之，归纳总结内容的方式各种各样，教师可以创造性地设计和组织这一环节的活动。只要有利于幼儿巩固掌握书面语言内容，有利于他们形成正确的书面语言情感态度、认知、技能、能力，各种活动形式都可以在活动中尝试运用。

二、早期阅读活动应注意的问题

（一）选择适当的阅读材料

1. 要符合幼儿年龄发展需要

幼儿早期阅读材料的选择首先要符合幼儿的年龄发展需要。以情节画面为主，内容丰富，并配以适当的文字。如大班孩子的思维已经开始由具体形象思维向抽象逻辑思维发展，这就决定了大班幼儿的读物虽然仍旧要以画面为主，但可以适当配有文字，图文并茂，以帮助孩子阅读，逐步地完成从画面到文字的过渡。

2. 要考虑阅读种类多样化

为孩子选购的图书品种和内容不要过于单一，知识面要广一些，以使孩子能从中获得多方面的知识和技能，还可以选择一些为适应社会做准备的图书，如培养规则意识、任务意识、独立性方面的书籍。

（二）选择适合的活动内容

早期阅读活动的内容是实现教育目标的手段，是将早期阅读的目标转化为幼儿阅读能力发展的中介，要依据早期阅读的目标选择适合的教育内容。

1. 根据不同的类型选择不同的活动内容

按早期阅读活动的目标来分，为幼儿提供的早期阅读活动类型可以分为图书阅读、趣味识字、书写准备三个方面。在设计教育活动时，教师要根据不同的类型选择不同的活动内容。如图书阅读是一种以引导幼儿观察理解图书内容为中心，帮助幼儿初步掌握阅读图书的技能，增长他们对阅读的兴趣的活动。根据图书阅读的特点，可以选择大量的图文并茂的幼儿图书，如《白雪公主》《小羊和狼》《小红帽》等，指导幼儿学习翻阅图书的经验，掌握一般的翻阅图书的规则方式。读懂图书内容，会看画面，能从中发现人物表情、动作、前景，将之串联起来理解故事情节，理解图书画面、文字与口语的对应关系等。

2. 根据目标选择活动内容

目标是活动内容的依据,在选择活动内容时一定要以目标为依据。选择活动内容时直接的参照点是活动目标,但仍需将终极目标和阶段目标作为间接的参照点。一项目标往往通过多种内容来实现,一种内容也可以同时体现几项目标的要求。如要求大班幼儿能达到"会按顺序翻阅画页并理解图画内容的相互联系"这一目标,教师可以选择《龟兔赛跑》《小猫钓鱼》等多种内容来让幼儿学习按照顺序从前往后一页页地翻书,先看左边,再看右边的图画,教师边翻书边讲述故事,幼儿跟随着一页一页地翻,并注意内容间的相互联系。

3. 根据幼儿已有经验选择活动内容,建立起新旧经验间的联系

早期阅读活动就是不断为幼儿提供各种新的早期阅读经验的过程,要使活动提供的新经验能够被幼儿所获得,成为幼儿已有经验体系的一部分,就要在选择活动内容时考虑幼儿已有经验,使新旧经验间具有内在联系。如为了使幼儿认识页码,可以进行"电子代码""数字游戏""画面与数字"等多种活动,让幼儿获得新经验。

(三) 阅读氛围的渲染

幼儿早期阅读需要一种温馨和谐的氛围。这种氛围包括物质上的和精神上的。

1. 物质氛围的渲染

如在班级设读书角,摆放小书柜,专门给孩子们放书,每到阅读时孩子们随手就可以拿来翻阅,告诉孩子们自己在哪里拿的书,看完后还要放回哪里,不要搞错。这不仅有利于孩子阅读习惯的养成,还可以培养孩子爱护书籍以及不乱丢乱放的好习惯。

2. 精神氛围的渲染

早期阅读是孩子们比较喜欢的活动,可以在很多时候进行,如餐后活动时,教师就可以让孩子进行早期阅读这样的轻微活动。另外可以在班上养成一个好习惯,孩子们只要拿到书就可以自觉地坐到小桌子周围,这样长期的习惯积累可以让孩子们明白:阅读时把书放在小桌子上,一方面,由于眼睛和书本的距离刚好合适而有利于养成好的读书写字姿势,对他们的身体发育非常有利;另一方面,孩子看到别的小朋友和教师都在看书,了解到看书可以帮助小朋友学习知识和本领,以此来影响孩子对阅读的兴趣。只要是大多数孩子都能融入阅读氛围的情况下,个别几个注意力不集中的孩子也会自觉地加入到读书氛围中,因为他们充分地感受到了班内浓郁的读书氛围。

(四) 指导幼儿阅读的方法

早期阅读是一种凭借图画的色彩、图案、文字等,通过成人生动形象的读讲来帮助幼儿理解读物的活动。

1. 教师绘声绘色的讲解

由教师亲自给孩子讲图画书上的故事远比让孩子听磁带故事要好得多。这主要是教师讲故事可以根据需要改变速度,或者在语气上适当夸张一点,还可以根据画面做

一些调整，让孩子边看边思考，这样不但可以培养孩子专注的倾听能力，还可以培养孩子的观察能力，帮助孩子思考和理解，或者帮助孩子对故事中的情节进行概括、辨别、分析故事中人物的形象。

2. 启发孩子思考，培养孩子的想象力和理解力

在引导孩子阅读的过程中，应提出一些相应的问题让孩子思考，这样才能使阅读成为一种积极的活动。在孩子不了解故事情节时提问可采取设疑的方法，让孩子充分地想象，然后再把结果告诉他。当孩子已经知道结果时，还可用提问"为什么"的办法来帮助孩子思考。另外，引导孩子续编故事或者重新给故事起名字也可以培养孩子的理解力、想象力。

总之，幼儿的阅读活动需要成人正确的引导。对于即将升入小学的大班孩子来说，更应该注意培养孩子的阅读兴趣、阅读习惯和阅读能力。

（五）阅读过程中要注意幼儿个体差异，进行有针对性的指导

教师要观察每个幼儿的表现，对那些阅读速度较快的儿童，要提示他们再仔细阅读图书中的细节部分，以了解其内容的发展线索，更好地掌握故事情节。而对那些阅读速度较慢的儿童，则要分析原因，采取相应的解决策略。

尤其要关注"阅读困难儿童"，一般而言，存在阅读困难的儿童最有可能出现三个方面的问题：无法了解或使用书面语言的组成规则；无法获得并使用理解策略解读书面语言的含义；阅读缺乏流畅性。教师和家长可以为这些儿童建立比较特殊的个别教学计划，针对他们在阅读活动中出现的问题给予特殊的帮助。

（六）关注阅读活动目标的达成情况

目标是活动过程的指引，适宜的目标应与包括活动过程在内的整个教学设计相对应。在活动进行过程中，教师要注意围绕教育目标来组织活动。例如阅读活动"我的幸运一天"的活动目标为：①阅读故事《我的幸运一天》，感受故事中善意夸张的手法和含蓄幽默的风格；②表演故事情节，加深对作品的体验和理解；③能大胆、清楚地表述自己的想法，愿意与别人分享自己的阅读经验和感受。在活动设计环节，教师要紧扣目标，设计好阅读活动的各个步骤。在活动的实施过程中，也要以目标为依据，引导幼儿理解作品内容、感受作品的风格，并为幼儿提供充足的机会与同伴分享自己的阅读感受。在活动结束之后，应进行活动反思与评价，并以活动目标为指标，评价整个阅读活动的效果。

三、幼儿园早期阅读案例分析

【案例一】 大班早期阅读活动"画变字"

活动名称	画变字
活动目标	1. 了解汉字是由象形符号演变而来的。 2. 激发幼儿对汉字的兴趣及对中华民族文化的热爱

续表

活动准备		1. 动画片《汉字变身》。 2. 日、月、天、山、石、田、土的图、象形字、汉字。 3. 象形字、汉字配对卡片		
活 动 过 程				
		教师活动	幼儿活动	课后效果分析
导入 活动	时间 4分钟	1. 教师：小朋友，《智慧树》的红果果和绿泡泡给小朋友寄来了一封信，说是要考考我们班的小朋友。我们一起把信打开，看看信上到底写的是什么，好吗？ 2. 向幼儿展示信的内容。（象形字。） 3. 提问：这是什么字？你们知道汉字是怎么来的吗？你们知道汉字是怎么演变的吗？	听教师说话。 观察"信"上的字。 自由回答	进入主题，激发好奇心
师生共 同学习	时间 8分钟	1. 请幼儿欣赏动画片《汉字变身》。 2. 提问：你看到了哪个汉字宝宝变身？它是怎样变的？ （及时出示相应的图、象形字和汉字。） 3. 小结：在古代，汉字还没有发明的时候，古人就把要讲的事画下来，现代人把这些像图画一样的文字叫作象形字。可是画画很麻烦，也很占地方，我们的祖先很聪明，他们就把这些象形字慢慢地简化了，就变成了我们现在用的汉字。世界上有一些国家，比如日本、朝鲜用的文字就是根据我们的汉字创造的。我们中国人很了不起吧！	欣赏动画片。 说出动画片里出现的象形字。 讨论，象形字是怎样演变成汉字的。 注意听教师讲话	直观了解，帮助理解
围绕重 点展开 活动	时间 10分钟	1. 游戏"猜一猜" 教师：今天，老师这里还有许多的象形字，请你们猜一猜。（出示象形字，请幼儿猜一猜是什么汉字，鼓励幼儿猜的时候说出理由。） 2. 游戏"找一找" 介绍玩法： 幼儿分成两组，一组幼儿手拿汉字卡片；另一组幼儿手拿象形字卡片。演唱歌曲《找朋友》，当歌曲结束时，幼儿找到与自己的字卡相应的汉字或象形字。教师检查，找对的获胜并奖励小粘贴。 3. 开始游戏 教师参与游戏，适当提示、鼓励，给找对的小朋友贴小粘贴，或拥抱、摸头、贴脸以示肯定	根据象形字的形象大胆地猜测，说出是什么汉字。 注意听教师介绍游戏玩法。 幼儿与同伴合作操作字卡进行配对游戏	进一步了解，激发兴趣
归纳 总结	时间 3分钟	教师：小朋友真能干，找到了这么多汉字和象形字"朋友"，你们互相看一看。好，我们给自己加加油——嘿，嘿，我真棒！嘿，嘿，我最棒！	互相看找对的"朋友"。 为自己加油	体验乐趣

续表

		活动过程		
		教师活动	幼儿活动	课后效果分析
活动延伸		1. 在幼儿活动的各个地方标上相应的汉字，营造汉字的环境，如"门""窗""电视""钢琴"等。 2. 自制象形字和汉字的卡片，幼儿玩配对游戏，或提供纸笔，幼儿模仿书写象形字和汉字。 3. 在生活中寻找汉字，主动认字		营造环境
分析		1. 中国的汉字源远流长，幼儿对文字的认识，可以从象形文字开始，通过画变字的过程，幼儿可以初步了解汉字的演变，也可以增加对汉字的喜爱和兴趣。 2. 活动的准备充分，为了让幼儿更加直观地了解汉字的演变，准备了动画片《汉字变身》及相关的象形字和对应的卡片、图片，吸引幼儿的注意力。 3. 活动过程设计合理，清晰。 第一步由孩子们感兴趣的电视主持人寄信的方式导入，巧妙地进入到主题，在不知不觉、轻松愉快之中使幼儿对汉字的起源产生好奇心。 第二步幼共同学习。教师利用动画片形象、直观地展现了象形字演变成汉字的过程，更好地帮助幼儿理解汉字的由来。 第三步围绕重点展开活动，在初步了解象形字的起源和演变后，通过游戏"猜一猜""找一找"，让幼儿进一步认识、了解象形字的演变，激发幼儿学习汉字的兴趣。配对音乐游戏让枯燥的文字变得有趣起来。幼儿在游戏中自然习得文字，符合《纲要》的精神和理念。 第四步小朋友互相看游戏结果、给自己加油，充分体验早期阅读活动的乐趣。 4. 活动延伸环节，继续营造汉字的环境，让幼儿在生活中寻找汉字，主动认字		

【案例二】 大班早期阅读"大口袋"

活动名称	大口袋
活动目标	1. 阅读图书画面，理解故事内容，大胆地讲述袋鼠的大口袋。 2. 喜欢参加给动物匹配汉字的游戏，初步认读汉字"妈妈"和"娃娃"，对识字感兴趣。 3. 体会父母的辛苦，知道体贴、帮助父母做力所能及的事
活动准备	1. 配套课件，音乐《小袋鼠》。 2. 袋鼠头饰和有口袋的围裙一个

		活动过程		
		教师活动	幼儿活动	课后效果分析
导入活动	时间 3分钟	教师打扮成袋鼠妈妈，情境导入。 1. 小朋友看看我是谁？谁愿意做我的袋鼠娃娃呢？我有这么多的袋鼠娃娃真开心，我们一起唱歌吧！ 2. 袋鼠娃娃，你们知道妈妈身上有一个什么吗？袋鼠妈妈的大口袋里可以装些什么呢？我们一起来看一本书，名字叫《大口袋》	回答：袋鼠妈妈。 音乐起，师生边唱边表演儿歌《小袋鼠》 回答问题	激发兴趣

续表

		活动过程		
		教师活动	幼儿活动	课后效果分析
师生共同学习	时间 7分钟	播放课件，引导幼儿阅读并理解故事内容。 提问：这本书总共有几页？看看这本书里有什么？猜猜看发生了什么事情？	依次阅读画面，根据自己看到的画面自由讲述。	初步理解
围绕重点展开活动	时间 10分钟	看动画课件理解故事，完整欣赏动画课件一遍。 1. 袋鼠妈妈的大口袋里装了什么？袋鼠妈妈买了哪些东西？袋鼠妈妈的口袋装不下了，怎么办呢？袋鼠娃娃看到袋鼠妈妈拿不下东西了是怎样做的？又是怎样说的呢？ 2. 他们是怎么回家的？一个跟着一个像什么？ 3. 教师带领幼儿重点学习认读汉字：妈妈、娃娃。 提问：在看故事动画的时候你还发现了什么？老师害怕小朋友把袋鼠妈妈和袋鼠娃娃搞错了，就给它们做了个标记，你有没有发现啊？哪个是娃娃，哪个是妈妈呢？ 4. 这几个字中什么地方是一样的？ 5. 巩固对汉字的认识。 小朋友看这是谁？谁是妈妈？谁是娃娃？（分别有猫妈妈、猫娃娃、鸡妈妈、鸡娃娃、鸭妈妈、鸭娃娃的图片和文字，集体、个别认读练习。）	完整地感知、理解故事，回答教师提出的问题。 在教师的引导下，说出：别急，我们也有大口袋。 做出相应的动作。 发现她们的身上有字。 猜字。 跟教师认读。 观察，发现——它们都有一个"女"字旁。 认读和图片匹配的文字，找出"妈妈""娃娃"。	巩固知识，体验快乐
归纳总结	时间 5分钟	1. 提问：袋鼠妈妈拿不下东西，娃娃是怎么做的？ 平时，在家里，妈妈爸爸做事的时候，你是怎么做的？你怎么帮助他们的？ 2. 游戏活动。 教师在自己身上贴上字卡"妈妈"，幼儿贴"娃娃"。 袋鼠娃娃，跟妈妈一起来开火车吧！（开火车音乐起，一遍。）	幼儿自由回答。 随着音乐，跟随"袋鼠妈妈开火车"	大胆回忆，体谅父母
活动延伸		继续"开火车"游戏，火车头幼儿自己扮演		

续表

		活 动 过 程		
		教师活动	幼儿活动	课后效果分析
分析		1. "袋鼠妈妈"一直是幼儿很喜欢的一个动物形象。孩子们都知道,袋鼠妈妈的大口袋里藏着可爱的袋鼠宝宝。所以,用"袋鼠妈妈"这个形象来贯穿整个故事,激发了幼儿浓厚的兴趣。 2. 活动准备很充分。这个故事情节有趣、画面生动,所以教师为幼儿准备了课件,请幼儿通过课件中的文字和图片匹配认读"妈妈""娃娃",同时也通过幼儿观看课件,用感官来深入了解这个故事。 3. 活动过程设计合理清晰。 第一步,教师打扮成袋鼠妈妈,情境导入,激发幼儿兴趣。 第二步,师幼共同学习,观看课件,初步阅读理解故事内容,幼儿根据画面内容,自由讲述。 第三步,围绕重点展开活动,结合课件,教师展开提问,层层递进的提问既激发了幼儿的兴趣,同时也巩固了幼儿对这个故事的理解。让文字和图片、故事内容结合起来,把新学的生词与图片结合起来,符合幼儿园小朋友的年龄特点,巩固了知识。使幼儿在理解的基础上认识了生字,同时也让幼儿在这个活动中体验到了快乐。 第四步,归纳总结。教师把幼儿从袋鼠妈妈引到平时爸爸妈妈对自己的照顾,鼓励幼儿大胆回忆、大胆讲述,激发了幼儿对爸爸妈妈的热爱之情。在愉快的游戏中结束本次活动,让幼儿感受到了学习的快乐		

【案例三】 小班早期阅读活动"一颗纽扣"

活动名称	一颗纽扣			
活动目标	1. 阅读画面,大胆表述自己对画面的理解。 2. 能区分不同动物的不同纽扣。 3. 知道捡到东西要归还,体验找到纽扣失主的快乐			
活动准备	一颗纽扣、电子书、《一颗纽扣》图画书人手一本、小动物头饰。			
		活 动 过 程		
		教师活动	幼儿活动	课后效果分析
导入活动	时间 2分钟	1. (出示纽扣)提问:这是什么?这组扣黑黑的,上面还有四个洞洞,纽扣是用来做什么的? 2. (出示图一)提问:小老鼠也捡到了一颗纽扣,是你们的纽扣吗?掉的人一定很着急,我们赶紧把书拿出来,看看小老鼠最后找到纽扣的主人了没有?	回答问题。 观察图片。 与教师互动。 拿书	引入主题
引导幼儿自主阅读	时间 3分钟	提示幼儿: 1. 请小朋友把书拿出来,把书放在膝盖上,一页一页轻轻地翻看图书。 2. 仔细看看小动物们的纽扣都是什么样子的。 (指导个别幼儿的看书姿势、翻书方法。) 3. 书看完了,哪位小朋友说说,你看到了什么呀?	翻看。 自由回答	逐渐了解,大胆表述

续表

活动过程				
		教师活动	幼儿活动	课后效果分析
师幼共同阅读	时间 5分钟	下面老师和小朋友一起看大图片。 1. 出示图二，引导幼儿观察。 （1）提问：小老鼠在路上捡到一颗纽扣后，找到了谁？他们说了什么？ （2）小结：小老鼠对小白兔说：这是你的纽扣吗？小兔说：不，我的纽扣是红色的胡萝卜。 2. 依次出示图三、图四，引导幼儿区分不同动物的不同纽扣。（小狗——黄色的骨头纽扣，小刺猬——红色的枣子纽扣。） 3. （出示图五）提问：小老鼠没找到纽扣的主人，只好回家问妈妈了。看到端着蛋糕的妈妈，似乎发现了什么，小朋友，你们发现了吗？ 4. （出示图六）提问：小老鼠把纽扣帮妈妈把纽扣找回来了，妈妈高兴吗？ 5. 小结：原来这颗纽扣是妈妈的，小老鼠帮妈妈找到了纽扣真开心。同时，小老鼠在寻找纽扣主人的过程中，还知道了不同的小动物有不同的纽扣。	观察图片。 自由讲述。 听教师说。 观察图片。 自由讲述。 观察图片。 自由讲述。 观察图片。 自由讲述。 听教师说话	层层深入，多方面了解
围绕重点展开活动	时间 4分钟	1. 小朋友，这个故事好听吗？下面我们再完整地听一遍。 （播放录音和课件） 2. 故事听完了，咱们来玩这个游戏怎么样？谁愿意扮演小老鼠、小白兔还有老鼠妈妈？ 3. 教师带领幼儿进行故事表演	边看图片边听故事。 戴头饰。 跟随教师表演	完整回顾，亲身体验
归纳总结	时间 2分钟	1. 小朋友表演得真棒！"一颗纽扣"的故事告诉我们，捡到东西要寻找失主。那么，应该怎样去寻找失主呢？在家里捡到东西，告诉谁啊？在幼儿园里捡到东西，告诉谁啊？在外面捡到东西，要交给谁啊？ 嗯，真是好孩子！ 2. 小朋友，今天我们学会看一本书，书的名字叫——一颗纽扣。	和教师互动。 重复书名	拾金不昧，培养精神
活动延伸		愿意扮演角色的幼儿，在活动区继续表演。 图书区投放绘本，供幼儿阅读		
分析		1. 故事《一颗纽扣》主要是讲寻找失物的主人，小老鼠在寻找的过程中，通过不断询问和观察纽扣的颜色、形状，最终找到了纽扣的主人。它告诉幼儿捡到东西要主动归还、不能拿别人东西的道理。小班幼儿自我保管东西意识较弱，丢三落四的现象时常出现，经常是今天丢了这个，明天丢了那个，因此，在班上经常会有幼儿捡到一些物品，要让幼儿知道捡到东西要主动还给失主，培养幼儿从小养成拾金不昧的精神，通过这个活动对幼儿进行潜移默化的教育。 2. 由于活动的情境性强，幼儿们在整个活动中能跟着小老鼠一起寻找纽扣的主人，有积极表现的欲望。幼儿们在故事情境中，能先尝试着自己小老鼠说话，后来通过听声音，幼儿们都能学会说"这是你掉的纽扣吗？"教师引导幼儿仔细观察画面，鼓励幼儿用完整的语言进行表达。部分幼儿还能直观地观察出不同小动物纽扣的不同特征，能大胆地表达出来。在自由阅读环节可结合小纽扣的图片，帮助幼儿进一步理解纽扣的不同之处		

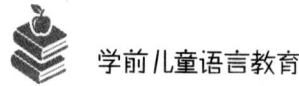

思考与练习

1. 幼儿园早期阅读的基本结构是怎样的?
2. 幼儿园的早期阅读活动应注意哪些问题?
3. 请你设计一个早期阅读活动方案。

第九单元　学前儿童日常生活中的语言教育

学习目标

- 了解幼儿日常生活中语言教育的特征。
- 掌握对幼儿进行日常教育的方法。
- 掌握家园合作教育的具体措施。

模块一　学前儿童日常交谈中的语言教育

幼儿对周围环境中的语言刺激特别敏感，并有一种强烈的学习说话的积极性。因此，他人的语言就成了幼儿学习的对象，而且多以模仿的形式出现。这种语言模仿最初是在日常生活中自然而然地进行的，模仿的渠道甚为广泛，如与成人或同伴交谈，倾听他人之间的交谈，影视广播中角色间的对话以及主持人的语言、广告语等。由此可见，对幼儿的语言发展来说，一日生活之中蕴涵了丰富的教育资源。教师在实践中需要不断提升教育意识，为幼儿创设和谐、多元的语言环境，有效利用日常生活中的语言教育资源，让幼儿在最自然、最真实的日常生活中学习、运用和发展语言能力。

一、日常生活中语言教育的特征

1. 宽松性

《指南》明确指出"发展语言的关键"不是让幼儿强记大量的词汇，而是要引导幼儿"乐意与人交谈，讲话礼貌……能清楚地说出自己想说的事"。

在幼儿园里，我们常常可以看到这样的现象：当我们的孩子在集体活动中积极举手要求发言，由于幼儿人数较多，相当一部分孩子说话的愿望难以得到满足，在课堂纪律的约束下，孩子成为被动的"交往者"，不能畅所欲言；另外，集体活动具有明确的活动目标，教师出于达到"教育目标"的目的，而不得不要求孩子"说完整""说对""发音准确"等，孩子的交往愿望在这样的过程中受到挫伤。

2. 针对性

与正规语言教育活动相比，非正规语言教育活动更能关注个体差异，因材施教。有的孩子在正规的教育活动中少言寡语，可是在自由交谈时教师却发现他们言语流利、表达准确。因此，日常语言教育活动有利于教师了解每个儿童语言发展的真实状况；有利于教师在日常生活中为儿童提供更多运用语言进行交流与表达的机会。尤其对那些在理解能力、用词及表达方式上存在问题的弱势幼儿，教师能给予特别关注和帮助。

3. 随机性

幼儿一日生活中随时随地会发生各类事件，有很多是幼儿感兴趣的，幼儿对自己感兴趣的事情更乐意去交谈和探讨，教师可以在一日生活中随时关注幼儿活动，捕捉幼儿的兴奋点，随机渗透语言教育，鼓励幼儿积极表达自己的感受，使得幼儿的语言运用能力在真实丰富的语言环境中得到发展与提高。

二、如何对幼儿进行日常教育

（一）营造和谐的语言心理环境

和谐的语言心理环境指的是一种充满安全感，温馨、愉快、可以自主活动的环境。这样的幼儿园环境，对于3~6岁的幼儿尤为重要，他们可以找到家的感觉，更好地适应幼儿园和发展语言能力。

1. 注重个体交流

幼儿的语言发展尚处于不完善阶段，且个体差异较大，尤其是小班幼儿，由于入园初可能存在适应不良等情况，还不敢在集体面前大声表达，所以这时要多给幼儿自由活动的空间，注重与幼儿一对一交流，做到与每个幼儿交谈，在不同的环节和场合交谈，从中了解每个幼儿听说能力的现状，引导幼儿产生安静听、敢于说的愿望。其中尤其要把握好以下两点。

（1）善于捕捉与幼儿个别交流的机会。

幼儿关注的焦点是以自我为中心的各种经验，所以教师应了解幼儿的兴趣，把握与幼儿个别交流的机会。区角活动时，幼儿最喜欢边玩边说话，这是教师正面接触幼儿的最好机会。教师是幼儿游戏的伙伴，和幼儿一起交谈，可以一起享受成功的快乐。只要教师对每个幼儿都抱有积极鼓励的态度，幼儿自信的话语就会脱口而出，就能建立有效的语言交流。当然，教师和幼儿个体交流的机会和场所很多，教师要善于捕捉，随时进行。午餐后休息，可以聊聊；洗手穿衣时，可以聊聊；看节目、阅读时，也可以就节目或书本的内容简单地谈谈，还可以提些问题让幼儿思考；外出与幼儿散步、游公园时，可见事论事，话题要平常自然，如："你早饭吃了些什么？""今天，谁送你来的？""你的好朋友是谁？""星期天，爸爸妈妈带你到哪里玩？"总之，只要和幼儿在一起，就要尽量和幼儿多说话。

（2）善于把握幼儿的语言发展水平。

幼儿的语言水平不是整齐划一的，既有年龄差别，又有个性差异。教师要善于了解、掌握幼儿的语言发展水平，以此作为教育的起点。如，有个叫宜宜的幼儿接受亲人关爱、呵护较多，入园初期特别抵触，常抱着毛绒小狗躲在角落里，闭口不语，甚至独自流泪。教师了解到小狗是他在家庭中的特殊语言，就常常抚慰他、顺应他，和他聊聊小狗的话题，终于，一段时间后他身心放松了，愿意来园了，开口的次数也多了，对小狗的依恋也正常了，现在无论是口语表达的积极性还是性格发展都有了明显的进步。

2. 注重集体对话

随着年龄的增长，幼儿适应能力逐渐增强，除了和教师的个别交流外，集体活动也逐渐增多。对于小年龄的幼儿来说，其社会性发展刚起步，大多惧怕在众人面前单独表述，同时还没有建立起倾听他人回答问题的习惯及能力，而且语言正处于简单句阶段，对语言的理解是即时性和直接性的。所以教师要避免过长的表述，应采用集体对话法，鼓励人人听，人人开口。教学中多出现简单的疑问句形式，如"小朋友一起告诉我"等形式的语言；同时问题要具体，如："小兔的耳朵是长长的还是短短的？"……

可见，教师应注重创设语言心理环境，体现以幼儿为本的理念，为幼儿创设宽松、和谐的氛围，让幼儿没有压力，没有自卑，心情舒畅，有话敢说。

（二）创设多元的语言学习环境

学前儿童处于言语迅速发展时期，实际说话时往往用词、发音不够准确，但与生活有关的、已经历过的或带有很大情境性的内容往往能引起他们说话的愿望。与成人相比，幼儿对语境的依赖程度明显更高，因此，幼儿语言的发展和训练适宜在一定的语言环境中进行。在教学实践中，教师特别要把握以下几个日常生活中特定的语言学习环境。

1. 常用儿歌学说话

在幼儿园的一日活动中，有许多环节如洗手、如厕、脱衣、进餐等可以编成儿歌，既有利于幼儿养成良好的行为习惯，又可以让幼儿感知生活中必需的简单的常用语言，帮助幼儿学习说话，发展幼儿的语言能力。

几字一句的儿歌是幼儿习得语言的良好媒介。儿歌是民间文学和幼儿文学的一种类别。它专为幼儿创作，其内容贴近幼儿的现实生活，语言符合幼儿的朗诵特点，形象生动，富有童趣，朗朗上口，易于幼儿理解。同时它对纠正幼儿语音、丰富词汇很有帮助。在学儿歌的过程中，教师一方面要注重培养幼儿良好的倾听习惯，因为听是幼儿语言发展的重要条件；另一方面要注重让幼儿积极活动身体，通过肢体语言带动动脑、动口，充分激发幼儿学习语言的兴趣，使幼儿逐渐学会运用语言。

2. 巧用动画片学说话

在幼儿教育实践中，教师不难发现生动形象的动画片对幼儿的口语发展也有一定的促进作用。

（1）能训练幼儿倾听的技能。

众所周知，动画片集美术、音乐等于一体，有夸张而典型的动画人物。相对于单一的听故事或看故事，这种视觉冲击更符合幼儿发展的特点，对幼儿有较强的吸引力。在动画片的情境下，幼儿通常会保持一种积极的学习动机，形成有意识倾听的技能。

（2）能扩展幼儿的词汇量。

动画片经常会随故事情节的发展、情境的改变而展现各种成熟的语言，这对幼儿正确感知和理解新词汇具有积极的作用。幼儿常会有意识地延时模仿学习这些词汇，使它们变为自己的语言材料。

基于上述两点，教师应该关注动画片，可以有选择地为幼儿购买动画片。一般来说，动画片的内容有两类：一是趣味训练类的，如《天线宝宝》《蓝猫淘气三千问》等。这类动画片形象生动夸张，题材贴近幼儿生活，融知识性和艺术性为一体，便于幼儿学学、做做、说说。二是文学欣赏类的，如《小贝流浪记》《阿笨猫》等。这些故事大多以母爱、情感为主线，符合幼儿的依恋情结，也是幼儿所喜欢的内容。当然，考虑到幼儿的年龄，要注意用眼卫生，观看时间不能太长，且与影视媒体要保持适当距离。

3. 活用故事表演学说话

根据心理语言学的理论，幼儿在语言交际过程中的发展规律是依靠动作、形象、符号三个不同的水平输入信息，形成表象。所以，故事表演也是引导幼儿学习运用语言的契机。如，通过欣赏教师表演—观摩哥哥姐姐表演—人人参与表演，幼儿感知、模仿了《小小猫睡觉》和《拔萝卜》等简单的故事，接受了非语言手段和语言手段表达的丰富信息，其口语表达的积极性、主动性都得到了提高。

4. 善用区角活动学说话

学前期的幼儿以小组学习、个别学习为主，所以区角活动是幼儿游戏学习的重要阵地。同时，活动区是一个宽松自由的活动场所，幼儿在这里可以获得心理上的松弛和愉悦。所以，教师要善于为幼儿创设各类听、说、读、讲的语言区角环境，在适宜的语言刺激中，在宽松的氛围中，让幼儿充分动手、动口、动脑，得到语言的练习机会和迁移运用。

在语言区，教师通过投放故事书、图片等各种说、看的语言材料，让幼儿可以看一看、玩一玩、说一说。如看着图片用多个形容词说一句好听的话，或有一位幼儿描述，一位幼儿听后猜猜他说的是什么。另外，通过摆设教具、木偶、纸偶及不同场景的背景图，让幼儿边操作边讲述，加深理解活动内容，使讲述更为生动。或者投放一些头饰激发幼儿表演故事，幼儿通过角色对话表演某一情节、片段，提高幼儿说话的积极性；还可以通过摆放一些旧画报、图片以及幼儿自己动手绘画、剪辑的连环画，为幼儿提供丰富的学习资源、认知工具，鼓励幼儿自己编故事。此外，可提供配套的故事、儿歌、散文磁带供幼儿欣赏，或借助于录放机让幼儿自主操作，将自编自讲的故事录下来放给其他幼儿听。如孩子们模仿《蛤蟆吃西瓜》自编的《馋嘴巴的小猴》等故事都非常生动、有趣。在这些形式多样的语言操作练习中孩子们得以愉快地动脑、动手、动口，发展了其个性化的语言。

如在"娃娃家"的大门上装一个"门铃"，门铃虽小，却引发了幼儿学发门铃的声音，产生相互招呼、做客问候的语言和情节。又如"娃娃家"里有摇篮，幼儿听听背景音乐，摇着篮子，一些好听的句子就自然产生了，有的会说"摇啊摇，摇到外婆桥"，有的会说"摇啊摇，小兔睡觉了"，非常优美。再如情境性的桌面木偶，幼儿在摆弄玩耍中动手又动脑。图书角更是探索发展幼儿语言的一个角落，可以投放各种图书。在这里，教师和幼儿或者几个幼儿同看一本书，或者一个幼儿自己看书，而教师有目的地进行指导。由于是三四个人的插入式交谈，教师与幼儿置身于自然、和谐、愉悦的氛围中，不需要机械的记忆，没有了集体教学的约束，更有利于调动幼儿的兴趣和学习的积极性。

在美工活动中，幼儿通过动手、动脑，完成一件作品，头脑中会孕育各种各样的故事情节，而且很想介绍给别人听。这时，教师就要给他们创设说话情境，在延伸活动中轮流请每位幼儿向大家介绍自己的作品，幼儿谈得都很热烈，既评出了最佳作品，又说出了理由。

在室中布置自然角，放上水果、干果，养些水生动物，还可以让幼儿带上一盆亲手种的花草，观察它的变化，并展开讨论，发表见解，丰富幼儿的生活经验，提高表达能力。

生活是语言的源泉，所以，广大教师应不断挖掘日常生活中的有效途径，营造支持性的环境，促使幼儿敢说、爱说、会说。

根据幼儿思维的特点，可以组织各种各样的游戏活动，力争让每个孩子都能做到开口、开心、开窍。如在"娃娃家""商场""银行""发屋""幼儿园""点心店"等游戏中，通过游戏前的角色分配、游戏中的相互合作、游戏后的自我评述，使每个孩子都能有机会说，使他们能在讨论中学会听和说，学会表达自己的观点，在争执中学会使用辩论性语言，在聊天时学会使用问候性语言、叙述性语言、描述性语言，在与同伴的相互作用中主动的创造和调整自己的语言。尽管有时幼儿表达的意思不一定正确或准确，但他们正尝试着用语言作为交流工具，他们能使用语言交流、表达及解决问题比正确的使用语言和造句更为重要。

另外，活动区结束后的评价也能为幼儿自由交流提供良好的机会，活动区结束后，让孩子们说一说，今天玩了什么，发现了什么，或者遇到了什么困难，有没有解决，如何解决的，如果没有解决，其他的孩子是否有好的方法分享等。这样的活动不仅培养了幼儿的探索精神和解决问题的能力，而且让他们学会了较完整的描述性语言。

【案例一】 "香香的蔬菜"主题

1. 颜色鲜艳的照片，直观形象的食物图片，更能吸引孩子们讨论"这是什么蔬菜"，然后进行互动。

2. 通过主题墙引导孩子关注每天的食谱，了解食物之间的联系，对蔬菜产生感情。

【分析】幼儿的探索精神和解决问题的能力得到了培养。

【案例二】 "找秋天"的主题

在这个主题中，通过"找一找""变一变""画一画""贴一贴"这一系列活动，让孩子们充分感受秋天的美。在"找一找"中，孩子们和爸爸妈妈一起在收集的过程中共同拍下了许多精致的照片，有七彩的树叶、甜甜的水果、美丽的花儿。在"变一变"中，孩子们和爸爸妈妈一起捡拾树叶进行拼贴，瞧！有美丽的蝴蝶、可爱的小白兔，还有小金鱼呢！在"画一画"中，孩子们给红红的苹果、黄黄的梨子添上了美丽鲜艳的颜色。

【分析】在活动中我们发现，孩子对自己参与布置的环境有一种特殊的感受，在这种环境中孩子总能产生"想说"的愿望。因此，在环境的布置中应注重让孩子们动手参与。孩子成为环境创设的主人后，就会自然地产生述说的愿望，在这样不断的锻炼中，一些平时不喜欢当众说话的孩子也乐意向同伴介绍自己的材料、作品了。

（三）有技巧地让幼儿充分表达自己的观点

当幼儿用积木搭好一座房子后，他也许会跑过来欣喜地告诉老师他搭的房子多漂亮。如果这时教师的反应仅仅是"确实很漂亮，你真是一个能干的孩子"这样一句鼓励性语言，那么幼儿得到了鼓励后，此次语言交流便告终结。但是，如果教师引导幼儿充分谈论房子的话题，如："你觉得什么地方很美？""你准备用它来做什么？""你以前还搭过怎样的房子，你觉得哪个最漂亮？"就能让幼儿充分地表达自己的观点。

（四）为幼儿提供充足的自由交流的机会

生活中的幼儿语言内容是自发生成的，教师要让幼儿成为情节中的主体，培养幼儿的问题意识，使幼儿的言语能力在生生互动中获得发展。日常生活中幼儿有很多表达的机会，对此，教师应适当减少控制行为。

教师还可采用多种方式创造幼儿自由交流的机会，鼓励和支持幼儿与同伴一起玩耍、交谈，相互讲述见闻、趣事或看过的图书、动画片等。

幼儿园的小朋友常常分不清左右脚的鞋子，若教师只是单纯地说教这是左脚鞋子，那是右脚鞋子，说得再多孩子可能还是分不清。这时，教师可以编一个童趣味十足的小故事:"小朋友们看看,某某的两只鞋子背对着背,都生气了,他们为什么不高兴呢?因为他们在说:'把我们穿错了,我们要面对面。'"随后,教师帮孩子把穿错的两只鞋对换,再说:"瞧,两位好朋友正面对面地点头微笑呢,他们为什么会这么高兴?因为他们穿对了。"教师还可配上一幅人物化了的两只生气的鞋子的卡通漫画和一幅正在微笑的两只鞋子的卡通漫画让孩子们边看边说。这样,孩子不仅很快就能分清左右鞋子,而且以后也会用这么有趣的语言去和穿错鞋子的小朋友说话。

(五)倾听习惯的培养应贯穿日常语言教育的始终

教师应让幼儿的语言表达得到应有的尊重和鼓励,在语言教育中应给幼儿提出明确的倾听要求。有时,教师可有意让幼儿重复别人说过的话,以此来了解幼儿的倾听,从而强调倾听要求;有时,教师也可以让幼儿找找刚才说过的话中有哪些好听的词语,以及讨论别人说得怎么样,以此来加强幼儿的评析性倾听能力。

(六)在日常生活中增加文学作品欣赏活动

一般来说,进餐前、进餐时、进餐后和集体活动后的休息时间都是欣赏文学作品的良好时机。

(七)合理抓住一日生活过渡环节,渗透幼儿的语言教育

在幼儿一日生活中,过渡环节对培养幼儿语言能力的发展十分重要。幼儿的生活充满了发展的契机,且是生动的、感性的。在生活环节中只要做有心人,我们同样可以创造更多的机会供幼儿进行语言交流、运用。

【案例三】

在小班幼儿午睡前的整理过程中,随机组织孩子开展"认一认、说一说"的游戏。

【分析】利用餐间、午睡、起床、喝水时间,放一些歌曲、儿歌、故事,让幼儿在不知不觉中学会;利用午睡前的时间为幼儿反复讲一些故事,让幼儿在安静的、轻松的环境中培养倾听、复述能力;利用幼儿饮水时间对幼儿进行社会性的教育,通过交谈,培养幼儿良好的社会性情感、认知、交往和个性品质;在散步中引导幼儿观察,并让幼儿用自己的语言描述观察的事物;等等。这些都可作为对幼儿进行语言教育的好时机。

(八)利用日常的专题语言活动,为幼儿创造更多的语言机会

在幼儿园的日常生活中,还可组织常规性的专题语言活动,选择一些从幼儿的认知和生活经验出发的、能激发他们内在的表达欲望的内容,让全体幼儿参与其中,大胆表达自己的想法。

利用日常的专题语言活动给幼儿创造更多的语言机会,如"天气预报""周末趣闻""报告新发现""小记者采访""学做广告和创编广告""故事大王比赛""午餐解说员""长篇故事续讲""续编故事"等都是幼儿喜爱的专题。

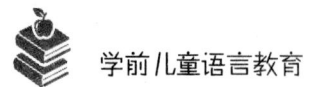

这些活动中，幼儿的语言交流方式往往比较随意，环境比较自由和宽松。每个专题的开展可根据实际情况，每天一次或一周2~3次，可以持续一个月，甚至一个学期。

【案例四】

大班游戏时，明明在独自玩玩具枪。玩了一会儿，他把枪放在桌子上去厕所。强强走过来，看到了玩具枪便拿起来玩。

明明从卫生间出来后，对强强说："这是我的枪，还给我！"

强强："谁说是你的？放在桌上没有人玩，我才拿来玩的。"

明明："这本来就是我的，我刚才上厕所去了，才把它放在桌子上的。"

强强："你说是你的就是你的呀！就不给！"

明明："本来就是我先拿的，你要是不还给我，我就去告诉老师……"

强强："你告诉老师我也不怕，本来这个枪就没有人玩，我拿了就是我的。"

……

事件描述中，李老师始终默不作声的观察两个孩子争论。

明明继续说："这枪吧，就是我放在这里的。要不然你先玩一会儿，等一会儿再还给我吧。"

强强："不！这枪就是我的！干吗要给你！"

明明只好到活动区里去玩别的玩具。玩了一会儿，明明拿着一个玩具来找强强。

明明："你都玩了一会儿了，该让我玩了吧！要不然咱俩换着玩，我用这个玩具和你换……"

最终，强强同意了，他们两人交换了玩具。李老师发现在这场争论中，明明和强强的交谈使用了多种策略。

【分析】 在相互交往的过程中，两个孩子使用十余种交往的策略，其中有威胁、警告、协商、诱惑、说明原因、提出条件、转移注意等不同的语言表达方式。他们在相互交往中，都主动依据对方的态度和行为选择交往的策略，不断地调整自己的语言，并利用这种调整去调节对方的行为，以达到自己的目的。

思考与练习

1. 幼儿日常生活中语言教育的特征是什么？
2. 阐述如何对幼儿进行日常教育。

模块二　家园合作进行语言教育

语言是人类交往的工具，三岁是人一生中语言发展的关键期。小班的孩子们，他们的年龄段都处于3～4岁的阶段，儿童心理的研究成果和长期的教育实践已经证明，幼儿期是人一生中掌握语言最迅速的时期，也是最关键的时期。3～4岁幼儿在口语表达方面存在以下现象：有的幼儿能较好地用口语表达自己的需求，有的幼儿在进行口语表达时却存在发音不清晰、语序颠倒、代词使用混乱、语句不完整等现象。而提到语言教育，许多家长都认为这些在幼儿园的语言课就可以学到，如讲讲故事、读读儿歌、谈话等。有老一辈的家长还认为，不必那么紧张，孩子长大了就会说了。只有少部分家长会意识到语言教育的重要性，但他们对如何对孩子进行语言教育而感到困惑，不知如何来教。要让孩子的语言表达能力得到健康、全面地发展，应做到家园共育，共同培养，为孩子创设一个使幼儿想说、敢说、喜欢说、有机会说的良好环境，这对幼儿一生的语言发展是非常重要的。

一、家庭中的日常谈话对幼儿口语发展的影响

家庭是幼儿日常生活的主要环境，同时，日常生活是幼儿学习语言的基本环境。在这个环境中有着丰富词汇、发展口语的很多有利条件。如，幼儿接触到的词句都是与具体事物、具体动作同时出现的，在日常生活中的一些语言多是常用的、反复出现的，易于加深幼儿的印象和理解。家长应善于抓住各种对幼儿进行语言培养的时机：在教幼儿穿衣服时，教幼儿正确叫出各种衣服的名称；在盥洗时，教幼儿说出盥洗用具、盥洗动作、面部或身体各部分的名称；带幼儿外出时，主动与幼儿交谈，向幼儿介绍所见到的能理解的事物，同时丰富有关词句。家庭成员的讲话水平及语言表达能力直接影响幼儿语言的发展。著名的陈鹤琴先生说过"环境中最重要的因素是父母"，家长应该为孩子树立起正面积极的形象，因为孩子的一举一动都受家长的影响。因此，作为家长，在家庭中应做到以下几方面。

1. 家长要做好榜样，培养幼儿学习语言的兴趣

在家里，家长要以身作则，在孩子面前不要说一些难听的话语，应积极为孩子创造一个良好的环境，让孩子谈一些符合孩子语言特点的、感兴趣的话题，让孩子乐于说、乐于讲，并时时要求孩子用普通话表达，从小培养幼儿学说普通话的兴趣。同时，家长还应注意用规范的语言来与幼儿进行日常交谈。

2. 充分利用各种环境，激发幼儿想说的欲望

双休日家长可带孩子去公园、书店、游乐园等地，充分利用孩子感兴趣的周围的景物，在玩的过程中教幼儿认识事物，鼓励幼儿勇于交谈，如与小朋友、售货员、管理员进行对话。有时，也让孩子与小动物、植物谈话。这样家长可以从中了解孩子的内心在想些什么。

经常带孩子去踏青，让孩子在大自然中陶冶情操，放松心情；支持孩子的探索，鼓励孩子提出问题，不无视孩子的问题；创造愉悦民主的家庭环境，不苛责孩子丰富奇妙的想象，凡事让孩子多动手动脑；给孩子单独的空间，不过于干涉，为孩子创造

属于自己的阅读天地，训练孩子良好的阅读习惯，培养孩子的阅读兴趣。

3. 睡前讲故事

睡前讲故事对孩子来说是最温馨、最幸福的时刻，孩子依偎在妈妈、爸爸身边，听着有趣的故事，不但是一种美的享受，还可以让孩子在不知不觉中受到语言的熏陶，此时家长可适当提问，帮助孩子理解故事内容，让孩子通过说来表达对故事中人物的看法等，从中培养幼儿的语言表达能力。

4. 充分利用各种媒体，让幼儿接受语言信息

孩子的模仿能力和接受能力强，有时看过一两次广告后就能流利地说出广告语，这充分表现出孩子想学习语言的渴望，因此，选择一些合适的电视节目让孩子欣赏，对孩子的语言发展是很有益处的，特别是一些孩子较为喜爱的动画片等。家长还可以为孩子选择配乐的优美的儿童诗让孩子欣赏，时间长了，孩子自然会跟着读。同时也可以利用录音机、影碟机等电教手段，让孩子在日积月累中学习语言，接受语言，加强对孩子的语言培养。

"语言是人类最重要的交际工具"，这句话被每一位教育工作者所熟知。语言可以使幼儿清楚地表达出自己的感觉、感受或需要，让成人或同伴了解自己，或引起别人对自己的注意。发展幼儿的语言表达能力，是幼儿自身成长的需要，也是全社会的责任和义务。让我们大家一起努力，为孩子们创造一切机会，让孩子们无拘无束地表达、交流、争论，满足孩子"说"的愿望。

仅靠家长单方面的教育是不行的，仅靠教师教育也是不行的，所以就需要我们教师和家长形成教学联系，家园共育。教师要与家长保持联系，密切关注孩子的发展动向，对孩子的语言发展进行阶段性训练。而家长也应该每天向教师了解孩子在园情况，参与孩子的学校教育，回家进行适当的巩固。孩子的语言教育是复制的，需要多方面的努力。

二、家园合作的概念

家园合作即家庭、幼儿园的合作教育，家园合作能更好地促进幼儿的发展。孩子的语言发展并不是短时期内就能够学习得很好的，而是要分阶段按照孩子的个体差异进行教学。比如有的孩子生活经验丰富，他的表达能力强，表述起来也要轻松流畅一些。对这些孩子，我们要进一步培养。而相反，有的孩子缺乏社会经验，不经常与人交往，运用语言的机会也少，表达某件事情时常会表现出一种内心空虚的情绪，有的还会胆怯，讲话语无伦次，甚至无话可说。针对这样的孩子，教师和家长要及时沟通。

在幼儿园里，要培养孩子一种积极的态度，让孩子与小伙伴多交流，培养孩子团结互助的精神。教师也要经常带孩子参加一些社会实践活动。父母也要为孩子创造条件，让他们多与同伴交往，并懂得一些礼貌用语。条件允许时，家长要经常带孩子去公园、超市、游乐场等公共场所，这也能给孩子提供一个语言交流的平台。

孩子对生活充满了新鲜感和好奇心，并伴有强烈的表达愿望。对于孩子来说，生活即学习，学习即生活，丰富多彩的日常生活是提高孩子语言发展能力的主要途径，也是语言教学的宝贵资源。因此，在教学中结合生活，让幼儿经常说说看到的、听到的、想到的和感兴趣的事情，比如动画片就是孩子最感兴趣的话题，提到《猫和老鼠》《西游记》《喜羊羊与灰太狼》《奥特曼》等动画片时，孩子们的情绪就格外高涨，谁都想说，谁都能说几句，教师要善于捕捉这样的教育话题，适时渗透，有意识地加以引导，在幼儿感兴趣的事情中培养其说话的积极性，从而提高孩子的表达能力。

三、家园合作的具体措施

父母是幼儿的第一任教师，家庭是幼儿成长发展的第一片乐园。从牙牙学语到蹒跚走步，幼儿在家庭氛围的熏陶下、在父母爱的教育的沐浴下日益成长。当幼儿步入幼儿园以后，尽管幼儿园承载了教育幼儿的主要任务，但是幼儿仍然继续在家庭这个爱的港湾里接受来自父母的各种非正式教育。可以说，幼儿园和家庭是促进幼儿全面发展的两股重要力量，如果这两股力量能够糅合在一起，便能建构出促进幼儿和谐发展的健康生态环境。

（一）教师和家长相互沟通，获得关于幼儿语言能力发展的信息

若要对幼儿进行更好的教育，了解幼儿的兴趣、需要、个性特点是非常必要的，只有掌握了这些基本信息，才能使教育具有针对性。因此，教师应该通过各种途径向家长了解有关幼儿的各种信息。

（1）通过口头交谈形式进行了解。

入园和离园是家长和教师面对面接触的时候，也是互相了解沟通的有利时机。教师应该及时向家长反映情况，与家长一起找找原因。对于那些在语言学习过程中有进步的幼儿，教师要建议家长给予表扬，增强他们学习的动机和兴趣。另外，教师通过与家长短暂的交谈，也可以知道幼儿目前关注的问题。如世界杯举行的时候，有一位教师在与家长聊天的时候得知很多幼儿在家会与爸爸妈妈一起看比赛，第二天马上组织了"我与世界杯"的谈话活动，谈话过程中气氛高涨，幼儿纷纷发表了自己观看比赛的感受和体会。

（2）通过文本形式可以获得一定的信息。

教师可以在每次的语言活动主题进行之前，先让家长把自己的想法、建议和幼儿的兴趣爱好以文本形式提交上来，然后根据这些信息来设计活动。实践证明，这样做可以取得不错的教学效果。通过文本形式交流的信息避免了面对面交谈时的拘束和仓促，收集来的信息是非常有价值的。为了了解幼儿语言学习的情况，教师还可以设计一定的问卷让家长填写。问卷的范围是十分广泛的，涉及幼儿的家庭学习情况、学习的效果、对语言活动的建议等方方面面。问卷收集来的信息不仅可以了解班级的整体

情况，而且可以有效地了解个体的信息，既有利于班级的整体教育，也有利于幼儿的个体教育。因此，教师对问卷信息要仔细分析，不能马虎了事。

（3）还可以组织专门的座谈会、讨论会等形式征求家长的意见。

幼儿是受教育的主体，家长作为幼儿的"代言人"，有权知道幼儿在幼儿园活动的情况并提出意见。因此，对于重大活动的开展，幼儿园应该确保信息的畅通和透明，让家长参与到活动的决策中来。如某幼儿园想开展早期阅读系列活动，需要家长给予财力、时间上的支持，因此通过专门的讨论会，让家长了解了早期阅读的意义、作用和幼儿园的初衷，使家长积极支持这一活动。对于重大活动的决策，应该通过家长和幼儿园的真诚沟通达成一致，只有这样才能使活动在幼儿园顺利开展。

（4）家长也应该积极主动地与教师沟通，了解幼儿的在园情况。

毫无疑问，家长给予幼儿更多的关注，才能更有效地促进教师和家长的交流。因此，家长要做个"有心人"，不仅要更多地了解幼儿在园的发展情况，而且要及时反馈幼儿在家的表现与习惯等，以形成家园一致的合力，促进幼儿的健康成长。

（二）围绕相关学习主题，实现家园资源共享

由于教师的时间和精力有限，对于活动的材料准备和信息收集不可能做到面面俱到，家长在这方面可以变成教师必要和得力的助手，在减少教师工作任务的同时也间接激发了幼儿的学习兴趣。因为在幼儿阶段，幼儿的评价标准主要来自外部的权威力量，受到家长关注的东西也会引起他们的关注。

（1）可以让家长一起准备学习内容，将家长的信息聚合起来变成丰富的学习内容。在收集资料的过程中，既促进了幼儿的家庭教育，又可以使家长根据收集的内容帮助幼儿预习，为幼儿园的学习做准备。在幼儿参与信息收集的过程中，他们不但获得了认知的进步，还掌握了获取知识的方法，对于幼儿的终身学习来说，这是一项重要的技能。如教师让幼儿学习关于"花"的词汇，有的家长准备了关于花的颜色的词语，有的家长准备了关于花的种类的词语，有的家长准备了关于花的香味的词语……在"花"主题的学习过程中，幼儿对"花"的认识加深了，同时也增长了见识。

（2）还可以让家长提供一定的活动材料来进行语言教育。

家长提供的活动材料一般各有特色，幼儿在操作、认识不同材料的过程中能够增长知识。如在学习"机器人"这一内容时，幼儿纷纷请家长和自己共同制作或购买机器人，并且对与自己不同的机器人表现出极大的兴趣。在对不同的机器人进行观察对比、操作比较后，大家深化了对机器人的认识，并得出"机器人再聪明，都是由人控制的，人类比机器人要聪明多了"的结论。

（3）利用家长提供的材料，创设一定的语言环境，激发幼儿的语言兴趣。

如圣诞节快到了，幼儿园为了营造圣诞节的气氛，需要各种各样的材料布置环境。于是，有的家长带来了家里的圣诞树，有的家长提供了圣诞礼品，有的家长带来了圣诞老人的道具，在各种材料的装饰下，热闹、快乐的圣诞节气氛被烘托出来。由于有

了具体情境的支持,幼儿的学习自然更投入,更有兴致。

(三)引领家长配合需要,参与或针对幼儿进行语言教育

学习在很大程度上是一种无意识的渗透过程,幼儿在观察、模仿的过程中学习了语音、语法,同时掌握了一定的交往规则和交际习惯。因此,相对于其他领域的学习来说,家长应该根据教师的要求提供更多的帮助。那么,教师应该对家长提出哪些要求呢?

(1)语言作为交际的工具,要求幼儿语言"输出"规范、文明、得体,因此,家长在教育幼儿的过程中要确保语言表达的规范性。家长在日常生活中与幼儿交流时,语音要标准,特别是要努力纠正一些有方言特点的发音,以防止给幼儿错误的教育。针对这种情况,教师要注意每个幼儿的语言错误,最好把它记录下来交给家长,让家长在掌握正确发音方式的基础上纠正幼儿的发音。当然,这就需要家长把自己养成的语言习惯作为有意识的行为输出,自己给予更多的监控。另外,幼儿在表达过程中不喜欢用完整句,这与幼儿的年龄特点有一定的关系,应该防止幼儿的这种表达方式,习惯成自然。因此,教师可以提醒家长与幼儿交流时,要启发幼儿多用完整句,通过家长的示范和提醒,培养幼儿完整表达的习惯。

(2)教师应该指导家长培养幼儿养成预习和复习的良好习惯。

由于教师面对的是一个群体,因此在活动过程中往往根据整体情况来把握教育情况和活动进程,难免会或多或少地造成对个体的忽视。鉴于此,家长如果能帮助幼儿养成良好的预习和复习习惯,则是对这一问题的弥补。通过一定的预习,幼儿有了学习上的准备,教师的教育对他来说是一个再现、巩固和熟练的过程,相对于对学习内容完全陌生的幼儿来说,他遇到的困难要少,付出的认知努力也要少,因此注意力更容易集中而形成良性循环。并不是每个幼儿的接受能力都是一样的,一定的复习可以给没有完全掌握学习内容的幼儿继续学习的机会,也可以给掌握了学习内容的幼儿拓展的空间。

(3)家长还应该参与幼儿学习过程中的拓展活动。

当前的学习活动是以渗透的形式进行的,这不仅是指领域上的渗透,也是指幼儿经验上的渗透。家庭教育作为与幼儿园不同的教育系统,赋予幼儿的知识经验必然与幼儿园不同,幼儿获得了不同于书本的生动有趣的知识,由于有了自己的亲身实践,这些知识是深刻而具体的。另外,每位家长都有自己的教育风格,每个家庭都有自己的家庭氛围,它对幼儿的影响也是独特各异的。活动过程中家长对幼儿知识的传承、对社会现象的态度以及对社会行为的选择,通过亲子交往会无声地传递给幼儿,不仅让幼儿体验了爱和快乐,而且增长了他们的社会经验,为其发展带来终身影响。因此,通过一定的亲子活动来拓展幼儿的经验不仅可以加强亲子关系,而且为幼儿提供了书本知识与生活经验相联系的实践基础,满足了幼儿学习中的兴趣点,是幼儿学习中的一笔宝贵财富。

如前所述，家庭和幼儿园是幼儿成长过程中的两股重要力量，如果把这两股力量拧成一股绳，发挥彼此不可替代的作用和特点，便能开掘幼儿身上巨大的潜能，让他们在爱的沐浴下、在教育的力量下展翅飞翔。

思考与练习

1. 家庭中的日常谈话对幼儿口语发展的影响有哪些？
2. 家园合作的具体措施有什么？
3. 阐述家园合作教育的必要性。

第十单元 学前儿童语言教育评价

> **学习目标**
> - 了解幼儿语言教育评价的作用与原则。
> - 掌握幼儿语言教育评价的内容与方法。

模块一 学前儿童语言教育评价的作用与原则

幼儿园语言教育活动评价是指收集语言教育活动设计、组织和实施过程中各方面的信息，依据一定的客观标准对教育活动及其效果做出客观衡量和科学判定的过程。它是幼儿园语言教育整体结构中的一个要素，通过对其他各要素的评论以及对语言教育整体运行中各个步骤的监测，对语言教育整体效果做出评估。幼儿园语言教育评价是语言教育实施过程中的一个不可缺少的环节，其主要目的在于建立一种积极反馈信息的途径，从而形成有效调节和改善幼儿园语言教育过程的机制。

一、幼儿语言教育评价的作用

幼儿园语言教育评价是幼儿园语言教育工作的重要组成部分，是实现语言教育目标的途径和根本保证。首先，通过对教学目的、任务以及教学过程、方法等方面的评价，能够监督和控制整个教学过程，及时发现教学中的问题，将教育成果的信息返回给教师，用以调整、改进教育过程，提高教师自我教育评价和改进教育工作的能力，从而保证语言教育教学的顺利实施，提高语言教育教学的质量。

（一）反馈作用

评价的结果实际上是一种对教学效果的反馈信息，这种信息可以成为师幼调整教与学行为的客观依据，教师据此修订教学计划、改进教学方法、完善教学指导，最终使幼儿学习效果得到提高，激发幼儿学习的积极性和主动性，促进幼儿语言学习能力的提高。

反馈功能对教育者和受教育者产生四种心理效应：第一，确认效应。反馈能确认教师的教育和儿童的学习是否有效。第二，激发动机效应。教师对教育活动的设计与组织通过评价被确认存在缺陷和不足时，就激发教师改进和调整语言教育活动的动机。第三，强化成功经验的效应。可以强化教师选择成功有效的内容和方法，以及使用有关教具和学具，并且迁移到同类活动中。第四，消退失败经验的效应。根据评价结果的信息反馈，可以改正不恰当的、经实验证明是失败的内容和方法，从而大大提高教师自我教育评价和改进教育工作的能力。

（二）诊断作用

通过教学评价，可以了解教师教育教学质量和水平、优点和缺点、问题和矛盾，有利于对幼儿教师的考核和督促，从而提高幼儿教师的教学水平，而且客观、公正的评价本身，对教师具有激励作用，可以调动幼儿教师工作的积极性，激发教师的内部动因，维持教师教学过程中的适度紧张状态，从而使教师明确工作中的努力方向。

对幼儿语言教育整体结构、教育对象等问题进行判断的教育过程，是语言教育评价的基本手段之一。

诊断幼儿在语言教育活动之前、之中、之后的语言发展状况。主要诊断语言教育内容与目标的适合程度，内容与儿童语言发展水平的适合程度，内容和方法与儿童兴趣点的适合程度，以便教师及时调整语言教育内容，改进语言教育方法及因材施教、有的放矢地进行个别指导。

（三）增效作用

通过不断地总结、调整和改进，使每次语言教育都能避免"零作用"和"负作用"，从而逐渐提高教育教学质量的教育过程。使教师和幼儿的时间和精力花费在能取得实际效益的活动上。

及时的评价可避免许多"无效劳动"，及时改进、调整和完善教育活动，增进教育的实效性。经常性的评价可为学期或学年总评价积累素材，也就是多运用形成性评价，尽量少用总结性评价。及时的评价是剖析语言教育实践、形成语言教育整体结构和运行机制的一种手段，可以加强、改进教学中的薄弱环节和不足之处，发扬教学优点。

教育评价能节省师生的时间和精力，提高教育效益，虽增加了教师暂时的负担却换取了长远的效应。教师多付出的劳动量能随着评价体系及工具的建立和完善逐渐减少。

二、幼儿语言教育评价的原则

幼儿园语言教育活动的评价是一种比较微观、比较真实的评价，与教师联系更密切，对教师影响更直接。因此，幼儿园教师应当直接参与幼儿园语言教育活动的评价。这样，一方面，教师可以及时了解活动设计和组织实施过程中的不足，讨论改进的办法，不断提高语言教育活动设计和组织实施的能力；另一方面，可以保证评价的深入性和全面性，避免评价过程中评价者和被评价者之间的对立现象。

(一) 客观性原则

实施教育活动评价必须采取客观的、实事求是的态度,而不能主观臆断或掺杂个人的情感色彩,这是进行教育评价最基本的原则。首先,评价者必须根据客观的评价标准来实施评价,评价标准一旦确定,就不能任意改动。其次,标准应适合每一个评价对象,否则,就不能称为客观的标准。再次,要以客观公正的态度对待每一个评价对象,不能因个人好恶而使评价结果出现偏差。

(二) 全面性原则

对语言教育活动的各个构成要素进行全面评价:既要对幼儿在活动过程中语言学习行为变化的过程和结果进行评价,又要对教师在教育活动中的组织行为进行评价;既要对教师与儿童之间的言语和情感互动情况进行评价,又要对教育活动过程中教具、学具的选择与利用进行评价;既要对动态的活动过程进行评价,又要对静态的活动要素进行评价。

(三) 参照性原则

参照性原则是指制定的评价标准要有依据。幼儿园语言教育活动评价标准的制定,首先,要依据国家有关法规性质的文件,如《纲要》《指南》等,这是确定语言教育活动评价标准的根本依据;其次,要依据幼儿语言发展的基本规律,根据儿童在每个年龄段应有的经验水平做出恰当的规定,不可任意提高或降低标准;再次,要依据语言教育活动的目标,目标不但是教育活动组织和实施的指南,也是教育活动评价的指南和参照的依据。在评价过程中,那种脱离目标另定标准的做法是不可取的。

思考与练习

1. 幼儿语言教育活动评价有什么作用?
2. 幼儿语言教育活动评价原则是什么?

模块二 学前儿童语言教育评价的内容与方法

一、幼儿语言教育评价的内容

从评价对象的角度出发,幼儿园语言教育评价包括对教师的教学行为和对幼儿的语言学习行为进行发展评价。

(一) 对教师教学行为的评价

对教师教学行为的评价是对教师设计和组织某一具体教育活动效果的直接评价,

应着眼于为教师提供分析、判断教育活动设计和组织的思路，以便他们更好地认识自己的活动设计和组织的状况，在不断深入理解和把握各种类型语言教育活动设计、组织要求的基础上，提高他们的自我调节能力。语言教育活动中对教师行为的评价主要涉及活动的目标、内容、组织方法和形式、教学辅导材料的利用以及教师与幼儿之间的互动等。具体包括以下几个方面。

1. 教学目标的达成程度

语言教育活动旨在有目的、有计划地为幼儿提供语言学习机会，具有明确的教育目标。各种类型的语言教育活动承载着不同的语言教育目标，起到促进幼儿语言循序渐进地向完整语言方向发展的重要作用。语言教育活动目标不仅是教育活动设计和组织的重点思考所在，也是进行语言活动评价的首要方面。对语言教育活动目标达成程度的评价一般从认知、情感和能力三方面出发，可分为"完全达到""基本达到"和"未达到"三个等级。

2. 活动内容和形式的适合程度

对于教育内容的评价，主要分析教师对教育活动内容的选择与目标要求是否一致，活动内容是否符合科学性和思想性，内容的分量是否适当；在内容的安排上重点、难点是否突出，布局是否合理，各要点之间的衔接是否自然流畅，活动内容与幼儿原有的语言、认知和社会经验是否相对应等。在评价教育活动的组织形式时，主要分析教师是否根据不同内容组合或变换不同的活动形式，是否适当地开展了集体、小组或个别活动，是否采用实物演示、现场表演或谈话等方式创设活动情境，引起幼儿的注意等。同时考察活动内容、方式是否能兼顾群体需要和个性差异，使每个幼儿都有进步和成功的体验。对活动内容和形式合适程度的评价可分为"完全适合""部分适合"和"不适合"三个等级。

3. 活动内部要素的协调程度

语言教育活动是教师、幼儿、语言环境、活动材料等要素之间相互作用的过程，所以在评价语言教育活动内部各要素的协调程度时，需要从幼儿与语言环境之间的互动情况、教师对材料的利用情况和教师与幼儿之间的互动情况三个方面进行分析。在评价教师对材料的利用情况时，主要考察教师所提供的环境和材料是否是活动所必需，教师在指导幼儿学习时是否充分利用了这些材料，是否出现了因材料提供不足或过剩而对幼儿的学习兴趣和学习效果产生影响的情况。在评价教师与幼儿之间的互动情况时，主要了解在活动过程中教师对幼儿学习的指导与幼儿主动学习之间的协调关系，了解是否出现了因教师指导不足而影响教育活动目标的达成或者因指导过度而干扰了幼儿学习的主动性等现象。

4. 效果分析

在对上述几个方面考察的基础上，评价者还需要进一步对本次语言教育活动的效果进行总体评价，包括对活动的总体印象进行简单的描述，总结、分析活动设计和组织中的得与失及其原因所在，特别是分析教师设计和组织活动中存在的不足之处，并就其中的不足提出改进建议，为教师以后的活动设计和组织提供参考。

（二）对幼儿语言学习行为的评价

对幼儿语言学习行为的评价侧重于语言学习行为变化的过程和结果，而不是简单地评价幼儿掌握多少语音、词汇或句子。这种评价可以帮助评价者了解在某一活动过程中幼儿的语言学习状况及其不足，为调整教育计划与措施，使之朝着预定的发展目标前进并最终达到该目标提供科学的依据，也为有针对性地对不同水平儿童创设良好的教育机会和环境，使他们在各自原有的水平上得到进一步的发展提供根本的保证。对幼儿语言学习行为评价的内容包括以下几个方面。

1. 幼儿在活动中完成语言学习任务的情况

从幼儿学习效果的角度，对目标达成情况进行分析和评价，包括以下三个方面。

（1）了解幼儿是否获得了目标所规定的语言知识，是否掌握了有关的词汇和句型，是否懂得在什么样的语言环境下运用这些词汇和句型。

（2）了解幼儿是否形成了耐心倾听别人说话的态度，是否乐意在集体面前讲述自己经历的事或图片内容，是否懂得并遵守语言交往中的一般规则。

（3）了解幼儿组词成句的能力和在具体情境中运用语言的能力，是否能根据活动中的语言情境来运用有关的词汇、语法和语调，是否能用连贯的语句说清楚自己想要表达的意思。对幼儿在活动中完成语言学习任务情况的评价可分为"圆满完成""基本完成"和"尚未完成"三个等级。

2. 幼儿参与活动的积极性

对幼儿参与活动积极性的评价主要用于考察幼儿对活动的情感投入程度，可以从幼儿参与活动的兴趣和注意力情况进行分析。了解幼儿对活动的内容和形式是否有浓厚的兴趣和强烈的学习动机，是否愿意主动举手回答教师的提问，幼儿在活动中注意力是否集中，集中的程度和持久情况如何，幼儿的情绪是否高涨，活动气氛是否活跃。对幼儿参与活动兴趣的评价可分为"积极参与""一般参与"和"不参与"三个等级，对幼儿在语言教育活动中注意力的评价可以分为"大部分时间注意力不集中""部分时间注意力集中"和"一点儿也不集中"三个等级。

以上两个方面共同构成了幼儿在语言教育活动中语言学习行为为评价的主要内容。这些内容是根据幼儿园语言教育活动目标和语言发展目标建构而成的，它们反映了影响幼儿在语言教育活动中语言学习效果各个方面的因素。

【资料】 《纲要》中关于教育活动评价的注意事项

六、教育活动评价宜重点考察以下方面：

（一）教育活动是否建立在对本班幼儿的实际了解的基础上；

（二）教育活动的目标、内容、组织与实施方式，以及环境能否向幼儿提供有益的学习经验，有效地促进其符合目的地发展；

（三）教育内容、方式、环境条件是否能调动起幼儿学习的积极性，有利于他们主动学习；

（四）活动内容、方式是否能兼顾群体需要和个性差异，使每个幼儿都有进步和成功的体验；

（五）教师的指导是否有利于幼儿进一步探索与思考，有利于扩展和整理幼儿的经验。

七、评价教育活动时，凡涉及对幼儿发展状况的评估，应该注意：

（一）全面了解幼儿的发展状况，防止片面性，尤其要避免只重知识技能的掌握，忽略情感、社会性和实际能力的倾向；

（二）应在日常活动与教育教学过程中，通过对幼儿的观察、谈话、幼儿作品分析，以及与其他工作人员和家长的交流等方式了解幼儿的发展和需要；

（三）应承认和关注幼儿在经验、能力、兴趣、学习特点等方面的个体差异，避免用划一的标准评价不同的幼儿；

（四）应以发展的眼光看待幼儿，既要了解幼儿的现有水平，更要关注其最近发展区。

幼儿园教育评价是幼儿园教育活动的基本反馈机制，是深化教育改革、提高教育质量的有效手段。《幼儿园教育指导纲要（试行）》建立了全新的教育评价体系，并将教育评价作为同总则、教育内容与要求、组织与实施相并列的四个基本领域之一进行了专门阐述。随着我国幼儿教育事业的不断发展，幼儿园语言教育活动评价必将向着多元化的评价主体、动态化的评价过程、全面化的评价内容和发展性的评价理念转变，从而使语言教育活动评价走向科学化、规范化，为进一步改进、完善幼儿语言教育提供了可能，全面促进幼儿语言能力的发展。

二、幼儿语言教育评价的方法

对语言教育活动进行评价需要一定的方法。评价的方法实际上是收集信息的方法。评价时，最好综合运用几种方法，这样可以收集多方面的信息，作为评价的量和质的客观资料，为科学的教育评价提供依据。以下几种方法可供借鉴。

1. 自由叙述评价法

自由叙述评价法是将对教育活动的意见、反响、判断等自由地说出来或写下来，通过口头语言或文字叙述的形式对教育活动加以评价的方法。这种方法既适合自我评价，也适合对他人进行评价。

自由叙述评价法最大的特点及优点是不做定量评价，不需要专门的测评工具和复杂的评价程序，同时有利于综合反映活动过程的情况，既可以对静态因素（活动目标、内容、方法、材料及环境等）进行分析，也可以对动态因素（幼儿的参与状态、师幼互动的情况等）进行分析。

在应用过程中，自由叙述评价法可能出现的问题是评价者的主观性会影响或干扰评价结果的客观性。我们常说不要戴着有色眼镜看人，其实，我们也要严格避免戴着有色眼镜看课、看待语言教育活动，可以尝试将自由叙述评价法与其他方法有机结合。

2. 观察评价法

观察是获取学前儿童语言教育资料的主要方法。近年来，我国学前儿童语言教育领域提倡"学前儿童发展水平观察评估"，这是一种既科学有效又切实可行的评价儿童发展的方法。这种评价方法对评价幼儿语言发展尤其适合，通过观察可以获得大量的评价信息，可以及时了解教育活动的运行状况，还可以通过观察得来的反馈信息，随时调整活动的内容、方法和组织形式。

观察评价法的具体运用可以通过多种途径来进行。最常见的是在自然情况下进行观察。有时也可以通过提问来观察儿童语言表述情况。在自由活动时，教师可以通过与儿童的个别交往和巡视来对儿童的语言发展情况进行观察。

教师通过游戏、体育活动、作业、劳动、娱乐、散步和游览等各项活动，对幼儿进行观察，了解幼儿发展的实际水平，使评估工作渗透于日常生活之中，并与各项活动有机结合。这种评价方法有三个特点：第一，由教师亲自观察，从中获得幼儿发展的第一手资料；第二，把评价渗透在日常活动中，可节省教师和幼儿的精力和时间；第三，对日常活动不易观察到的情况，教师根据评价指标设计专门的活动，创设相应的条件，促使幼儿自然地表现其发展状况。这三点是任何幼儿园的任何班级都具备的，评价的结果可为改进教和学提供依据。

3. 综合等级评价法

为了获得对语言教育活动的总体印象，在语言教育活动的评价中还可以采用综合等级评定法。此法从"纵向"与"横向"两个维度确定评价指标，既对活动的各种因素进行分析与评价，又对活动的各种状态进行分析与评价，从而能够得到综合的评价信息。

"纵向"包括构成语言教育活动的各种因素，主要有目标、内容、形式、儿童参与活动的程度、材料利用情况、师生互动等元素。"横向"包括教育活动各因素在运行过程中的状态及等级。根据这两个维度制定的综合等级评定表，见表10-1，教师在活动评价中，只要在相应的位置打上钩即可。使用此方法，可以获取多重评价信息。评价者借助于这些信息材料，就可以对教育活动进行定量分析。

表 10-1　综合等级评定表

	目标	完全达到	基本达到	未达到
目标达成分析	目标 1			
	目标 2			
	目标 3			
适合程度分析	内容	完全适合	部分适合	不适合
	形式			
活动因素分析	参与程度	积极参与	一般参与	不参与
	材料利用	充分利用	一般利用	未利用
	师生互动	积极互动	一般互动	消极被动

4．幼教专家评价法

幼教专家是学界的权威，他们的评价可以在一定程度上代表语言教育活动的水平和水准。幼教专家评价法的特点：第一，简便、易操作，根据评价对象，确定评价项目，并制定评价等级和标准。第二，直观性强，每一个评价标准用量化的方式体现。第三，计算方法简单，选择的余地大。第四，可以将定量评价的项目与无法进行计算的评价项目综合起来考虑。见表 10-2。

表 10-2　幼儿语言教育活动评价标准（仅供参考）

园所：　　　　班级：　　　　教师：　　　　日期：　　　　评价人：

项目	评价内容	分值	得分	汇总
活动目标（12 分）	1. 以幼儿语言教育总目标为依据制定，能将幼儿语言教育总目标准确转化为具体教育活动目标	4 分		
	2. 目标符合本班幼儿语言发展水平和经验，层次清晰，重点突出	4 分		
	3. 目标明确、具体、可查、可检	4 分		
活动内容（12 分）	1. 活动内容与目标要求相一致，符合本班幼儿语言发展需要，稍高于现有水平	4 分		
	2. 能在幼儿原有语言经验之间建立联系	4 分		
	3. 能考虑本班幼儿不同发展水平，难度适宜	4 分		
活动准备（6 分）	1. 能帮助幼儿做好相关的生活经验和必要的知识准备	3 分		
	2. 能提供充分的材料，便于幼儿主动活动和相互交往	3 分		

续表

项目	评价内容	分值	得分	汇总
活动过程 （50分）	1. 能围绕目标组织活动，结构层次清楚，各环节安排合理，过渡自然	8分		
	2. 能根据内容和幼儿学习特点，灵活运用集体、分组、个别等形式，让幼儿有自主练习的时间和机会	7分		
	3. 教学方法灵活，能根据活动目标、活动内容及幼儿实际及时调整变化	7分		
	4. 教师能抓住重点、难点，精心设计提问，所提问题有启发性，能激发幼儿的思维与表达	7分		
	5. 教师能充分发挥主导作用，面向全体，又能关注个别幼儿的语言学习，创造条件让幼儿成为活动的主体，鼓励幼儿创造性表达	7分		
	6. 教师思路清晰，语言规范，表达准确简练，语言生动有感染力	7分		
	7. 充分有效地使用材料，调动幼儿学习的积极性、主动性	7分		
活动过程 （20分）	1. 幼儿情绪饱满，学习兴趣浓厚，始终保持注意力集中状态	5分		
	2. 幼儿能主动参与活动，活动中表现出积极性、主动性和一定的创造性	5分		
	3. 多数幼儿能完成学习任务，每个幼儿在自己原有的基础上都有所提高	5分		
	4. 幼儿思维活跃、想象丰富。喜欢用语言表达与交流	5分		

总分：
总评价：

幼儿园教学活动设计与评价既可为活动设计提供参考，也可为教学活动的顺利实施提供依据。各地幼儿园本着"以学定教"的基本原则，若能在开展活动以后对实施过程进行分析、评论，确认其效果，就可构成一种教学过程的评价方法。这种方法的构成将有利于提高语言教育和语言教育评价的质量。评价中注意寓测量于语言游戏中，把教师对儿童的个别测查与儿童自我练习有机结合。根据教育目标编制多种游戏，例如检查发音的成套卡片、看图说词、对词进行分类的卡片、连图造句和连图讲述的图片等。

对儿童自发的语言行为的记录也十分重要。对一些特别能反映儿童语言发展或语言教育效果的事实要及时记录。若当场实录实在难以做到，可在事后及早回忆并记录。若遇到儿童自发地讲故事、表演故事，而又有相应设备，可进行录音或录像，以供分析评价。

【案例】 小班故事活动"你好"

你会怎么设计这个故事活动？
认真评析别人的设计！找找优缺点！

"你好！"小河马正在玩，听见有人说："你好！"河马说："谁说的'你好'？"小猪出来说："是我，一起玩吧？"于是小河马和小猪一起玩了起来。

"你好！"他们一起荡秋千的时候，又听见有人说："你好！"小猪和小河马又说：

"谁说的'你好'？"小老鼠钻出来说："是我，一起玩吧？"

小河马和小猪、小老鼠一起玩了起来。他们一起玩滑梯时，又有人说："你好！"三个人一起说："谁呀？谁说的'你好'呀？是谁？"小鳄鱼吓人地说："说'你好'的是妖怪，一起玩吧？"小河马、小猪、小老鼠听见了，一边说着"呜哇——我怕呀！"一边撒腿就跑了。

小鳄鱼出来了，说："等一下，等一下，是我说的'你好'啊！你们别走呀！"小鳄鱼伤心地说："我真的很想和你们一起玩，明天我要好好地和你们说'你好'。"

第二天，小鳄鱼对小河马、小老鼠、小猪好好地说了声"你好"，四个人高高兴兴的一起玩了起来。

一、活动目标

1. 跟随故事的发展，学习其中的对话："你好！""我们一起玩吧！"

2. 愿意尝试用不同的肢体语言与朋友们打招呼，学习目光的注视，感受交往的快乐。

二、活动准备

熟悉幼儿名字，教师的名片，噼里啪啦系列绘本放大制作《你好》，四个动物的图标。

三、活动过程

1. 教师和孩子互相问好

（1）教师主动向孩子们介绍自己。

老师：小朋友，你们好！你们还不认识，就让我来介绍我自己，我姓余，叫余绯，也是幼儿园的老师，你们可以叫我"鱼"老师。

（2）和小朋友互相问好。

教师：那我们再来问候一次，小朋友，你们好！

（3）教师：你们知道余老师最大的本领是什么吗？是讲故事。想听余老师为你们讲故事吗？

2. 观察小动物图片，认识小动物并学说："你好，我们一起玩吧"

今天的故事里有谁呢？一个一个请出来。

这是谁呀？小猪你好！

这是谁呀？小老鼠你好！

你想和谁一起玩？那就怎么对他说？

——小猪，我们一起玩吧。

——小老鼠，我们一起玩吧。

3. 看图，师生共同讲述故事，参与游戏

（1）教师示范翻开图片，提问：是谁在说你好。对小猪说：你好，我们一起玩吧。

（2）请小朋友来找一找，是谁在说"你好"。小老鼠是怎么说的？"你好，我们一起玩吧。"

(3) 请小朋友找一找,是谁在说"你好"。

(4) 可是小鳄鱼说:"你好,我是大妖怪,哈哈。"小猪、小河马和小老鼠都很害怕。他们都逃走了。

(5) 这时,小鳄鱼急了,它一边跑一边说:"等一下,等一下,是我,我是小鳄鱼,不是大妖怪。"

(6) 可是大家都走了。小鳄鱼怎么了?它现在感觉怎么样呢?(很孤单,很难过,很伤心,很害怕。它说:"我真的很想跟你们一起玩,明天我要好好说'你好'。")

(7) 你们谁会教小鳄鱼怎么好好地说"你好"呢?

4. 回忆故事内容,学说:"你好,我们一起玩吧。"

(1) 想一想,小河马在玩的时候,是谁在跟他说"你好"。

(2) 荡秋千的时候,是谁在说"你好"?

(3) 滑滑梯的时候,是谁在说"你好"?

(4) 你们猜猜,小鳄鱼有没有学会好好地说"你好"。是,最后他们一起快乐地玩游戏了。

5. 用不同的方式学习问好。

和朋友问好的方法有很多种。想试一试别的方法吗?我们都来想一想吧。

拉拉钩,点点头,握握手,抱一抱,点点鼻子。我们有了这么多方法,就可以认识越来越多的朋友。

【分析】幼儿在游戏中感受到了交往的快乐,能够用肢体语言与朋友们打招呼。

思考与练习

1. 对学前儿童语言发展状况进行评价包括哪几方面的内容?
2. 幼儿园语言教育活动评价的方法有哪些?

参 考 文 献

[1] 高俊霞.学前儿童语言教育[M].北京：北京出版社，2014.
[2] 周兢.学前儿童语言教育[M].北京：高等教育出版社，2015.
[3] 尚慧馨，董玉娟.学前儿童语言教育和活动设计[M].北京：科学出版社，2016.
[4] 张明红.学前儿童语言教育和活动指导[M].上海：华东师范大学出版社，2014.
[5] 姜晓燕，郭咏梅.学前儿童语言教育（第2版）[M].北京：高等教育出版社，2014.